AF483112

ספר
עֵץ חַיִּים
לרבינו
חיים ויטאל ז"ל
שֶׁקִיבֵּל ממרן הָאֲרִ"י זלה"ה
שַׁעַר עֲגוּלים וְיוֹשֶׁר
שַׁעַר א' עָנָף ב'
דַי"א ע"ב – דַי"ב ע"ד

תש"פ
SimchatChaim.com

בהוצאת
שִׂמְחַת חַיִּים

בס"ד

הקדמה

ירפא המאציל **ויושיע ה**בורא את כל חולי בני ישראל, וישלח להם רפואה שלימה, רפואת הנפש ורפואת הגוף, בכל אבריהם ובכל גידיהם לעבודתו יתברך.

בי"ב במנחם אב תשס"ה, הובהלתי לבית החולים, הרופאים לא נתנו לי סיכוי לחיות יותר מכמה שעות בגלל מספר תסבוכות. עם כל זאת בזכות התפילות של בני ישראל הקדושים, ברחמיו הרבים, ריחם עלי הקדוש ברוך הוא, ונשארתי בחיים.

עם כל זאת, הובחנה אצלי מחלה קשה בכליות, ונאמר לי שהצטרך למכונת דיאליזה. בשבילי זה היה שוק!!! אף פעם לא הייתי אצל רופא, או בבית חולים. כך בעל כרחי התחברתי למכונת דיאליזה, ומכונה זאת הייתה[1] קשורה בי ככלב במשך שמונים חודשים בדיוק, כמניין **יסוד**, במשך 10-12 שעות ביום.

בשבת פרשת **ויחי יעקב** י"ב טבת תשע"ב, בזכות בני ישראל, שכולם אהובים כולם ברורים כולם גיבורים כולם קדושים... וכולם פותחים את פיהם באהבה שלוש פעמים ביום, ואומרים - **ברוך אתה... רופא חולי עמו ישראל**, וכללותם כל האברכים, תלמידי הישיבות, רבנים וחכמים, חסידים, מקובלים עם תינוקות של בית רבן, זקנים עם נערים, בחורים וגם בתולות, בארץ הקודש ובעולם. ומצד שני בנות ישראל היקרות מפז, שהתפללו וקבלו עליהם כל מיני קבלות, מהפרשת חלה עד צניעות וכיסוי הראש, עם הרבנים, המנהלים, המורים, המורות **והתלמידות של בית יעקב דטורונטו** שכל יום התפללו, וכללו בתפילתם שבקעה את כל הרקיעים אותי, ונושעתי אני הקטן. הושתלה בי כליה. והתנתקתי ממכונת הדיאליזה.

אמר המלך דוד - לולי[2] תורתך שעשעי אז אבדתי בעניי. מה שנתן לי חיות היא התורה הקדושה, בשעות הרבות שהייתי מחובר למכונת הדיאליזה)כ12 שעות ביום(, ערכתי סדרתי וכתבתי במחשב את הקונטרסים שלמדתי במשך שנים. וקונטרסים אלו הפכו לחיבור, ואחרי התלבטויות ובקשות מבני גילי, החלטתי בעזרתו יתברך להדפיס קונטרסים אלו.

ידוע הוא כי כל דברי האר"י זלל"ה ותלמידיו נאמן ביתו, רבינו חיים ויטאל הם סתומים וחתומים באלפי שרשראות ומנעולים, והרב ז"ל גלה טפח וכיסה אלפים אמה, וכלל דבריהם הוא משלים, עם כל זאת העוסק במשל הנמשל פועל בעלמות העליונים בנמשל. לכן צריך זהירות גדולה לא להגשים את המשלים, בסוד המבואר בספר הזוהר הקדוש - **ועלייהו אתמר** ועליהם נאמר - **ארור האיש אשר יעשה פסל ומסכה וגומר, ושם בסתר, מאי בסתר** מהו בסתר - **בסתרו דעלמא** בסתר העולם. **ובגין דא אמר קודשא בריך הוא לא תעשון אתי** ומפני זה אמר הקדוש ברוך הוא לא תעשון אתי אלה"י כסף ואלה"י זהב, **והכי אוקמוה חבריא לא תעשון אתי כדמות שמשי שמשמשין אותי** וכך העמידוהו החברים לא תעשון אתי כדמות שמשי שמשמשים אותי **במרום, לציירא בסתר דילי שום ציור או דמיון** לציר בסתר שלי שום ציור או דמיון **דכל מאן דצייר לעיל לקודשא בריך הוא** שכל מי שמצייר למעלה לקדושו ברוך הוא, **בסתר)**דאיהי שכינתיה, כלילא מעשר ספיראן** שהיא שכינתו, כלולה מעשר ספירות**(, שום ציור, וצלם, ודמות, כגוונא דמצייירין בשמשין דיליה** שמצייירים בשמשים שלו, **נשמתיה אתלבשא בההוא צלמא** נשמתו מתלבשת באותו צלם....

₁
גמרא סוטה ד"ג ע"ב – רבי אלעזר אומר, **קשורה בו ככלב**, שנאמר - ולא שמע אליה לשכב אצלה להיות. עמה לשכב אצלה בעולם הזה. להיות עמה לעולם הבא.

₂
תהלים קי"ט צ"ב

וכן הוא בסוף ענף ד' דשער א' בספר עץ חיים שער ההקדמות, וז"ל הטהור - ואמנם דבר גלוי הוא כי אין למעלה גוף ולא כח גוף חלילה. וכל הדמיונות והציורים אלו לא מפני שהם כך חס ושלום. אמנם **לשכך את האוזן** לכשיוכל האדם להבין הדברים העליונים, הרוחניים, בלתי נתפסים, ונרשמים בשכל האנושי. לכן ניתן רשות לדבר בבחינת ציורים ודמיונים, כאשר הוא פשוט בכל ספרי הזוהר. וגם בפסוקי התורה עצמה כולם כאחד עונים ואומרים בדבר הזה, כמו שאמר הכתוב עיני הוי"ה המה משוטטים בכל הארץ. עיני הוי"ה אל צדיקים. וישמע הוי"ה. וירא הוי"ה. וידבר הוי"ה. וכאלה רבות. וגדולה מכולם מה שאמר הכתוב - ויברא אלהי"ם את האדם בצלמו בצלם אלהי"ם ברא אותו זכר ונקבה וגו'. **ואם התורה עצמה דברה כך** גם אנחנו נוכל לדבר כלשון הזה, עם היות שפשוט הוא שאין שם למעלה אלא אורות דקים בתכלית הרוחניות, בלתי נתפשים שם כלל, וכמו שאמר הכתוב - כי לא ראיתם כל תמונה, וכאלה רבות. ואמנם יש עוד דרך אחרת כדי להמשיך ולצייר בה הדברים העליונים, והם בחינת כתיבת צורת אותיות, כי כל אות ואות מורה על אור פרטי עליון, וגם תמונת זו דבר פשוט הוא כי אין למעלה לא אות ולא נקודה, **וגם זה דרך משל וציור לשכך את האוזן** כנזכר.....

ולכן כל המבואר כאן בחיבור זה הוא כדי **לשכך את האוזן**. והתרשימים שבסוף החיבור הם כדי **לשבר את העין**, לכן אין שום ביאור והסבר שלם, ואין שום תרשים שלם בתכלית השלמות.

ידוע כי[3] דברי תורה עניים במקומן ועשירים במקום אחר, **ועל אחת כמה וכמה** בדברי הרב ז"ל, שכל סוגיה חסרה[4] במקומה, וחלקיה מפוזרים במקומות אחרים. **זאת ועוד** הרב ז"ל מערבב בדרוש אחד כמה וכמה סוגיות, כאשר בפשטות דבריו נראה שכל הדרוש הוא דרוש אחד, ולא מחולק לסוגיות שונות, ושמועות שונות, **ביאור** דברי הרב ז"ל כאן הם **בעומק**, **והוא בעצם ליקוט** עד איפה שידי הקצרה הגיעה, מכל חלקי ספר עץ חיים, ושמונה השערים המצויינים לרב ז"ל, מבוא שערים ושאר ספרי הרב ז"ל, והוא גם על פי הקדמת רחובות הנהר למרן הרש"ש, דרושי פנימיות וחיצוניות, דרוש הדעת, סוגיות ערכין, סוגיות דכללות והתכללות, פרטות וכללות, וסוגיות עובי ואורך, ועל פי ביאור גדולי רבותינו חכמי המקובלים לדורותם זלה"ה זי"ע.

ידוע כי[5] אין בר בלי תבן, כך אין ספר בלי טעויות, ועוד יודע אני כי דל ועני אני, **ואין**[6] **עני אלא בדעה**. לכן מבקש אני בכל לשון של בקשה אם יש לכל אחד שאלות, הערות, הארות, תיקונים, נא לשלוח ל - book@simchatchaim.com והשתדל לענות, ולתקן את הצריך תיקון.

בברכה והצלחה בלימוד התורה הקדושה
ובעיקר בפנימיות התורה, תורת האר"י הח"י.
ורפואה שלימה לכל חולי ישראל.

אח"י

---

[3]

גמרא ירושלמי, ראש השנה פ"ג הלכה ה' די"ז ע"א – דברי תורה עניים במקומן, ועשירים במקום אחר.

[4]

תורת חכם דע"ב ע"ב – חסר לשון הוא, כמו שיראה המעיין.

[5]

גמרא ברכות נ"ה א' - מה לתבן את הבר נאם ה', וכי מה ענין בר ותבן אצל חלום, אלא אמר ר' יוחנן משום ר' שמעון בן יוחאי ,כשם שאי אפשר לבר בלא תבן, כך אי אפשר לחלום בלא דברים בטלים.

[6]

גמרא נדרים מ"א ע"א – אין עני אלא בדעה .

ב"ה

הקדמה קצרה לחיוב לימוד תורת הקבלה

ישמחו **השמים ותגל הארץ** ירעם הים ומלאו. שזכינו בדור שלנו שפנימיות התורה, שהיא היא תורת הקבלה, מתפשטת לכל, וכל מקום בעולם היום לומדים בתורת הח"ן. הדור שלנו יש הרבה התעוררות ללמוד סתרי התורה הקדושה, הנקראת חכמת הקבלה. בירושלים של המאה ה18 בישיבת **בית אל** היו בקושי מנין של מקובלים, והיום תורת הקבלה מופצת בכל מקום בארץ ובעולם. לעניות דעתי אחת הסיבות העיקריות לשינוי זה הוא רצונם של בני התורה, החוזרים בתשובה ועמך לדעת את סוד החיים, למה ברא הקדוש ברוך הוא את העולם, ואת טעמי המצות, ר"ל אי אפשר היום בדור שלנו, להסביר על פי הפשט את הסיבה מדוע אסור לאכול בשר וחלב, מדוע צריך להניח תפילין, למה לשמור דווקא שבת ולא יום שלישי, אי אפשר להגיד כל הזמן **זאת גזרת הכתוב, כך רוצה הקדוש ברוך הוא**, האנשים מחפשים הסברים למצות, לסיפורי התנ"ך, לגלגולי נשמות, ועוד. ורק על ידי עסק בפנימיות התורה, אדם מסיג את ההסברים לקושיות שיש לו. **זאת ועוד** חיים אנחנו בדור של חומריות, והאנשים מחפשים את הרוחניות שבחיים, אז מה עושים, נוסעים למזרח, להודו, סין, תאילנד למצוא רוחניות, ולא יודעים **ששורש כל הרוחניות בעולם נמצאת בתורה הקדושה**, עם כל זאת כאשר הלומד את פשט התורה, **הוא לא מכיר** את הקדוש ברוך הוא, והוא בלי יראת שמים ושמחה אמתית. כותב הרב המקובל האלוה"י רבינו יהודה פתייה בפרושו הנפלא על עץ חיים - כי לימוד עץ חיים הוא עמוק מאד מאד, כי הוא **מים שאין להם סוף**, והוא קשה מאד גם לחכמים ההוגים בו תמיד, וכל שכן למתחילים. כי הוא חזק מצור, וקשה מברזל, שאי אפשר לחצוב ממנו מאומה, אם לא על ידי כלי מחצב חזקים כציפורן שמיר. וכל המתחיל בלימוד עץ חיים, אם לא יהיה לו רב, או לפחות איזה מפרש המפרש לו כוונת הפרק ההוא לפי פשוטו, נבול יבול, ואינו יכול לעמוד על הפרק כי אם לאחר יגיעה רבה, ושקידה עצומה, וכולי האי ואולי. כי הרבה פעמים יסבור המעיין שהבין הענין ההוא כראוי, ואחר שילמוד עוד איזה פרקים אחרים, ירגיש כעצמו שלא הבין את פרקים הקודמים, והניסיון יעיד על זה, עד כאן דברי קודשו. עם כל זאת חייב כל אדם לעסוק בתורת החיים.

צדיק אתה הוי"ה וישר משפטיך. כתב הרב רבינו חיים ויטאל ז"ל בהקדמה לשער ההקדמות - והנה מה שכתב בתחילת דבריו, ואפילו כל אינון דמשתדלי באורייתא כל חסד דעבדי לגרמייהו וכו', עם היות שפשטו מבואר ובפרט בזמנינו זה, בעונותינו היום אשר התורה נעשית קרדום לחתוך בה אצל קצת בעלי תורה, אשר עסקם בתורה על מנת לקבל פרס, והספקות יתירות, וגם להיותם מכלל ראשי ישיבות, ודיני סנהדראות, להיות שמם וריחם נודף בכל הארץ, **ודומים במעשיהם לאנשי דור הפלגה הבונים מגדל וראשו בשמים**, ועיקר סיבת מעשיהם היא מה שנאמר אחר כך הכתוב - **ונעשה לנו שם**... והנה על הכת הזאת אמרו בגמרא כל העוסק בתורה שלא לשמה, נוח לו שנהפכה שליתו על פניו, ולא יצא לאויר העולם. ואמנם האנשים האלה מראים תמימה וענוה באמרם כי כל עסקם בתורה הוא לשמה. והנה החכם הגדול התנא רבי מאיר ע"ה העיד עליהם שלא כך הוא, באומרו לשון כללות - כל העוסק בתורה לשמה זוכה לדברים הרבה וכו', **ומגלים לו רזי תורה, ונעשה כנהר שאינו פוסק**, והולך

וכמעיין המתגבר מאליו, בלתי הצטרכו לטרוח ולעיין בה, ולהוציא טיפין טיפין של מימי התורה מן הסלע, הנה זה יורה שאינו עוסק בתורה לשמה כהלכתה, ומי זה האיש אשר לא יזלו עיניו דמעות בראותו המשנה הזאת, **ורואה חסרונו ופחיתותו**, עד כאן לשונו. לכן כל אחד צריך לטעום מעץ החיים.

חצות לילה אקום להודות לך על משפטי צדקך. כתב רבינו אליהו מני זצ"ל רבו של הרי"ח הטוב, בספרו הקדוש כסא אליהו שער ד' וז"ל - ואם זיכך הוי"ה ללמוד בחכמת האמת, הנה עצה היעוצה היא שכל סדר הלימוד בנגלה תתנהג בו ביום דווקא. **אבל בלילה תלמוד בחכמת האמת, והעיקר הלימוד אחר חצות**, כי זה הלימוד צריך ישוב דעת הרבה, וכשיקוץ האדם אז דעתו מיושבת עליו יותר. גם גה הלימוד צריך הסתר והצנע, **וכל דבר שיהיה בלילה ובפרט אחר חצות יהיה נסתר יותר מן היום**. ותעשה ועד עם החברים בבית המדרש אם הוא צנוע,

או בביתך ותלמדו בכל לילה, עד כאן לשונו. וישב ללמוד האדם בלילה תחת עץ החיים.

קראתי בכל לב עניני הוי"ה חקיך אצרה. בהקדמה[7] לשער ההקדמות מבאר הרב ז"ל - ואמנם אל יאמר אדם אלכה לי ואעסוק בחכמת הקבלה, מקודם שיעסוק בתורה במשנה ובתלמוד, כי כבר אמרו רבינו ז"ל - אל יכנס אדם לפרדס **אלא אם כן מלא כריסו בבשר ויין**, והרי זה דומה לנשמה בלתי גוף, שאין לה שכר ומעשה וחשבון, עד היותה מתקשרת בתוך הגוף, בהיותו שלם מתוקן במצות התורה בתרי"ג מצות. **וכן בהפך** בהיותו עוסק בחכמת המשנה והתלמוד בבלי, ולא ייתן חלק גם אל סודות התורה וסתריה, כי **הרי זה דומה לגוף היושב בחושך**, בלתי נשמת אדם נר הוי"ה המאירה בתוכה, **באופן שהגוף יבש בלתי שואף ממקור חיים**, אשר זהו ענין אומרו במקום אחר ההוא הנזכר לעיל וז"ל - דאילין אינון דעבדי לאורייתא יבשה, ולא בעאן לאשתדלא בחכמת הקבלה וכו'. באופן כי התלמידי חכמים העוסקים בתורה לשמה, ולא לשמו, לעשות לו שם. צריך שיעסוק בתחילה בחכמת המקרא, והמשנה, והתלמוד, כפי מה שיוכל שכלו לסבול. ואחר כך יעסוק לדעת את קונו בחכמת האמת, וכמו שציוה דוד המלך ע"ה את שלמה בנו - דע את אלה"י אביך ועבדהו. ואם האיש הזה יהיה כבד וקשה בענין העיון בתלמוד, מוטב לו שיניח את ידו ממנו, אחר שבחן מזלו בחכמה זאת, ויעסוק בחכמת האמת. וזה שמבואר כל תלמיד חכם שאינו רואה סימן יפה בתלמוד בחמשה שנים, שוב אינו רואה, עד כאן דברי קודשו. ומזה כל אחד ואחד חייב להדבק במקור החיים.

חסדך הוי"ה מלאה הארץ חקיך למדני. בשער הגלגולים, בקדמה ט"ז כתב הרב ז"ל - עוד צריך שתדע, כי האדם צריך לקיים כל התרי"ג מצות, במעשה, ובדבור, ובמחשבה. וכמו שאמרו ז"ל על פסוק - זאת התורה לעולה ולמנחה וכו', כל העוסק בפרשת עולה, כאלו הקריב עולה וכו'. וכוונו בזה שהאדם מחוייב לקיים כל התרי"ג מצות בדבור, וכן על דרך זה במחשבה. ואם לא קיים כל התרי"ג בשלשה בחינות הנזכרות, מחוייב להתגלגל עד שישלים אותם. **עוד דע**, כי האדם מחויב לעסוק בתורה בארבעה מדרגות, **שסימנם פרד"ס**, והם, פשט, רמז, דרוש, סוד וצריך שיתגלגל עד שישלים אותם. ובהקדמה י"ז כותב הרב ז"ל - שהאדם **מחוייב לעסוק בתורה בארבעה מדרגות שבה**, והיא זאת, דע, כי כללות כל הנשמות

הם ששים רבוא ולא יותר. והנה התורה היא שרש נשמות ישראל, כי ממנה חוצבו, ובה נשרשו. ולכן יש בתורה ששים רבוא פירושים, וכלם כפי הפשט. וששים רבוא ברמז. וששים רבוא בדרש. **וששים רבוא בסוד.** ונמצא, כי מכל פירוש מן הששים רבוא פרושים, ממנו נתהווה נשמה אחת של ישראל, ולעתיד לבא כל אחד ואחד מישראל, ישיג לדעת כל התורה כפי אותו הפירוש המכוון עם שרש נשמתו, אשר על ידי הפרוש ההוא נברא ונתהווה כנזכר. וכן בגן עדן אחר פטירת האדם, ישיג כל זה. וכן בכל לילה כאשר האדם ישן, ומפקיד נשמתו ויוצאה ועולה למעלה, הנה מי שזוכה לעלות למעלה, מלמדים לו שם אותו הפירוש, שבו תלוי שרש נשמתו. ואמנם הכל כפי מעשיו ביום ההוא, כך באותה הלילה ילמדוהו, פסוק אחד, או פרשה פלונית, כי אז מאיר בו יותר פסוק ההוא משאר הימים. ובלילה האחרת יאיר בנשמתו פסוק אחר, כפי מעשיו של אותו היום, וכולם על דרך הפירוש ההוא אשר תלויה בו שרש נשמתו כנזכר, עד כאן דברי קודשו. ור"ל שכל יהודי ויהודי חייב להשיג את שורש נשמתו, וללמוד את סוד החיים.

יבאוני רחמיך ואחיה כי תורתך שעשעי. מבואר במדרש משלי - אמר רבי ישמעאל, בוא וראה כמה קשה יום הדין שעתיד הקדוש ברוך הוא לדון את כל העולם כולו בעמק יהושפט. בזמן שתלמידי חכמים באים לפניו, אומר לכל אחד מהם - כלום עסקת בתורה, אמר לו הן, אומר לו הקדוש ברוך הוא הואיל והודית, אמור לפני מה שקרית, ומה ששנית בישיבה, ומה ששמעת בישיבה. מכאן אמרו - כל מה שקרא אדם יהא תפוש בידו, ומה ששנה כמו כן, שלא תשיגהו בושה ליום הדין. מכאן היה רבי ישמעאל אומר - אוי הלה לאותה בושה, אוי לה לאותה כלימה, ועל זה ביקש דוד מלך ישראל בתפילה ובתחנונים לפני המקום ואמר - הוי"ה בוקר תשמע קולי בוקר אערך לך ואצפה. בא לפניו מי שיש בידו מקרא ואין בידו משנה, הקדוש ברוך הוא הופך את פניו ממנו, ושרי גיהנם מתגברים בו כזאבי ערב, ונוטלין אותו ומשליכין אותו לתוכה. בא לפניו מי שיש בידו שני סדרים או שלושה, אז הקדוש ברוך הוא אומר לו - בני, כל ההלכות למה לא שנית אותם, ואם אומר הקדוש ברוך הוא הניחוהו, מוטב, ואם לאו עושין לו כמידת הראשון. בא לפניו מי שיש בידו הלכות, הקדוש ברוך הוא אומר לו - בני, תורת כהנים למה לא שנית, שיש בה טומאה וטהרה, וטומאת שרצים וטהרת שרצים, טומאת נגעים וטהרת נגעים, טומאת נתקים ובתים וטהרת נתקים ובתים, טומאת זבים ולידה וטהרת זבים ולידה, טומאת מצורע וטהרתו, סדר וווידוי יום הכיפורים, וגזירות שוות, ודיני ערכים, וכל דין שדנו ישראל לא דנו אלא מתוכו. בא לפניו מי שיש בידו תורת כהנים, אומר לו הקדוש ברוך הוא - בני, חמישה חומשי תורה למה לא שנית, שיש בהם קריאת שמע, ותפילין, ומזוזה. בא לפניו מי שיש בידו חמישה חומשי תורה, אומר לו - בני, למה לא למדת הגדה, ולא שנית, שבשעה שהחכם יושב ודורש, אני מוחל ומכפר עוונותיהם של ישראל, ולא עוד אלא בשעה שעונין אמן יהא שמיה רבה מברך, אפילו נחתם גזר דינם אני מוחל ומכפר להם עוונותיהם. בא לפניו מי שיש בידו הגדה, אומר לו הקדוש ברוך הוא - בני, תלמוד למה לא שנית, שנאמר - כל הנחלים הולכים אל הים והים איננו מלא, זה התלמוד, שיש בו חכמות הרבה. בא מי שיש בידו תלמוד, הקדוש ברוך הוא אומר לו - בני, הואיל ונתעסקת בתלמוד, **צפית במרכבה, צפית בגאוה,** שאין הנייה בעולמי, אלא בשעה שתלמידי חכמים יושבים ועוסקים בתורה, מציצין ומביטין ורואין והוגין המון התלמוד הזה - **כסא כבודי היאך הוא עומד. רגל הראשונה במה היא משמשת, שניה במה היא משמשת, שלישית במה היא משמשת, רביעית במה היא משמשת, חשמל היאך הוא עומד, ובכמה פנים הוא מתהפך בשעה**

אחת, לאי זה רוח הוא משמש, הברק היאך הוא עומד, כמה פנים של זוהר נראין בין כתפיו, לאיזה רוח משמש, כרוב היאך הוא עומד, לאי זה רוח הוא משמש. גדולה מכולם עיון כיסא הכבוד, היאך הוא עומד, עגול הוא כמין מלבן, ומתוקן הוא, כמה גשרים יש בו, כמה הפסק בין גשר לגשר, וכשאני עובר באיזה גשר אני עובר, ובאי זה גשר האופנים עוברים, ובאיזה גשר הגלגלים עוברים. גדולה מכולם מצפורני ועד קודקודי, היאך אני עומד, כמה שיעור בפיסת ידי, וכמה שיעור אצבעות רגלי. גדולה מכולם כיסא כבודי, היאך הוא עומד, לאיזה רוח הוא משמש, באחד בשבת לאיזה רוח הוא משמש, בשני בשבת לאיזה רוח הוא משמש, בשלישי בשבת לאיזה רוח הוא משמש, ברביעי בשבת, בחמישי בשבת, בששי בשבת לאיזה רוח משמשין, וכי לא זהו הדרי, זהו גדולתי, זהו הדר יופי, שבניי מכירין את כבודי במידה הזאת. ועליו אמר דוד - מה רבו מעשיך הוי"ה, כולם בחכמה עשית, מלאה הארץ קניניך. עד כאן לשון המדרש. ממדרש זה לומדים על חובת כל אחד ואחד מישראל את לימוד כל חלקי הפרד"ס, ובעיקר את בחינת הסוד שבתורה, הנקרא[8] מעשה מרכבה, ובמעשה בראשית. ומבאר הרב בית לחם יהודה על השינוי שיש בפסוקים במעמד הר סיני, בפסוק אחד כתוב - ויחן שם **ישראל** תחת ההר. ומספר פסוקים יותר מאוחר כתוב וירא **העם** וינועו מרחק. וידוע כי כאשר כתוב בתורה **ישראל**, מדובר **בבני ישראל**, וכאשר כתוב **העם**, מדובר על **הערב רב**. וז"ל הרב בית לחם יהודה - ובזוהר בהעלותך דף קנ"ב ע"א קרי להעוסקים בחכמת האמת, אינון דהוי קיימי בטורא דסיני. וז"ל - חכימין עבדי דמלכא עלאה אינון דקיימו בטורא דסיני, לא מסתכלי אלא בנשמתא, דאיהי עיקרא דכלא אורייתא ממש וכו'. ונראה בעיני אם מותר, משמע אותן שאינן יודעים סודות התורה לא עמדו על הר סיני, עד כאן לשונו. ונראה לי בביאור כוונתו כי בתחלה כשיצאו ישראל לקראת האלהי"ם, היו מתייצבים בתחתית ההר, ואחר כך נאמר וירא העם וינועו ויעמדו מרחוק, כי היו יראים פן תאכלם האש הגדולה הזאת וימיתו. והיה מקצת מהעם שהיו ששים ושמחים לקראת השכינה, ולא רצו לזוז ממקומם הראשון, ולעמוד מרחוק, אפילו אם ימיתו ממש. ועליהם הוא מה שכתב בזוהר הנזכר - אינון דקיימו בטורא דסיני, כלומר ולא נעו ועמדו מרחוק, אלא עמדו בטורא דסיני מתחלה ועד סוף, ולכן הם זוכים לחכמת האמת. ואותם הנשמות אשר נעו עם העם ועמדו מרחוק, כן הם עושים גם עתה, שנסים ועומדים מרחוק לחכמת האמת מיראתם, פן תאכלם האש הגדולה הזאת. ולכן על כל אחד ואחד מבני ישראל הקדושים מחויב לעמוד תחת עץ החיים.

יראיך יראוני וישמחו כי לדברך יחלתי. בספר הזוהר הקדוש מבואר מדוע התפילות של בני ישראל לא נענות, וז"ל תיקוני הזוהר תיקון מ"ג - **בראשית תמן את"ר יב"ש** במלת בראשית יש אותיות את"ר יב"ש, **ודא איהו ונהר יחרב ויבש** היסוד הנקרא נהר יחרב ויבש ממי השפע, ואין לו מה להשפיע למלכות, **בההוא זמנא דאיהו יבש** באותו הזמן שהיסוד הוא יבש, **ואיהי יבשה** המלכות הנקראת יבשה, היא יבשה כי לא מקבלת שפע מהיסוד, אז כאשר **צווחין בניו לתתא** מתפללים וצועקים בני ישראל, **ביחודא ואמרין** וביחוד שאומרים בני ישראל **שמע ישראל** שיבא ז"א הנקרא ישראל להתיחד עם נוקבא בשעת התפילה דעמידה, עם כל זאת **ואין קול** של התפילה או הקריאת שמע שעוזרים לזיווג דזו"ן **ואין עונה** שיענה וימלא את הבקשות בתפילתם. **הדא הוא דכתיב** וזהו שכתוב - **אז בני ישראל יקראונני**

גמרא חגיגה די"א ע"ב

בני ישראל בעת צרתם בקריאת שמע ובתפילה, **ולא אענה** ואני לא אענה אותם בתפלתם, מפני שלא לומדים ומתעסקים בפנימיות התורה. **והכי מאן דגרים דאסתלק** וכל מי שגורם הסלקות פנימיות תורת הקבלה **וחכמתא מאורייתא דבעל פה ומאורייתא דבכתב** מהתורה שבעל פה והתורה שבכתב, **וגרים דלא ישתדלון בהון** וגורמים גם לאחרים שלא יתעסקו וילמדו את חכמת הקבלה, **ואמרין דלא אית אלא פשט באורייתא ובתלמודא** ואומרים שאין בתורה ובתלמוד אלא פשט התורה, בלי פנימיות הסוד, **בודאי כאלו הוא יסלק נביעו מההוא נהר** בודאי נחשב לו כאילו הוא מסתלק את נביעת שפע החכמה והבינה מן היסוד, **ומההוא גן** ומן הנוקבא הנקראת גן, **ווי ליה** לאותו יהודי **טב ליה דלא אתברי בעלמא** טוב לו שלא היה נברא, **ולא יוליף ההיא אורייתא דבכתב ואורייתא דבעל פה** ולא היה לומד תורה שבכתב ותורה שבעל פה, כי דינו כעם הארץ שלא למד כלל, ועוד **דאתחשב ליה כאלו אחזר עלמא לתהו ובהו** שנחשב לו כאילו החזיר את העולם לתהו ובהו, ר"ל לסוד שבירת הכלים לפי שמגביר הקליפות כאשר הנהר והגן יבשים, **וגרים עניותא בעלמא ואורך גלותא** וגורם עניות בעולם ומאריך את הגלות השכינה וביאת המשיח. עד כאן דברי הזוהר הקדוש. וכותב רב חיים ויטאל זלה"ה בהקדמה וז"ל - אמנם שעשועות של הקדוש ברוך הוא בתורה, והיותו בורא בה את העולמו, היתה בהיותו עוסק בתורה בבחינת הנשמה הפנימית שבה, הנקרא - רזי תורה, הנקרא מעשה מרכבה, **היא חכמת הקבלה** כנודע אל היודעים, וטעם הדבר הוא להיותו עולם האצילות העליון מאד, טוב ולא רע, דלא יכיל להתערבא עמיה קליפה, ועליה אתמר - וכבודי לאחר לא אתן, כנזכר בספר התיקונין דף ס"ו תיקון י"ח, וכן בספר הזוהר בפרשת בראשית דף כ"ח ע"א עיין שם. ולכן גם התורה אשר שם]**אח"י** - בעולם האצילות[איננה רק מופשטת מכל לבושי הגופנים, מה שאין כן למטה בעולם היצירה, עולם דמטטרו"ן, הנקרא עבד טוב, והוא הנקרא עץ הדעת טוב ורע מסטרא, ומסטרא דסמא"ל שהוא קליפין דיליה, **נקרא עבד רע,** כי התורה אשר שם, הם שית סדרי משנה **הנקראים שפחה** כנזכר לעיל, וכנזכר בפרשת בראשית שם דף כ"ז ע"א. ולכן נקראת משנה, לפי ששם יש שינויים הפוכים **טוב מסטרא דעבד טוב,** היתר, כשר, טהור. **רע מסטרא דעבד רע,** איסור, טמא, פסול. גם הוא מלשון כי מרדכי היהודי משנה למלך, שהיה שפחה הנקרא עבד מלך, מלך גם נקרא מלשון שינה, כנזכר בפרשת פינחס דף רמ"ד ע"ב - קם זמנא תנינא ואמר, מארי מתניתין נשמתין ורוחין ונפשין דילכון אתערו כען ואעברו שינתא מניכון דאיהו, ודאי משנה אורח פשט, דהאי עלמא ואנא לא אתערנא בכו, אלא ברזין עילאין דעלמא דאתי דאתון בהון, לא ינום ולא ישן. וזה יובן במה שמבואר יותר למעלה שם - **ורבנן דמתניתין ואמוראי, כל תלמודא דלהון על רזין דאורייתא סדרו ליה.** ונמצא כי המשנה והש"ס הם הנקרא גופי תורה. והנה דבריהם כחלום בלי פתרון, **ורזיה וסתריה הפנימים הנקרא בנשמת התורה, הם הם פתרון החלום הנפתר בהקיץ,** בסוד - אני ישנה ולבי ער, וכמו[9] שאמרו חכמים ז"ל - **במחשכים הושיבני כמתי עולם, זה תלמוד בבלי,** אשר איננו מאיר אלא על ידי ספר הזוהר, **הם הם רזי תורה וסתריה** אשר עליהם נאמר - ותורה אור. ואין ספק כי כמו שהיצר נקראת עבד ושפחה בערך האצילות, ונקרא קליפין ולבושין דחול, כנזכר בהקדמת ספר התיקונין ד"ג ע"ב וז"ל - וביומי דחול לביש עשר כתות דמלאכיא דמשמשי לעשר ספירות דבריאה. ואם כן אין לתמוה כי התורה אשר שם שהיא המשנה, תהיה נקרא שפחה וקליפין דתורה דאצילות, וזה סוד כל הבשר חציר הנזכר

---

⁹

סנהדרין דכ"ד ע"א.

לעיל במאמר הראשון, כי כמו שההחטה שהיא בגימטריא כמנין כ"ב אותיות התורה, הגנוזה תוך כמה קליפין ולבושין שהם הסובין והמורסן והתבן והקש והעשב, הנקרא חציר, כן המשנה אצל סודות התורה נקרא חציר, וזה נרמז בספר הזוהר פרשת כי תצא ברעיא מהמנא דף רע"ה ע"ב - **אצל רבנן ווי לאינון דאכלין תבן דאורייתא, ולא ידעי בסתרי אורייתא, אלא קלין וחמורין דאורייתא, קלין אינון תבן דאורייתא, וחמורין אינון חטה דאורייתא, ח"ט ה' אלנא דטוב ורע וכו'.** ואלו באתי להרחיב דרוש זה לא יספיקו מאה קונטרסין בלי ספק בלי שום גוזמא, האמנם החכם עיניו בראשו כי דברי אמת אני אומר, ואל יתמה האדם בראותו ספר הזוהר איך קורא אל המשנה שפחה וקליפין, כי עסק המשנה כפי פשטיה, **אין ספק שהם לבושין וקליפין חיצונים בתכלית אצל סודות התורה הנגנזים,** ונרמזים בפנימיותה כי כל פשטיה הם בעלם הזה בדברים חומרים תחתונים..... על כן על כל בני ישראל לאכול מעץ החיים.

מה אהבתי תורתך כל היום היא שיחתי. ומבאר הרב ז"ל בהקדמה לשער המצות, כי עסק לימוד פנימיות התורה הוא חלק בלתי נפרד מתלמוד תורה, וז"ל - גם בענין עסק התורה שהיא אחת מרמ"ח מצות עשה, אם לא השלים אותה, **שהוא ענין עסקו בפרד"ס התורה,** שהוא ראשי תיבות **פ**שט **ר**מז **ד**רש **ס**וד, בכל בחינה מהם כפי אשר יוכל להשיג, **עד מקום שידו מגעת,** לטרוח ולעשות לו רב שילמדנו. ואם לא עשה כן, הרי חסר מצוה אחת של תלמוד תורה, שהיא גדולה ושקולה ככל המצות, וצריך **להתגלגל** עד שיטרח הארבעה בחינות של פרד"ס כנזכר. וכן מבאר הרב בית לחם יהודה בהקדמתו הקדושה, וז"ל - ומה מאד נמלצו **[אח]י** - מלשון מליצה] בזה דברי הנביא ירמיה)סימן כ"ב)באומרו - אל תבכו למת וכו'. שהוא מדבר עם הציבור המתקבצים להספיד על איזה צדיק הנפטר רח"ל, על שנחסר צדיק אחד מהדור שהיה מנין בזכותו עליהם. וקאמר להו הנביא אל תבכו וכו', **לפי שרובם של צדיקים אינם זוכים לעסוק בכל ארבעה חלקי הפרד"ס, ואם כן מוכרחים הם לחזור ולבוא בגלגול כדי להשלים לימודם בארבעה חלקים,** כי אפילו הוא עסק בשלוש חלקי הפרד"ס, לא יצא ידי חובתו, ועליו נאמר הן כל אלה יפעל א"ל פעמים שלש עם גבר, להחזירו בגלגול. ואם כן הויא פסידא דהדרא. ואפשר שבו ביום שנפטר הוא חוזר ומתגלגל, כנזכר בזוהר ריש פרשת אמור, יעו"ש. ואם כן אין לכם פסידא כל כך. אמנם בכו בכו להלך, לאותו צדיק שכבר עסק בארבעה חלקי הפרד"ס. כי תיבת להלך היא חסר ו', ואם תחשוב תיבת להלך ארבעה פעמים עם ארבעה הכוללים, שהם כנגד ארבעה חלקי הפרד"ס, הם בגימטריא פרד"ס. **שזה הצדיק לא ישוב עוד וראה את ארץ מולדתו, כי על ארבעה לא אשיבנו.** שזהו פסידא דלא הדרא באמת, ונחסר לגמרי מן העולם הזה, עד כאן לשונו. ולכן חובה על כל אדם לעסוק בכל חלקי הפרד"ס, ובפרט בחלק הסוד, הנקרא פנימיות התורה, כמבואר בזוהר הקדוש כמובא בזוהר הקדוש פרשת נשא דף קכ"ד - **בהאי חבורא דילך דאיהו ספר הזוהר יפקון ביה מן גלותא ברחמי,** בזכות הלימוד בספר הזוהר הקדוש, יצאו בני ישראל מהגלות **ברחמים.** ועוד כל מי שחשקה נפשו ללמוד, אסור למנוע זאת ממנו, בסוד הפסוק[10] - אל תמנע טוב מבעליו, ועל כל אדם להיכנס לפרד"ס החיים.

אשרי האיש אשר לא הלך בעצת רשעים ובדרך חטאים לא עמד ובמושב לצים לא ישב. דע כי

10

משלי ג' כ"ז - אל תמנע טוב מבעליו בהיות לאל ידך לעשות.

יהיו הרבה אנשים רשעים, שינסו למנוע מבני ישראל הקדושים ללמוד בכללות תורה, ובפרט את תורת הקבלה, מכל מיני סיבות ומניעות, והשטן מדבר מגרונם של אלו הרשעים. ואלו דברי קודשו של בעל שבט מוסר רבינו אליהו הכהן האתמרי זצלה"ה - ובהביטך בן אדם שעבר על אחרים למה תרדוף אתה אחר כל אלה הדברים הזרים, להשביע נפש מרורים ולמוסרה ביד צרים המה המקטרגים הצוררים, ולמה לא תחמול על נפשך ועל נועם תבנית צלם גופך למוסרו בידן ולהשליכו בתוך גחלי רתמים בטיט היון של גיהנם, להשחירו ולהתיכו כאשר ניתך הזפת בפני האש, אשר על כן תן עצה אתה בנפשך **לברור בדרך החיים בעסק התורה והמצות**, וגם להצטער עצמך זמן קצוב הם חיי עולם הזה, כדי שתתענג זמן רב בלתי סוף ותכלית, ואל יעלה על דעתך כאשר עלה בדעת הרבה שנאבדו בידם כיון שמכיר אני בעצמי שאין בדעתי להבין ולהשכיל, איני עוסק בתורה, טועה הוא בדבר, שהרי הוא מחוייב לעשות מה שנצטוה לעשות, ואם יבין יבין, **שהרי והגית בו יומם ולילה כתיב** ולא כתיב ותבין בו, וכן תמצא בדברי התנא אם למדת תורה הרבה נותנין לך שכר הרבה, ואינו אומר אם הבנת הרבה, אלא למדת אמרו, ותשתדל להבין ואם תבין תבין, ואם לא שכר לימודך בידך, וכמאמר התנא לפום צערא אגרא, ומה גם שאמרו האדם איני לומד מפני שאיני מבין, **הוא פיתוי היצר**, יתמיד בלימודו וסוף הבינה לבא, שבראות קדוש ברוך הוא **חשקו בתורתו ודבקותו בה, פותח לו מעייני החכמה**, דכתיב - כי הוי"ה יתן חכמה מפיו דעת ותבונה. והנני מוסר לך דבר אשר תרדוף אחריה, ויהיה חיים לנפשך וענקים לגרגרותיך, **לעולם יהיה עיקר לימודך בדבר של תורה שליבך חפץ יותר**, אם בגמרא גמרא, ואם בדרוש דרוש, ואם ברמז רמז, **ואם בקבלה קבלה**, ורמז לדבר כי אם בתורת הוי"ה חפצו, כלומר תורת הוי"ה תלויה בדבר שלבו חפץ לעסוק, וכמו שמבאר האר"י זלה"ה בספר דרושי הנשמות והגלגולים פרק שלישי, וז"ל - יש בני אדם שכל חפצם ועסקם בפשטי התורה, ויש שעסקם בדרוש, ויש ברמז, ויש גם כן בגימטריות, **ויש בדרך האמת**, הכל כפי מה שעליו נתגלגל בפעם ההוא, כיון שהשלים פעם אחרת בשאר העניינים, אין צורך לו שבכל גלגול יעסוק בכולם, עד כאן לשונו. **ואל תביט ותשגיח לדברי המתנגדים על מה שחשקת לעסוק בתורה** בגמרא או בפשט או בדרוש וכו', באומרם לך למה אתה מוציא כל ימיך בפרט זה של תורה ולא בפרט זה, משום שעל מה שחשקת ללמוד, על דבר זה באת לעולם, ואם תשים דעתך לדבריהם, יכריחוך להתגלגל בזה העולם פעם אחרת ולעבור נפשך בחרב חדה של מלאך המות ולטעום טעם מיתה, ולכן לא תשמע לדברי המשחית נפשך, **כי דע שהשטן מתלבש באלו האנשים לדאוג ולהצטער ולהכאיב נפש הלומד ועוסק בתורה**, בחלק שֶׁאָֽנְתָה נפשו לעסוק, כדי להבדילו משם שלא ישלים נפשו, על מה שבא להשלימה, ולהכריחו גלגולים אחרים, וכשם שבדבר שחושק יותר האדם ללמוד, משם יבין שעל דבר זה נתגלגל להשלים, כך צריך האדם שידע שורש נשמתו ומהיכן נמשך ועל מה בא לתקן ולהשלים, כמו שאמר בזוהר שיר השירים על הגידה לי את שאהבה נפשי וכו'. **וכדי שיבין יראה באיזה מצוה תקיף יצרו יותר לבטלה יתחזק בה לקיימה, כי בוודאי על מצוה זו נתגלגל**, וכדי שלא ישלים חוקו מנגדו יצרו לבטלה להוציאו מן העולם בידיים ריקניות... ולכן לא תשמע לדברי רשעים אלו, אלא תשמע לדברי חיים.

חבר אני לכל אשר יראוך ולשמרי פקודיך. בסוף[11] עץ חיים מובא מספר כללים למהרח"ו,

---

11

ע"ח ח"ב דקי"ט ע"א.

וז"ל - להאר"י זלה"ה. הרמב"ן וחבריו ודברי ראשונים כמו רבי נחוניא בן הקנה לא הזכירו רק עשר ספירות, ולא גילו עניני פרצוף כלל. **ודע שהרמב"ן והראשונים היו יודעים בפרצוף**, אלא שדברו בהעלם גדול, לרוב הגלות שלא ניתן רשות לגלות, ולהתפשט האורות הגדולים, מאחר שגברו הקליפות, וכל זר לא יאכל קדש. **אמנם בעקבות משיחא כמו בדורינו זה התחילו האורות להתפשט להיות כבראשונה**, כמו שהיה בזמן העולם מתוקן ולהתתקן מעט. ומתחלה היו האורות סתומים, היה העולם מקולקל, וכל מה שנתקלקל נסתם בגלות, ולא היו משיגין אלא עשר ספירות בסתום, בסוד הנקודות, כל אחד כלול מעשר, ובענין הפרצופים לא נתגלה להם כלל, לפי שמצאו בדברי הראשונים סתומים, ולא ידעו עומק הדברים, וחשבו שכך הוא ודברו בעשר ספירות כל אחד כלול מעשר ובחינות הרבה, ולפי שראיתי מי שחולק על דברים אלו לאמור שלא מצינו אלא עשר ספירות, ומהיכן יש לשלוט כח לאמור כמה פרצופים שנמצא יותר מעשר ספירות, ומספר רב והלא הראשונים כתבו בספר יצירה - עשר ולא תשע, עשר ולא י"א, לזה באתי לפתוח לך כחודא דמחטא, אולי תזכה להבין מקצת, וכולו לא תשורנו עין, וזהו. ובהקדמתו[12] הקדושה כותב הרב ז"ל - והנה אין בכל דור ודור שלא נמצאו בו אנשים יחידי סגולה ששרתה עליהם רוח הקודש, והיה אליהו הנביא ז"ל נגלה עליהם, **ומלמד אותם סתרי החכמה הזאת**, וכמו שנמצא כתוב בספרי המקובלים, גם בעל ספר הרקנטי כתב בפרשת נשא בפרשת ברכת כהנים..... ואנשי לבב שמעו לי, אל יהרסו אל הוי"ה, **לראות בספרי האחרונים הבנויים על פי השכל האנושי**, ושומע לי ישכון בטח ושאנן מפחד רעה. ולכן אני הכותב הצעיר חיים וויטאל, רציתי לזכות את הרבים **בהעלם נמרץ והמשכילים יבינו**, וקראתי שם החבור הזה על שמי **ספר עץ חיים**, וגם על שם החכמה הזאת העצומה, חכמת הזוהר, הנקרא עץ חיים, ולא עץ הדעת כנזכר לעיל, בעבור כי בחכמה הזאת טועמיה חיים זכו, ויזכו לארצות החיים הנצחיים, **ומעץ החיים הזה ממנו תאכל, ואכל וחי לעולם**. ואשכילך ואורך דרך זו תלך דע מן היום אשר מורי זלה"ה החל לגלות זאת החכמה, **לא זזה ידי מתוך ידו אפילו רגע אחד**, וכל אשר תמצא כתוב באיזה קונטריסים על שמו ז"ל, ויהיה מנגד מה שכתבתי בספר הזה, **טעות גמור הוא, כי לא הבינו דבריו, ואם יש בהם איזה תוספות שאינו חולק עם ספרינו זה, אל תשית לבך בקבע אליו**, כי שום אחד מהשומעים את דברי קדשו, **לא ירדו לעומק דבריו וכוונתו, ולא הבינום**, בלי שום ספק. ואם יעלה בדעתך לחשוב שתוכל לברור הטוב ולהניח הרע, אל בינתך אל תשען, כי אין הדברים האלו מסורים אל לב האדם כפי שכל אנושי, והסברא בהם סכנה עצומה, ויחשב בכלל קוצץ בנטיעות חס ושלום, לכן הזהרתיך ואל תסתכל בשום קונטרסים הנכתבים בשם מורי זלה"ה, זולתי במה שכתבנו לך בספר הזה, **ודי לך בהתראה זאת**, אלו הם דברי קדשו. ועלינו ללמוד אך ורק בתורת מורינו חיים.

אני קראתיך כי תעניני אל הט אזנך לי שמע אמרתי. עוד כתב הרב ז"ל בהקדמתו תנאים כדי לזכות לחכמה הקדושה הזאת, וז"ל - אני הכותב משביע בשמו הגדול יתברך, לכל מי שיפלו הקונטרסים אלו לידו, שיקרא הקדמה זאת, ואם אותה נפשו לבוא בחדרת החכמה זאת, יקבל עליו לגמור ולקיים כל מה שאכתוב עליו ויעיד עליו יוצר בראשית, שלא יבוא אליו היזק בגופו ונפשו, ובכל אשר לו, ולא לאחרים. תחת רודפו טוב והבא לטהר ולקרב. **ראשית הכל יראת**

ע"ח ד"ד ע"ב.

הוי"ה, להשיג יראת העונש, כי יראת הרוממות, שהוא יראה הפנימית, לא ישיגוהו רק מתוך גדלות החכמה, ועיקר מגמתו בידיעה הזה לבער קוצים מן הכרם, כי לכן נקראים העוסקים בחכמה הזאת מחצדי חקלא. **ובודאי שיתעוררו הקליפות נגדו לפתותו ולהחטיאו, לכן יזהר שלא לבוא לידי חטא אפילו שוגג**, שלא יהיה להם שייכות בו, לכן צריך ליזהר מהקלות, כי הקדוש ברוך הוא מדרדק עם הצדיקים כחוט השערה, לכן צריך לפרוש עצמו מבשר ויין כל ימות השבוע, **וצריך הזהרת סור מרע ועשה טוב**, ובקש שלום. בקש שלום צריך להיות רודף שלום, ולא להקפיד בביתו על דבר קטן וגדול, וכל שכן שלא יכעוס ח"ו.

וצריך להתרחק בתכלית הריחוק סור מרע.

א. ליזהר בכל דקדוקי מצות, ואפילו בדברי חכמים, שהם בכלל לא תסור.

ב. לתקן המעוות קודם שיבא לעולם הבא.

ג. יזהר מהכעס, אפילו בשעה שמוכיח את בניו, לא יכעוס כלל ועיקר.

ד. גם צריך ליזהר מהגאוה, ובפרט בענין הלכה, כי גדול כחה והגאוה, בזה עון פלילי.

ה. בכל צער שיבא לו, יפשפש במעשיו וישוב אל הוי"ה.

ו. גם יטבול בעת הצורך לו.

ז. גם יקדש את עצמו בתשמיש המטה שלא יהנה.

ח. שלא יעבור כל לילה ויחשוב בכל לילה מה שעשה ביום, ויתודה.

ט. גם ימעט בעסקיו ואם אין לו פרנסה כי אם על ידי משא ומתן, יכין יום שלישי ויום רביעי, מחצי היום ואילך, ובכוונה שהוא לעבודת קונו.

י. כל דבור שאינו של מצוה והכרחי, יהיה זהיר ממנו, ואפילו דבר מצוה ימנע בשעת התפלה.

ועשה טוב

א. לקום בחצי הלילה, ולעשות הסדר בשק ואפר ובכי גדול, ובכוונה כל אשר יוציא בשפתיו. ואחר כך יעסוק בתורה כל זמן שיוכל להיות בלי שינה, ובלבד שחצי שעה קודם עלות השחר יתעורר לעסוק בתורה.

ב. ילך לבית הכנסת קודם עלות השחר, קודם חיוב טלית ותפילין, להיזהר שיהיה מעשרה ראשונים.

ג. קודם שיכנס, ישים אל לבו מצות עשה ואהבת לרעך כמוך, ואחר כך יכנס.

ד. להשלים רמז צדיק בכל יום. שהוא צ' אמנים, ד' קדושות, י' קדישים, ק' ברכות.

ה. שלא להסיח דעתו מהתפילין בעת התפילה, זולת בעת העמידה ועסק התורה.

ו. צריך שיהיה עוסק בתורה, מעוטף בטלית ותפילין.

ז. לכוין בתפלה הכוונות, כמו שנבאר בע"ה.

ח. שישים תמיד נגד עיניו שם בן ארבעה אותיות הוי"ה, ויזדעזע ממנו, כמו שכתוב - שויתי הוי"ה לנגדי תמיד.

ט. שיכוין בכל הברכות, בפרט בברכת הנהנין.

י. צריך שיהיה עמל בתורה פרד"ס, שנאמר או יחזיק במעוזי, ואל יחשוב שיגלו לו רזי התורה בהיותו ריק, כדכתיב - יהב חכמתא לחכימין, וצריך ליזהר שלא יוציא בשפתיו בחכמה זו, מה שלא שמע מאדם שראוי לסמוך עליו, וכאזהרת רשב"י וחביריו. השגת החכמה תנאי הראשון, צריך למעט דבורו, ולשתוק, כל מה שיוכל כדי שלא להוציא שיחה בטילה, כמאמר רז"ל -

סייג לחכמה שתיקה. גם תנאי אחר, על כל דבר תורה שלא תבינהו, תבכה עליו כל מה שתוכל. גם עלית הנשמה בלילה לעולם העליון, שלא תשוט בהבלי העולם, תלוי שתישן בבכיה. ומרת עצבות מגונה עד מאוד, ובפרט להשיג חכמה, והשגה אין לך דבר מונע השגה יותר מזה. גם בענין השגת האדם, אין לך דבר שמועיל כמו הטהרה והטבילה, שיהיה האדם טהור, בכל עת ומורי זלה"ה עם היות שהיה לו חולי השבר שהקור מזיק לו, עם כל זה לא היה מונע מלטבול בכל עת, עד כאן דברי קודשו. ועלינו לקיים את בקשת הרב ז"ל את הבחינות של[13] סור מרע ועשה טוב, כדי לטפס בעץ החיים.

מרן הרש"ש[14] מעיד על עצמו, וז"ל - וראיתי מה שכתבו מעלת כבוד תורתם, על ענין עבודת הוי"ה שקצרתי במקום שהיה ראוי להרחיב מעט הדיבור, אמת הוא כי לכתחילה קצרתי בו, **יען ראיתי כמה מהנזק יצא ממה שכתבו בזה המקובלים שקדמו, כי רבים חללים הפילו, וחלול כבוד הוי"ה, וכבוד התורה. הוי"ה יכפר בעדם**, כי כל דבריהם לא על פי התורה הם, ואינם מיוסדים על האמת, ומהם יצאו אבות, ומאבות תולדות הריסת יסודי התורה ח"ו, הוי"ה יכפר. **וכל זה לא שלמדתי בדבריהם ח"ו**, אלא שפעם אחת הוכרחתי בעל כרחי לעיין בדף אחד שכתוב בו קצור מה שכתבו בענין זה, **וכמעט שקרעתי בגדי לראות דברים אשר לא כן על הוי"ה**. הוי"ה יכפר, וכבר מילתי אמורה להם, **כי עידי בשמים כי כל עסקי ולמודי, אינו רק בדברי האר"י זלה"ה, ותלמידו מהרח"ו ז"ל לבדם, ובלעדם אין לי עסק בשום ספר מספרי המקובלים ראשונים ואחרונים, ואפילו בדברי שאר תלמידי האר"י ז"ל לא למדתי, וכשיזדמן לפני דבר מדבריהם, אני מדלגו.** כי על כן איני כמזהיר, אלא כמזכיר, למען הוי"ה אל יהי לכם מגע יד בדבריהם, ובפרט בענין זה, השמרו לכם פן יפתה לבבכם, **אלא כל לימודם לא יהיה אלא בעץ חיים ובספר מבוא שערים ובשמונה שערים המפורסמים**, שכולם דברי אלהי"ם חיים. ואני קצרתי בענין זה כל מה שאפשר, כי יראתי פן יפלו דפים אלו ביד מי שעדיין לא למד דברי האר"י ז"ל כראוי, **ויחשידני שלמדתי בספרים אחרים, ולא כן הוא כאמור**, ולכן קצרתי בו, ופיזרתי בהקדמה, עד כאן דברי קודשו של מרן הרש"ש. ואנחנו תפילה שיתגלה משיח צדיקנו במהרה בימינו, ומלאה[15] הארץ דעה את הוי"ה כמים לים מכסים, דעת תורת החיים.

---

[13] **תהלים ל"ד ט"ו** – סור מרע ועשה טוב בקש שלום ורדפהו.

[14] **נהר שלום דף ל"ד ע"א.**

[15] **ישעיהו י"א ט'** – לא ירעו ולא ישחיתו בכל הר קדשי כי מלאה הארץ דעה את הוי"ה כמים לים מכסים.

שער א' ענף ב' דרוש עגולים ויושר

כתב רבינו גאון הקבלה רבי אליהו מני, רבו של הרי"ח הטוב, רבי יוסף חיים בעל הספר "בן איש חי", בספרו הקדוש **כסא אליהו** כי על הלומד ללמוד כל מאמר ומאמר ארבעה חמשה פעמים בלי המפרשים, וינסה להבין את המאמר בעצמו. ואחר כך ילך לראות אם כיוון לדעת המפרשים.

וכן אני הקטן מבקש בכל לשון של בקשה, ללמוד את הדרוש כמו שהוא מובא בספר עץ חיים, ארבעה חמישה פעמים, כדי לנסות להבין את הדרוש. וכל דרוש מובא בתחילת הספר במלואו.

אחר כך יכנס ללמוד את הדרוש עם ביאור הדברים, עוד ארבעה חמישה פעמים, ואחר כך יראה את המקורות להגהות, ודברי רבותינו הקדושים, עם התרשימים וטבלאות.

ואז יעלה ויצליח בלימוד תורת האר"י הח"י.

כתב רבינו **השד"ה** רבי שאול דוויק הכהן, בהקדמת ספרו איפה שלימה, על אוצרות חיים וז"ל - וכדי שיוכל לעלות לימודו למעלה, ריח ניחוח לה'. קודם כל לימוד ימסור עצמו על קדושת ה', כי זה מועיל מאוד, כמו שכתוב בשער הכוונות דף כ"ד ע"ב, כי עתה בזמנינו בעונותינו הרבים אין יכולת לעשות זווג כתיקונו למעלה, ולסיבה זו הקץ מתארך וכו'. אמנם עם כל זה יש קצת תיקון במה שנמסור נפשינו על קידוש ה' בכל הלב, כי על ידי כן אפילו אין בנו שום מעשים טובים, והרשענו עד להפליא. הנה על ידי מסירת נפשינו להריגה, מתכפרים עונותינו כולם, ויש בנו יכולת לעלות עד אימא עילאה, כמו שאמרו חז"ל - גדולה תשובה שמגעת עד כסא הכבוד, שנאמר - שובה ישראל עד ה' וכו', עד כאן דבריו.

וזה הסדר

יקבל עליו ארבע מיתות בית דין, מארבעה אותיות הוי"ה וארבעה אותיות אדנ"י, וליחדם על ידי ארבעה אותיות אהי"ה ועל ידי עסמ"ב

סקילה י **א** וליחדם על ידי **א**	יוד ה'י ויו ה'י
שרפה **ה** ד וליחדם על ידי ה	יוד ה'י ואו ה'י
הרג ו **ג** וליחדם על ידי י	יוד ה'א ואו ה'א
וחנק **ה** י וליחדם על ידי ה	יוד הה ו הה

לְשֵׁם יִחוּד

קֻדְשָׁא בְּרִיךְ הוּא וּשְׁכִינְתֵּהּ

יאהדונהי

בִּדְחִילוּ וּרְחִימוּ   וּרְחִימוּ וּדְחִילוּ

יאההויהה   איההיוהה

לְיַחֲדָא אוֹתִיּוֹת י"ה בְּו"ה, בְּיִחוּדָא שְׁלִים

יהו"ה

בְּשֵׁם כָּל יִשְׂרָאֵל, לַאֲקָמָא שְׁכִינְתָּא מֵעַפְרָא, הָרֵינִי לוֹמֵד בַּסֵּפֶר קַבָּלָה פְּלוֹנִי שֶׁהוּא כְּנֶגֶד תִּפְאֶרֶת דז"א בְּעוֹלָם הָאֲצִילוּת שֶׁבּוֹ שֵׁם מ"ה כָּזֶה יוֹ"ד הֵ"א וָא"ו הֵ"א לַעֲשׂוֹת מֶרְכָּבָה. וִיהִי רָצוֹן מִלְּפָנֶיךָ ה' אֱלֹהֵינוּ וֵאלֹהֵי אֲבוֹתֵינוּ שֶׁתְּזַכֵּךְ רוּחֵנוּ וּנְפָשֵׁינוּ שֶׁיִּהְיוּ רְאוּיִים לְעוֹרֵר מֵיִן תַּתָּאִין עַל יְדֵי קְרִיאַת סֵפֶר הַקַּבָּלָה הַזֹּאת. וִיהִי נֹעַם יְהֹוָה אֱלֹהֵינוּ עָלֵינוּ וּמַעֲשֵׂה יָדֵינוּ כּוֹנְנָה עָלֵינוּ וּמַעֲשֵׂה יָדֵינוּ כּוֹנְנֵהוּ.

בָּרוּךְ ה' לְעוֹלָם אָמֵן וְאָמֵן, נֶצַח, סֶלָה, וָעֶד.

<u>שער א' ענף ב'</u>

בענין ח"ס ב"ה. איך היה התחלת אצילות העולמות הנאצלים ממנו וגם חקירה גדולה ומחלוקת עצום נחלקו בו כל המקובלים כולם כי יש מי שכתב כי הי"ס הם כסדר י' מדריגות זו מח"ז וזו למטה מזו. ויש מי שכתב כי סדר עמידתן דרך קוים ימין ושמאל ואמצע והם ג"ס חח"ן זו ע"ג זו בקו ימין וג"ס בג"ה זו ע"ג זו בקו שמאל וד"ס כתי"ס זו ע"ג זו בקו האמצעי ורבים יחכמו ויאמרו כי הם בצורת גלגלים עגולים זה תוך זה וזה מקיף וסובב לזה. והנה מי שיסתכל בדברי רשב"י בס' הזוהר והתיקונים וכן בספר הבהיר (לר' נחוניא בן הקנה) ימצא בדבריהם מאמרים שונים ומחולפים נוטים לכאן ולכאן והמקובלים האחרונים (נבוכו בזה) נלאו יותר למחור ולא יכלו כי קושיא גדולה וחזקה הולכת ומסערת עליהם באמרם מאחר שהח"ס שוה בכל בחי' השוואה גמורה לא ילדק בו מעלה ומטה פנים ואחור כי כל הכינונים האלו מורים הם היות קלבה וגבול ותחום ומדה בחור ח"ס העליון ח"ז וכן נודע שאור ח"ס נוקב ועובר בעובי כל ספי' וספי' ומלגאו כל ספי' וספי' ואסתר לון מלבר לכל ספי' וספי' כנזכר בספר הזוהר פ' בהר בר"מ דק"ט וז"ל חנת נשמה לנשמה כו' ובפ' פנחס דרכ"ה ורכ"ו וכן בהקדמת התיקונים ד"ד וז"ל ולעילא על כלא עלת על כל העלות לית אלהא עליה ולא לד' סטרי עלמא והוא ממלא כל עלמין ואסתר לון מכל סטרא כו'. וא"כ מאחר שכל הי"ס קרובות בהשוואה אל הח"ס וכולם מקבלים ממנו אור בעצמו א"כ מה הפרש בין זה לזה ובמה תתעלה כל ספי' מחברתה כיון שמדרגות כולם שוים כנ"ל (מבו"ש ש"א ח"א פ"ד). והנה האמת הוא שאלו ואלו דברי אלהים חיים וכולם נכוחים למבין וישרים למוצאי דעת אמנם ההפרש שבין ב' הסברות הנ"ל אם הם כסדרן י' מדרגות זו למעלה מזו אם הם בדרך קוים. זה הענין יתבאר לקמן בעז"ה בענין עולם הנקודים איך קודם תיקונם היו כסדרן זה למעלה מזה אבל אחר התיקון היו כסברא האחרת והיו בציור ג' קוים כנ"ל. ואמנם ההפרש שיש בין ב' הסברות אם הם בדרך קוים או בעגולים זה תוך זה נבאר בעז"ה בענף זה ושיס לבד בדברים שיתבארו עתה ומהם תשכיל כל מולא דבר כי ב' הסברות נכוחות ואמיתיים כי ב' בחי' היו בענין הי"ס א' הוא בחי' היותס עגולים בציור י' עגולים זה תוך זה וגם היה בהם בחי' אחרת והוא היותס י"ס ביושר דרך ג' קוים כמראה אדם בעל ראש וזרועות ושוקיים וגוף ורגלים כמו שאכתוב היטב כולו בענפים בעז"ה לקמן וזהו ביאורס.

דע כי טרס שנאצלו הנאצלים ונבראו הנבראים היה אור עליון פשוט ממלא כל המציאות ולא היה שום מקום פנוי בבחי' אויר ריקני וחלל אלא הכל היה ממולא מן אור ח"ס פשוט ההוא ולא היה לו בחי' ראש ולא בחי' סוף אלא הכל היה אור ח"ס אור א' פשוט שוה בהשוואה א' והוא הנק' אור ח"ס. וכאשר עלה ברצונו הפשוט לברוא העולמות ולהאציל הנאצלים להוציא לאור שלימות פעולותיו ושמותיו וכנוייו אשר זאת היה סיבה בריאת העולמות כמבואר אצלינו בענף הא' בחקירה הראשונה. והנה אז למלס את עצמו ח"ס בנקודה האמצעית אשר בו באמצע אורו ממש (אמר מאיר בערכינו אמר הרב זה וק"ל) ולמלס האור ההוא ונתרחק אל לדדי סביבות הנקודה האמצעית ואז נשאר מקום פנוי ואויר וחלל רקני מנקודה אמצעית ממש כזה <ציור> והנה הלמלס הזה היה בהשוואה א' בסביבות הנקודה האמצעית ריקנית ההוא באופן שמקום החלל ההוא היה עגול מכל סביבותיו בהשוואה גמורה ולא היה בתמונת מרובע בעל זויות נגבת לפי שגס ח"ס למלס עצמו בבחי' עגול בהשוואה א' מכל לדדים והסיבה היתה לפי שכיון שאור הח"ס שוה בהשוואה גמורה הוכרח גם כן שימלמס עצמו בהשוואה א' מכל הלדדיס ולא שימלמס עצמו מלד א' יותר משאר הלדדיס. ונודע בחכמת השיעור שאין תמונה כ"כ שוה כמו תמונת העיגול משא"כ בתמונה מרובע בעל זויות נגבת בולטות וכן תמונת המשולש וכיולא בשאר התמונות וע"כ מוכרח הוא להיות למוס הח"ס בבחי' עיגול והסיבה הוא בעבור שהוא שוה בכל מידותיו כנ"ל. גס בפ' בא דמ"ב איתא מנא מנח בעיגולא דמיהו י' ועיין בפ' פקודי דרנ"ח דקלמר כי היכלות ומה שבהס הם

עיגולים. עוד יש סיבה אחרת והוא בעבור הנאצלים אשר עתיד להאצילם אחר כך בתוך המקום החלל ההוא הריק ופנוי כנ"ל. והענין הוא כי בהיות הנאצלים בתמונת העגולים הנה אזי יהיו כולם קרובים ודבוקים בא"ס הסובב אותם בהשוואה א' גמורה והאור והשפע הצריך להם יקבלום מן א"ס מכל צדדיהם בשיקול א'. משא"כ אם היו הנאצלים בבחי' מרובע או משולש וכיוצא בשאר תמונות כי אז היה בהם זויות בולטות קרובות אל הא"ס יותר משאר לצדדיהם ולא היה מקבלים אור א"ס בהשוואה אחת. ובסוף ענף ג' יתבאר טעם למה הולכד ענין הצמצום הזה ומה ענינו.

(מ"ב ענין הצמצום הזה הוא לגלות שורש הדינין כדי לתת מדת הדין אח"כ בעולמות וכח ההוא נקרא בוצינא דקרדינותא כמו חטי קרדינותא).

והנה אחר הצמצום הנ"ל אשר אז נשאר מקום החלל ואויר פנוי וריקני באמצע אור הא"ס ממש כנ"ל הנה כבר היה מקום שיוכלו להיות שם הנאצלים והנבראים ויצורים והנעשים ואז המשיך מן אור א"ס א' ישר מן האור העגול שלו מלמעלה למטה ומשתלשל ויורד תוך החלל ההוא כזה. וראש העליון של הקו נמשך מן הא"ס עצמו ונוגע בו. אמנם סיום הקו הזה למטה בסופו אינו נוגע באור א"ס ודרך הקו הזה נמשך ונתפשט אור א"ס למטה. ובמקום החלל ההוא האציל ונברא ויצר ועשה כל העולמות כולם וקו זה כעין צנור דק א' אשר בו מתפשט ונמשך מימי אור העליון של א"ס אל העולמות אשר במקום האויר והחלל ההוא. ונבאר עתה קצת ענין חקירת המקובלים לדעת איך יש ראש תוך סוף בספירות הנ"ל. אמנם בהיות כי הקו ההוא ראשו נוגע באור א"ס מצד העליון וסופו אינו נמשך למטה עד מקום אור הא"ס הסובב תחת העולמות ואינו דבוק בו לכן אז ילדק בו ראש וסוף כי אם דרך ב' הקצוות היה מקבל שפע הא"ס היו ב' הקצוות בבחי' ראשים שוים זה לזה ולא היה בו בחי' מעלה ומטה. וכן אם היה הא"ס נמשך מכל סביבות לצדדי המקום החלל ההוא לא היה בו לא מעלה ולא מטה לא פנים ולא אחור לא מזרח ולא מערב ולפון ודרום אך בהיות אור א"ס נמשך דרך קו א' וצינור דק בלבד ילדק בו מעלה ומטה פנים ואחור מזרח ומערב וכמ"ש בע"ה בענף זה בכלל דברינו.

והנה בהיות אור הא"ס נמשך בבחי' בצינור קו ישר תוך החלל הנ"ל לא נמשך ונתפשט תכף עד למטה. אמנם היה מתפשט לאט לאט ר"ל כי בתחלה התחיל קו האור להתפשט שם ותכף בתחלת התפשטותו בסוד קו נתפשט ונמשך ונעשה כעין גלגל א' עגול מסביב והעגול הזה היה בלתי דבוק עם אור הא"ס הסובב עליו מכל לצדדיו שאם יתדבק בו יחזור הדבר לכמות שהיה ויהיה מתבטל באור א"ס ולא יתראה כחו כלל ויהיה הכל אור א"ס לבד כבראשונה לכן העיגול הזה סמוך אל עיגול הא"ס ובלתי מתדבק בו. וכל עיקר התקשרות ודביקות העיגול הנאצל ההוא עם א"ס המאציל הוא ע"י הקו ההוא הנ"ל אשר דרך בו יורד ונמשך אור מן א"ס ומשפיע בעיגול ההוא והא"ס סובב ומקיף עליו מכל לצדדיו כי גם הוא בבחי' עגול סביב עליו ורחוק ממנו כנ"ל כי הוא מוכרח שתהרה הא"ס בנאצלים תהיה דרך קו ההוא לבד. כי אם היה האור נמשך להם דרך גם גם מכל סביבותיהם היו הנאצלים בבחינת המאציל עצמו בלתי גבול וקצבה ולא היה עוד אלא אפי' גם הקו ההוא דק מאד ולא בהתרחבות גדול כדי שיהיה האור הנמשך אל הנאצלים במדה וקצבה אשר לסיבה זו נקרא הנאצלים י' מדות וי"ס להורות שיש להם מדה וקצבה ומספר הקצוב מאצ"כ בא"ס וכמ"ש בס"ה פ' פנחס פקודא תליסר דא ק"ש כו' אבל דלא אית ליה מדה ולא שם ידיע כגוונא דספירן כו'. דכל ספי' אית לה שם ידיע ומדה וגבול ותחום והיות הקו דק ימשיך להם שפע כדי לרכס בלבד בערך היותם נאצלים ולא יותר מדאי בערך היותם מאצילים. והנה העגול הזה הראשון היותר דבוק עם הא"ס הוא הנקרא כתר דא"ק ואחר כך נתפשט עוד הקו הזה ונמשך מעט וחזר להתעגל ונעשה עגול ב' תוך עיגול הא' וזה נק' עיגול החכמה דא"ק. עוד מתפשט יותר למטה וחזר להתעגל ונעשה עיגול ג' תוך העיגול הב' ונק' עיגול בינה דא"ק ועד"ז היה הולך ומתפשט

ומתעגל עד עגול י' הנק' עיגול מלכות דח"ק הרי נתבאר ענין הי"ס שנאצלו בסוד י' עיגולים זה תוך זה וכ"ז הוא בחי' עשר ספירות הכוללות דרך סתם כל בחי' העולמות כולם. אמנם מבואר ופשוט הוא שכמה מיני עולמות נאצלו ונבראו ונוצרו ונעשו אלף אלפים ורבוא רבואות וכולם כא' הם תוך המקום החלל הנ"ל ואין דבר חולה לו. והנה כל עולם ועולם יש בו י"ס פרטית וכל ספי' וספי' פרטית שבכל עולם ועולם כלול מי' ספי' פרטית וכולם הס בצורת עיגולים זה תוך זה וזה לפנים מזה עד אין קץ ומספר וכולם כגלגלי בצללים זה תוך זה ע"ד תמונת הגלגלים כנזכר בספרי תוכניים. והנה הבחי' המחברת כל העיגולים יחד הוא ענין קו הדק הזה המתפשט מן האח"ס ועובר ויורד ונמשך מעיגול אל עיגול עד סיום תכלית כולם כנ"ל ודרך הקו הזה נמשך האור והשפע הצריך לכל א' וא' מהם והרי נתבאר בחי' העיגולים של הי"ס.

ועתה נבאר בחי' הב' הב' שים בי"ס הלא הוא בחי' אור היושר כדמיון ג' קוים כצורת אדם העליון. והנה דרך הקו הנ"ל המתפשט מלמעלה למטה אשר ממנו מתפשטים העיגולים הנ"ל גם הקו ההוא מתפשט ביושר מלמעלה למטה מראש גג העליון של עיגול העליון מכולם עד למטה מתחתית סיום כל העיגולים ממש מלמעלה למטה כלול מי"ס בסוד צלם אדם ישר בעל קומה זקופה כלול מרמ"ח אברים מלטיירלים בציור ג' קוים ימין ושמאל ואמצע כלול מי"ס בכללות וכל ספי' וספי' מהם נפרטת לי"ס עד אין קץ ע"ד הנ"ל בענין הי"ס שהם בדרך העיגולים. והנה בחי' זאת הב' נקרא צלם אלהים ועליה רמז הכתוב באומרו ויברא אלהים את האדם בצלמו בצלם אלהים וכמעט כל ס' הזוהר והתיקונים רוב דבריהם כולם מתעסקים בבחי' ב' הזאת בלבד כמ"ש היטב במ"א והרי בזה יתקיימו ב' הסברות הנ"ל כי יש ב' בחי' דרך עיגולים ודרך קוים ושתיהם כא' טובים דברי אלהים חיים. ובזה יתישבו לך כמה מאמרים הנראים כחלוקים זה עם זה בענין סדר ומצב הי"ס. גם יתבאר לך החקירה הנ"ל איך יהיה ראש וסוף מעלה ומטה בענין הי"ס והנה הוא מבואר בכל ב' בחי' אלו. האי' בחי' הי"ס בציור עגולים זה תוך זה וזו פשוט הוא שעיגול הסובב על כולם שהוא גלגל הכתר הנה הוא דבוק עם האח"ס יותר מכולם ולכן משובח. אמנם גלגל הב' הנקרא חכמה יש הפסק בינו ובין האח"ס. והוא גלגל הכתר לכן מעלתו למטה ממעלת הכתר. וכן גלגל הבינה הוא רחוק מן האח"ס שיעור ב' עיגולים ומעלתו למטה ממעלת החכמה ועד"ז כל עיגול ועיגול מכל העולמות כולם אשר בתוך החלל כל הקרוב אל מור אח"ס יותר מחבירו הוא עליון מאד ומשובח ומחבירו עד שנמצא כי הטעו"ז האחליי החומרי הוא נקודה האמצעי תיכונה תוך כל העיגולים כולם בתוך כל המקום החלל ואויר הפנוי הנ"ל וגם הוא מרוחק מן האח"ס הרחקה גמורה יותר מכל העולמות כולם ועד"ז הוא כ"כ גשמי וחומרי בתכלית הגשמיות עם היותו נקודה אמצעית בתוך כל העיגולים והבן זה היטב. ועוד יש סיבה ב' היא הקרובה אל הנ"ל כי הנה נתבאר איך הקו הנמשך מן האח"ס היה מתפשט ואח"כ מתעגל ומתפשט יותר למטה ומתעגל עד סיום תכלית כל העיגולים ועיגול המתהוה ראשון במקום ראשית הקו הנה הוא מעולה ומשובח מכל העיגולים אשר תחתיו כי הנה הוא נמשך מראש הקו. ועוד כי הנה הוא מקבל האורה בהיותו במקום גבוה יותר מכולם. וזה העיגול העליון שבכולם יהיה נק' מעלה והעיגול היותר פנימי הוא אמצעי ותיכון שבכולם אשר הוא תחתון שבכולם אשר הוא מקבל האור מתחתית הקו ההוא יהיה נק' מטה. ובענף ג' בענין יו"ד עיגולים דעולם הנקודים יתבאר איך גם בחי' י"ס של העיגולים יש בהס בחי' קוים ממש עם היותם עיגולים מלבד בחי' הי"ס של היושר הנעשה בציור מראה אדם ע"ש ושם תכלית דרוש העיגולים ושם יתבאר לך איך גם בי"ס העיגולים ילדק בהם ימין ושמאל ואמצע עם היותן כדמיון עיגולים זה תוך זה. והנה גם בבחי' ב' של יושר שהוא בציור אדם ילדק שם מעלה ומטה פנים ואחור כי פשוט הוא שהקרוב אל ראשית הקו יהיה ראש ושלמטה ממנו יהיה גוף ושלמטה ממנו יהיה רגלים וכיוצא בשאר פרטי פרטות. ובענף ג' יתבאר ג"כ בענין יו"ד עיגולים דאח"ק ע"ש. והנה ענין זה שנתבאר בענף זה איך כל העולמות הס בבחי' עיגולים זה תוך זה כגלדי בצללים והוא בחי' מ' נרמז בזוהר

בהרבה מקומות ובפרט בפרשת ויקרא ד"ט ויו"ד איך אפילו הרקיעים והארצות כגלדי בצלים זה תוך זה עש"מ וכן בפרשת בראשית די"ט וז"ל כולם אצטריך קוב"ה למברי עלמא בהו ולאתתקנא עלמא בהו וכללא מוחא לגאו וכמה קליפין חפיין למוחא וכל עלמא כגוונא כו' כולם איהו דא דא לגו ודא לגו מן דא כו' והרי מוכרח איך כל העולמות זה סובב לזה וזה סובב לזה. ואע"פ שממס נראה להיפך שהיותר פנימית הוא מוח והחופף עליו הוא הקליפה הגרועה ממנו עכ"ז אם תפקח עיני שכלך תבין ותראה כי מאמר זה מדבר בערכנו מאתנו שובני ארץ התחתונה אשר היותר קרוב אלינו הוא הנק' קליפה הסובבת בערכינו אל המות אשר לפנים ממנו והוא גלגל הסובב עליו ואח"כ עוד גלגל אחר היותר פנימי ממנו בערכנו והוא המות אל הגלגל האחר וכן עד"ז עד אשר נמצא כי הא"ס לפנים מכל הגלגלים והוא מוח פנימי לכולם וכל הנאצלים קליפין ולבושין אליו והגלגל היותר קרוב אלינו הוא החיצון שבכולם ונק' קליפה על כולם. האמנם בבחי' העולמות בעצמם אינו כך אלא הפנימי שבכולם הוא הקליפה והסובב על כולם הוא המות. גם במאמר זה יובן הבחי' הב' ליור אדם ביושר שכולל כמה עולמות כנז' בס"ה פ' תולדות דף קל"ד וכמה דב"נ מיהו אתחבלג לכמה שייפין וכולהו קיימין דרגין על דרגין מתתקנין מילין על מילין וכולהו חד גופא ה"נ עלמא כו' וכענף ד' נבאר איך כל הבחי' מלטייירין בציור אדם והם דא לגו מן דא ודא לגו מן דא לגו מן דא עתיקא לגו מן א"א וא"א לגו מן אבא ואמא ואו"א לגו וכו' ע"ש כל המדרגות ושם יובן היטב כפי [נ"א בחי'] היותן דא לגו מן דא דא מוחא ודא קליפה ע"ש היטב הרי נתבאר ענין ב' בחי' שיש בי"ס א' בחי' עיגולים ומ' בחי' יושר כמראה אדם.

מהדורא תנינא הקדמה אחת כוללת מן הא"ס עד הזעיר אנפין. דע כי תחלת הכל היה כל המליאות אור פשוט ונקרא אור א"ס ב"ה ולא היה שום חלל ושום מויר פנוי אלא הכל היה אור א"ס וכשעלה ברצונו להאציל הנאצלים ולברוא הנבראים לסיבה נודעת והוא ליקרא רחום וחנון וכיוצא ואם אין בעולם מי שיקבל רחמיו ממנו איך יקרא רחום וכן עד"ז שאר הכנויים הנה למצא עלמו בהמצע האור שלו בנקודת המרכז האמצעי אל הסביבות והצדדים ונשאר חלל בנתיים. וזה היה למצום א"א של המאציל העליון וזה המקום חלל עגול בשוה מכל לדדין עד שנמצא עולם האצילות וכל העולמות נתונים תוך עגול זה ואור א"ס מקיפו בשוה. והנה כאשר למצם עלמו אז דרך לד א"ס מן החלל המשיך דרך קו א' ישר דק כעין לנור אור א' הנמשך מן הא"ס אל תוך החלל וממלאו אותו אבל נשאר מקום פנוי בין האור שבתוך החלל ובין אור הא"ס המקיף את החלל שאל"כ יחזור הדבר לכמות שהיה ותחזור ותתחבר האור הזה שבתוך החלל עם הא"ס כבראשונה יחד וע"כ לא נתפשט ונמשך האור רחב אל תוך החלל רק דרך קו א' דק לבד ודרך קו הזה נמשך ויורד אור א"ס אל תוך החלל העגול שהוא הנאצל ועי"כ מתדבק המאציל בנאצל יחד. ולא עוד אלא אע"פ שכל האצילות עגול והא"ס מקיפו מכל לדדיו בשוה עכ"ז אותו המקום הנשאר דבוק בו ממש ונמשך ממנו ראש זה הקו נק' ראש האצילות העליונה וכל מה שנמשך ונתפשט למטה נקרא תחתית האצילות ועי"כ נמצא שיש בחי' מעלה ומטה בחי' עליון ותחתון ולבחי' ראש ורגלים מעלה ומטה באצילות. והנה האור הזה המתפשט תוך החלל הזה הנה הוא נחלק לב' בחי' הא' הוא שכל האורות שבתוך החלל הזה מוכרח הוא שיהיה בבחי' עגולים אלו תוך אלו. והמשל בזה אור ספירת הכתר עיגול א' ובתוך עיגול זה עגול חכמה וכיוצא בזה עד תשלום י' עגולים שהם י"ס דא"ק ואח"כ י' עגולים אחרים והם י"ס דעתיק ואח"כ י' עגולים אחרים והם י"ס דא"א ואח"כ בתוכן י' עגולים אחרים והם י"ס דאבא אלו תוך אלו עד סיום כל פרטי אצילות וכל עגול מאלו יש אור מקיף אליו כמוהו ג"כ עגול אחר כמוהו נמצא שים אור פנימי ואור מקיף וכולם בבחי' עגולים. והבחי' הב' הוא כי הנה באמצע כל האצילות העגול הזה מתפשט דרך קו ישר בחי' אור דוגמת העגול ממש רק שהוא ביושר ויש בו בחי' א"א וא"ו וא"ח וזו"ן וכולם ביושר ולבחי' זו קראו בתורה את האדם בצלם אלהים כמ"ש ויברא אלהים את האדם בצלמו וגו' כי הוא קו ישר ומתפשט בדרך קוים וכמעט כל ס"ה והתיקונים אינם מדברים אלא בזה היושר כמ"ש בע"ה.

ודע כי יש בזה האצילות מיני עולמות לאין קץ ואין עתה ביאורם אבל נתחיל עתה לבאר עוד פרט אחד הכולל כל מציאות החלל הזה וממנו מתפשטים כל העולמות כמ"ש בע"ה והוא בחי' מליאות ח"ק לכל הקדומים הנז' בס' הזוהר ותיקונים ואחריו נמשך סדר כל המדרגות כולם. דע כי בזה החלל נמצל ח"ק לכל הקדומים ויש בו מליאות י"ס והם ממלאין כל החלל הזה אמנם בתחלה יצאו י"ס דרך עגול אלו תוך אלו ואח"כ בתוך העיגולים נמשך דרך יושר כציור אדם ח' בתוך כל העגולים הנ"ל בציור הזה ואין אנו עסוקים כלל בבחי' עגולים רק בבחי' יושר לבד ולקמן אבאר בע"ה עוד מליאות העגולים והיושר מה ענינים. והנה ע"י הצמצום הזה הנ"ל אשר נעשה האדם הנ"ל היה בו בחי' עצמות וכלים כי צמצום האור גורם מציאות הוויות הכלים כמ"ש לקמן בע"ה ואין לנו רשות לדבר יותר במקום גבוה כזה והמשכיל יבין ראשית דבר מאחריתו כמ"ש בע"ה בדרושים אחרים הבאים לפנינו. ואמנם אינו כלי ממש אלא שבעורך האור שבתוכו נק' כלי. אמנם הוא ז"ך ובהיר בתכלית הזכוך והדקות והבהירות. והנה הא"ק הזה מבריח מן הקצה אל הקצה מן קצה העליון עד קצה התחתון (פי' ולא עד בכלל) בכל חלל האצילות הנ"ל ובזה האדם נכללין כל העולמות כמ"ש בע"ה אבל בבחי' פנימית ועצמותו של אדם זה אין אנו רשות לדבר בו ולהתעסק כלל. אמנם נתעסק ונדבר במה שנאצל ממנו והוא כי הנה להיות אור ח"ס גדול מאד לכן לא היו יכולין לקבל אם לא באמצעות הא"ק הזה ואפי' מזה הא"ק לא היו יכולין לקבלו אם לא אחר יציאת האור חוצה לו דרך הנקבים והחלונות שבו שהם מוזן חוטם פה עינים כמ"ש בע"ה.

עֲנָף ב'

דרוש זה מקורו מספר אדם ישר וצריך לכתוב מ"ב בראש הדרוש.

יש לדעת כי המקובלים הראשונים דברו רק במונחי ספירות, שהם[16] עשר ספירות בכללות, והם לא הורשו לדבר במונחי הפרצופים, ומזמן[17] רבינו האר"י, בזכות כוחו, וגדולתו, ולימודו עם אליהו הנביא זכור לטוב, ונשמות התנאים והאמוראים שלימדו את רבינו האר"י, נפתח[18] השער ונתנה הראשות לדבר במושגי פרצופים. כאשר מדברים במושגי

16

ספר היצירה פ"א משנה ג' – עשר ספירות בלימה עשר ולא תשע עשר ולא אחת עשר...

17

ע"ח הקדמת מוהרח"ו זיע"א על שער ההקדמות ד"ד ע"ג – והנה היום אביע חידות ונפלאות תמים דעים, כי בכל דור ודור הפליא חסדו אתנו, אל הוי"ה ויאר לנו על ידי השרידים אשר הוי"ה קורא בכל דור ודור נכזכר, וגם בדורינו זה אלוה"י הראשונים והאחרונים לא השבית גואל מישראל, ויקנא לארצו ויחמול על עמו, **וישלח לנו עיר וקדיש מן שמייא בחית הרב הגדול האלה"י החסיד מורי ורבי כמהר"ר יצחק לוריא אשכנזי זלה"ה**, מלא תורה כרמון, במקרא, במשנה, בתלמוד, בפלפול, במדרשים והגדות. במעשה בראשית, במעשה מרכבה, בקי בשיחת אילנות, בשיחת עופות, בשיחת מלאכים, מכיר בחכמת הפרצוף הנזכר כרשב"י בפרשה ואתה תחזה, יודע בכל מעשי בני אדם שעשו, ושעתידים לעשות, יודע במחשבות בני אדם טרם יוציאום מן הכח אל הפועל, יודע עתידות, וכל הדברים ההווים בכל הארץ, ולמה שנגזר תמיד בשמים. יודע בחכמת הגלגול, מי חדש, ומי ישן, ואיפה האיש ההוא, באיזה מקום תלויה באדם העליון, ובאדם הראשון התחתון, יודע בשלהבת הנר, ולהבת אש דברים נפלאים, מסתכל וצופה בעיניו נשמות הצדיקים הראשונים והאחרונים, ומתעסק עמהם בחכמת האמת. מכיר בריח האדם כל מעשיו, על דרך ההוה ינוקא בפרשת בלק, **וכל החכמות הנזכרים היו אצלו כמונחים בחיקו, בכל עת שירצה בלתי יצטרך להתבודד ולחקור עליהם**, ועיני ראו ולא זר, דברים מבהילים לא נראו ולא נשמעו בכל הארץ, מימי רבי שמעון בר יוחאי עליו השלום ועד הנה. **וכל זה השיג שלא על ידי שמוש קבלת מעשיות ח"ו, כי איסור גדול יש בשימושם.** אמנם כל זה היה מעצמו, על ידי חסידותו ופרישותו, אחרי התעסקו ימים ושנים רבים בספרים חדשים גם ישנים בחכמה הזאת, ועליהם הוסיף חסידות, ופרישות, וטהרה, וקדושה, היא הבאתו לידי אליהו הנביא, שהיה נגלה אליו תמיד ומדבר עמו פה אל פה, ולמדו זאת החכמה, וכמו שאירע להראב"ד ז"ל כנזכר לעיל בשם הרקאנטי. **ואף אם פסקה נבואה, רוח הקדש על ידי אליהו ז"ל לא פסק**, וכמו שהובא בפסוק נביאים על פי ודבורה אשה נביאה, תנא דבי אליהו - מעיד אני עלי שמים וארץ, הן איש או אשה וכו', אפילו עבד, אפילו שפחה, הכל לפי מעשיו, מיד רוח הקדש שורה עליו. ..... **הנה** החכמה הזאת היתה נגלית באתגלייא עד פטירת הרשב"י ע"ה, ומאז ואילך נסתם חזון כנזכר לעיל, מאותו המאמר דפרשת ויחי דף רי"ז ע"א, כאשר ראה בחזיון חלומו רבי יהודה לרשב"י, דהוה סליק על ארבע גדפין מתתקנן, וספר תורה עמיה, ולא שבק כל ספרי רזין עילאין ואגדתא דלא סליק לון בהדיה וכו', ואמר ודאי מדשכיב רשב"י חכמתא אסתלקת מארעא וכו', ולא אשתאר בעלמא בר כמה, דכתיב קח צנצנת אחת וגו', למשמרת לאצנעותא וכו'. וכל אחד מהחכמים היודעים בחכמה הזאת מאז ואילך היו עוסקים בה בהסתר גדול ולא באתגלייא, ולא היה מגלה אותה אלא לתלמידו היחיד בדורו, ואף זה בראשי פרקים מפה אל פה, מגלה טפח ומכסה אלף טפחים. והיתה החכמה הזאת מתמוטטת ומתמעטת, והולכת מדור מדור לדור **עד הרמב"ן ז"ל אחרון המקובלים האמתיים**. והנה כל ספרי הגאונים כמו רבינו האי גאון ז"ל וחבריו כלם נכוחים למבין, אין בהם נפתל ועקש, **אבל דבריהם בתכלית ההעלם**, וכן כל דברי אותם החכמים שנזכרנו לעיל בשם הרקאנטי שהיה נגלה עליהם אליהו הנביא ז"ל, כלם דברי אמת וגם הם סתומים בחזקת היד.

18

ספירות מדברים במונחים כללים ונסתרים, וכאשר מדברים בפרצופים מדברים בפרטי פרטים של ההנהגה, ומונחים גילוים. לדוגמה - כאשר מדברים על ספירת החסד בהנהגה מושג החסד היא מוגבלת, אבל כאשר מדברים על חסד במושגי הפרצוף, אז חסד היא בחינה של יד ימין, אשר יש בה שלושה פרקים, ויש כף יד, חמש אצבעות, י"ד פרקי אצבעות בכף היד, כאשר ביד יש עור, בשר, גדין, עצמות, ומה שבעצמות, אותם מושגים נמצאים בעולמות הרוחניים. **יוצא** שמתעסקים עם המוסג ספירה - מתעסקים עם מושג כללי ונעלם, הכלול מעשר ספירות פרטיות מתחלקות[19] לשלוש קוין, חח"נ בג"ה כדתי'ם. וכאשר[20] מתעסקים עם המושג פרצוף מתעסקים עם מונחים פרטים וגלויים של עשר ספירות שכל אחת מהם כלולה במשיעור קומה שלם של עשר ספירות, הנקראים בדברי הרב ז"ל אבי"ע דאותה ספירה. **צריך לדעת כי** עשר הספירות, עשרה סוגים של הנהגות, שהשפע אור הא"ס מתלבש בהם, ומנהיג את העולמות, לכל ספירה יש את התכונה המיוחדת לה, והמאציל העליון קבע כי שלמות ההנהגה מתבצעת על ידי **כל** עשר ספירות ביחד. ובכללות[21] שמות הספירות הם כתר, חכמה, בינה, דעת, חסד, גבורה, תפארת, נצח, הוד, יסוד, מלכות. כך **שבדרך כלל** כאשר נזכר הכתר לא נזכר הדעת, וכאשר נזכר הדעת לא נזכר הכתר. **עוד צריך לדעת** כי[22] לכל ספירה יש ניקוד מיוחד

ע"ח ח"ב אלו הכללים שעשה הרח"ו ז"ל דקי"ט ע"א – להאר"י זלה"ה. הרמב"ן וחבריו, ודברי ראשונים כמו רבי נחוניא בן הקנה, **לא הזכירו רק עשר ספירות, ולא גילו עניני פרצוף כלל.** ודע שהרמב"ן והראשונים **היו יודעים בפרצוף, אלא שדברו בהעלם גדול** לרוב הגלות, שלא ניתן רשות לגלות, ולהתפשט האורות הגדולים, מאחר שגברו הקליפות, וכל זר לא יאכל קדש. אמנם בעקבות משיחא כמו בדורינו זה התחילו האורות להתפשט להיות כבראשונה, כמו שהיה בזמן העולם מתוקן ולהתתקן מעט, ומתחלה היו האורות סתומים, היה העולם מקולקל, וכל מה שנתקלקל נסתם בגלות, **ולא היו משיגין אלא עשר ספירות בסתום, בסוד הנקודות כל אחד כלול מעשר, ובעניין הפרצופים לא נתגלה להם כלל**, לפי שנמצאו בדברי הראשונים סתומים, ולא ידעו עומק הדברים, וחשבו שכך הוא, ודברו בעשר ספירות כל אחד כלול מעשר, ובחינות הרבה. ולפי שראיתי מי שחולק על דברים, אלו לאמר שלא מצינו אלא עשר ספירות, ומהיכן יש לשלוט כח לאמר כמה פרצופים שנמצא יותר מעשר ספירות, ומספר רב. והלא הראשונים כתבו בספר יצירה - עשר ולא תשע, עשר ולא אחת עשרה, **לזה באתי לפתוח לך כחודא דמחטא**, אולי תזכה להבין מקצת, וכולו לא תשורנו עין.
19

תרשים ב – א.
20

ע"ח ח"ב דרוש ב' מ"ב דל"ב ע"ב – והבן זה מאד מאד ענין **נקודה** בכל מקום מה ענינה שהיא עשייה של הבחינה ההוא. אך לשון **ספירה** הוא בהיותה שלימה בכל חלקי אבי"ע שבה. והבן היטב שלוש חלוקות אלו, נקודה, וספירה, ופרצוף. כי **נקודה** היא עשייה שבספירה, **וספירה** הוא בחינת הספירה שלימה מאבי"ע שבה. **ופרצוף** הוא קשר עשר ספירות, וכל ספירה מהם שלימה מאבי"ע, **וזכור מאד מאד כלל זה.**
21

תקוני הזוהר, הקדמה די"ז ע"א – ואלין עשר ספירן אינון אזלין כסדרן, חד אריך, וחד קצר, וחד בינוני, ואנת הוא דאנהיג לון, ולית מאן דאנהיג לך, לא לעילא ולא לתתא ולא מכל סטרא, לבושין תקינת לון, דמנייהו פרחין נשמתין לבני נשא, וכמה גופין תקינת לון, דאתקריאו גופא לגבי לבושין דמכסיין עליהון, ואתקריאו בתקונא דא, חסד דרועא ימינא, גבורה דרועא שמאלא, תפארת גופא, נצח והוד תרין שוקין, ויסוד סיומא דגופא אות ברית קדש, מלכות פה תורה שבעל פה קרינן לה - חכמה מוחא איהו מחשבה מלגאו, בינה לבא ובה הלב מבין, ועל אלין תרין כתיב הנסתרות לה' אלקינ"ו, כתר עליון איהו כתר מלכות, ועליה אתמר מגיד מראשית אחרית.
22

ע"ח ח"ב שמ"ב פ"א מ"ת דצ"ו ע"ד – כי הנה עשר הוי"ת הם, כדאיתא בתקונים - הוי"ה בקמץ בכתר, הוי"ה בפתח בחכמה, כו', והוי"ה עשירית בלי ניקוד היא בנוקבא דז"א דאצילות. **שער מאמרי רשב"י ד"י ע"א** – מאמר בתקונין, תיקון ע' בדף קכ"ט ע"א וז"ל - תא חזי תשע זמנין הוי"ה, בכל ספירה וספירה נקודה דיליה כו'. דע)ע"ח דרוש אבי"ע פי"ג(כי **כתר** הוא אהי"ה, גוף והנשמה הוי"ה בקמץ. **חכמה** י"ה, הגוף והנשמה הוי"ה בפתח. **בינה** הוי"ה בניקוד אלהי"ם, הגוף והנשמה הוי"ה בצירי. **גדולה** א"ל, הגוף והנשמה הוי"ה בסגול. **גבורה** אלהי"ם, הגוף והנשמה הוי"ה בשבא. **תפארת** הוי"ה, הגוף והנשמה גם כן היא הוי"ה אלא שהיא בחולם. **נצח** הוי"ה צבאו"ת, הגוף והנשמה הוי"ה בחירק. **הוד** אלהי"ם

לאור שלה, שהוא שם הוי"ה עם הנקוד. **ועוד חשוב לדעת** כי המספר[23] עשר הוא בחינת השלמות דקדושה, לכן הם עשר ספירות, ועוד ספירה נקראת מידה, והיא[24] מלשון כמות, ומלשון[25] הנהגה. **עוד נקראים הספירות** בשמות חלקי הגוף - כתר גולגולת, חכמה מוח ימין, בינה מוח שמאל, דעת מוח אמצעי, חסד זרוע ימין, גבורה זרוע שמאל, תפארת הגוף, נצח רגל ימין, הוד רגל שמאל, יסוד ברית, מלכות היא העטרה שעל הברית. **שורש**[26] הספירות הם חב"ד, **ענף** הספירות הם חג"ת, **הארת** הספירות הם נה"י, והוא סוד המבואר[27] במסכת אבות - אין לך אדם שאין לו **שעה**, שעה ראשי תיבות – **שורש ענף הארה.**

ספירת הכתר היא ראשונה מעשר ספירות. זו באמת ייחודיותה של ספירת הכתר, המקובלים מבחינים בין תשע הספירות שמחכמה ועד מלכות, לבין ספירת הכתר הניצבת על גביהן. כשם שהכתר אינו בתוך הראש, אלא מונח על גביו, כך[28] ספירת הכתר אינה כמו שאר הספירות, כי היא השורש לכל, והיא שרויה מלמעלה מהפרצוף. **הכתר** הוא

צבאו"ת, הגוף והנשמה הוי"ה בשורוק **]אח"י** - כאן יש טעות בדפוס, וצריך לגרוס בקבוץ, כמבואר לקמן[.

יסוד א"ל חי שד"י, והגוף הנשמה הוי"ה עם קבוץ **]אח"י** - כאן יש טעות בדפוס, וצריך לגרוס בשורוק, כמבואר לקמן[. **מלכות** אדנ"י, הגוף והנשמה הוי"ה בלי ניקוד. אין הכתר מתגלה כי אם בתפארת, ואין החכמה מתגלית אלא בבינה. מתחילה היתה המלכות עם התפארת, ואחר כך ירדה לבסוף.)אמר שמואל כך העתקתי מעץ החיים מכתב יד מורי זלה"ה, ונראה לעניות דעתי כי נפל טעות סופר, ועיין בתקונין וז"ל - תמינאה הוי"ה בשלש נקודות, תשיעאה הוי"ה בשורק, מלכות הוי"ה כלילא מכלהו(.
23

ויקרא כ"ב ל"ב – ולא תחללו את שם קדשי ונקדשתי בתוך בני ישראל אני הוי"ה מקדשכם.
גמרא מגילה דכ"ג ע"ב – אמר רבי חייא בר אבא, אמר רבי יוחנן, דאמר קרא - ונקדשתי בתוך בני ישראל. כל דבר שבקדושה לא יהא פחות מעשרה.
24

ויקרא י"ט ל"ה – לא תעשו עול במשפט **במידה** במשקל ובמשורה.
25

גמרא סנהדרין ד"צ ע"א – וכל כך למה, תנא הוא כפר בתחיית המתים, לפיכך לא יהיה לו חלק בתחיית המתים. שכל מדותיו של הקדוש ברוך הוא מדה כנגד מדה, דאמר רבי שמואל בר נחמני, אמר רבי יונתן מניין שכל מדותיו של הקדוש ברוך הוא מדה כנגד מדה שנאמר - ויאמר אלישע שמעו דבר הוי"ה כעת מחר סאה סלת בשקל וסאתים שעורים.....
משנה, פרקי אבות פרק ה' משנה י"ט – בן בגבג אומר, הפוך בה והפך בה, והגי בה דכולא בה, ובה תחזי, סיב ובלי בה, ומינה לא תזוז, **שאין לך מידה טובה יותר ממנה**. בן האהא אומר, לפום צערא אגרא.
26

תרשים ב – ב.
27

משנה, פרקי אבות פרק ד' משנה ג' - הוא היה אומר, אל תהי בז לכל אדם, ואל תהי מפליג לכל דבר, **שאין לך אדם שאין לו שעה**, ואין לך דבר שאין לו מקום.
28

ע"ח שכ"ג פ"א מ"ת דק"ו ע"א – והנה בחינת הכתר דז"א צריך שתחילה נבאר מה ענינו, אם הוא מכלל מוחין דז"א, או לאו, אם מכלל העשר ספירות דז"א, או לאו. כי בדבר זה יש מחלוקת גדולה בין המקובלים, ובספר יצירה נתבאר שהחשבון עשר ספירות מתחיל מן החכמה, כמו שכתב - אחת היא רוח אלהי"ם חיים כו'. וכן אמרו - אין ראשית אלא חכמה, וראיות הרבה לסברא זו, גם מה ענין הבנת לשון כתר ולמה נקרא כך. והנה כפי הנראה מפשטות לשון התקונים וספר הזוהר נראה כי הכתר הוא גולגלתא, וחב"ד הם המוחין שבתוך הגולגלתא, ואם כן הוא נמצא שהכתר הוא גרוע בתכלית הגרעון, כי הוא נעשה חיצונית ולבוש אל המוחין, כדרך הגולגלתא המקיף ומלביש את המוחין, ואין ספק שתכלית ועיקר הם המוחין, כי הגלגלת הוא כלי ומלבוש טפל אליה, ודבר זה לא יעלה על דעת תינוק בן יומו, **כי הרי כתר גדול לאין קץ** על החכמה, ותבונה, ודעת, ונחשבו אצלו כלא היו. אבל הענין הוא כי הנה המוחין הם חב"ד, אבל שרשם של השלשה מוחין נשאר למעלה הרושם שלהם, ומציאותן בכתר, **ואותן המוחין שבכתר הם גדולים ומעולים לאין קץ על המוחין הנקרא חב"ד.** ולכן תמצא באדרת נשא שכאשר מבאר סדרי ספירות הכוללות כל האצילות אשר הא"א נקרא

מעין כוח היולי, ממוצע. מחציו ומעלה הוא קרוי **עתיק יומין**, מלשון נעתק ונבדל, הכוונה שהוא נכלל בא"ס. מחציו
ומטה הוא קרוי **אריך אנפין**, וזוהי מדרגה נמוכה יותר של הכתר המקושרת עם שאר הספירות. כתר מלשון המתן לי,
כמו שכתוב[29] **כַּתַּר לִי זְעֵיר וַאֲחַוֶּךָ**, מכיון שכל מהותו של הכתר היא היותו בלתי מושג, נבדל ונעתק, ממילא
ההתקשרות עם מדרגת הכתר היא באמצעות **המתנה וציפייה**. הכתר הוא המקור הקדום של כל ההוויה וממנו יצאו כל
שאר הספירות. כידוע[30] בעשרה מאמרות נברא העולם. **המאמר הראשון הוא תיבת בראשית**, כנגד ספירת הכתר,
מאמר זה נחשב כמאמר סתום, משום שלא נכתב בפירוש מה נאמר בו. הרמב"ן בתחילת ספר בראשית מבאר את עניינו
של המאמר הסתום ומלמד שבתיבת בראשית כלולות וגנוזות כל שאר המאמרות, ונמצאו שם בהעלם כל כוחות הבריאה
העתידים להיבראות. תשע המאמרות המפורשים, פירטו והוציאו מהכוח על הפועל את הפרטים השונים שהיו כלולים
במאמר הראשון, כל אחד למינו ולסוגו. וזה עניינו של הכתר, כח קדמוני הכולל בתוכו את כל ההשתלשלות שתבוא
הדבר ניכר גם בכוחות הנפש. הכתר[31] הוא בחינת הרצון, פנימיות[32] הכתר הוא התענוג. הרצון הוא ההתגלות הקדמונית
ביותר של כל פעולה ועשייה. כאשר המעשים מצויים עדיין ברמת הרצון, הם אינם גלויים לעין ואינם נפרטים לפרטים
נפרדים. הכל נכלל ברצון אחד. לאחר מכן באה ההפרטה והעשייה. הרצון, בשונה משאר כוחות הנפש, אינו שרוי באיבר
מיוחד, אלא הוא מתפשט בכל הגוף, כמו ספירת הכתר המקיפה את כל הספירות. **עוד** הכתר[33] נקרא ראשון, ונקרא

כתר, ואו"א חו"ב, מזכיר שם בא"א בחינת גולגלתא ומוחא סתימאה דיליה. אמנם חו"ב הם או"א, שהם ענפים
היוצאין ממוחא סתימאה דא"א הנקרא כתר, **וכן הוא העניין בעשר ספירות הפרטות שבכל פרצוף**. ואם כן
בודאי כי המוח הסתום שבכתר הוא גדול מאד מן חו"ב אשר בפרצוף ההוא, כי הרי מן הכתר נאצלו הם,
ובהכרח הוא שבחינת ארבעה מוחין, שהם חו"ב ודעת הכולל חו"ג, שארבעתן יהיו נמצאים בכתר בודאי,
כמבואר אצלינו בברכת שים שלום של העמידה, לכן הם ארבעה כריעות וארבעה זקיפות, עיין שם. נמצא כי
המוחין הם למטה מבחינת הכתר, ואינם בתוכו, כי הכתר גבוה מאד מהם, והם למטה ממנו לגמרי. אמנם
בכתר יש בו בחינה פנימית, שהם מוחין שבו בעצמו ממש, ובחינה החיצוניות, שהוא הגולגלתא, אלא
שהחיצוניניות שהוא הגולגלתא מתפשטת עד למטה, ומלבשת גם את המוחין הנקרא חב"ד. **אבל עיקרית הכתר
אינו אלא למעלה על אלו המוחין.**
29

איוב ל"ו ב' – כתר לי זעיר ואחוך כי עוד לאלו"ה מלים.
30

פרקי אבות פרק ה משנה א' – בעשרה מאמרות נברא העולם. ומה תלמוד לומר, והלא במאמר אחד יכול
להבראות, אלא להפרע מן הרשעים שמאבדין את העולם שנברא בעשרה מאמרות, ולתן שכר טוב לצדיקים
שמקיימין את העולם שנברא בעשרה מאמרות.
31

תניא, אגרת הקודש פכ"ט דקמ"ט ע"ב – והנה **רצון העליון ב"ה מכונה ונקרא בפי חכמי האמת בשם
כתר עליון**, ובו תר"ך עמודי אור וכו'. פירוש, דרך משל כמו שיש עמודים בבית חומה גדול, נצבים בארץ
וראשם מחובר בתקרה, ככה ממש על דרך משל כתר עליון ב"ה, הוא למעלה מבחינת מדרגת החכמה, והוא
מלשון כותרת, שהוא מכתיר ומקיף על המוחין שבראש, שהם בחינת חב"ד. ורצון זה נתלבש בתרי"ג מצות
התורה, ושבעה מצות דרבנן, שרובם ככולם הן מצות מעשיות, וגם התלויות בדבור, הא קיימא לן דעקימת
שפתיו הוי מעשה. וגם התלויות במחשבה, או בלב, הרי המצוה ניתנה לאדם הגשמי שבעולם הזה דוקא, שהוא
בעל בחירה להטות לבבו לטוב וכו'.
32

ליקוטי תורה לגאון רבינו זלמן, פרשת במדבר די"ט ע"ג – אבל **בחינת תענוג עליון המלובש בו, הוא
בחינת א"ס שלמעלה מעלה מבחינת הכתר וגלגלתא**. ועניין הכתר הוא תר"ך עמודי אור, שהם תרי"ג מצות
דאורייתא, ושבעה מצות דרבנן, והיינו על דרך משל בחינת הרצון שבמצות, שהן רצון העליון, והרצון הוא
בחינת חיצוניות, היינו בחינת גלגלתא, שחופה ומלביש על הפנימית, והוא בחינת עתיקא. ועל דרך משל באדם,
שיש לו רצון כמו לנסוע לאיזה מקום למסחור, הרי רצון זה הוא רק חיצוניות, אבל הפנימית והמכוון הוא
התענוג שיתענג מהריוח שירויח במסחור ההוא. וכך בחינת עתיקא, תענוג העליון, הוא פנימית הרצון
שבמצות, אלא שהרצון הנקרא גלגלתא, הוא מלבישו ומעלימו, שלא יהיה בגילוי אלא הרצון בלבד, וכעניין -
שתוק כך עלה במחשבה.
33

אחרון, ר"ל ראשון לפרצוף התחתון, ואחרון לפרצוף העליון. בסוד[34] נעוץ נעוץ סופן בתחילתן. **עוד** הכתר הוא מלשון הַקָּפָה, כמו[35] **הכתרה**, או **כותרת**, דהיינו הקפה וסיבוב, כי הכתר מסובב ומקיף את הראש, בסוד[36] - עטרה שעטרה לו אמו, ובסוד הברכה[37] - עוטר ישראל בתפארה. ולעתיד[38] לבוא - צדיקים יושבין ועטרותיהם בראשיהם ונהנים מזיו השכינה, הכוונה שישיגו אז את ההשגות שנחשבות כיום בלתי מושגות, כלומר את השגות הכתר. באופן כללי השם[39] של הכתר הוא **אהי"ה**, ובעיקר[40] שם אהי"ה הוא בכתר דאימא. מפורש[41] בספר הזוהר - אהי"ה, דא אנא זמין למהוי,

---

ע"ח ח"ב שמ"ב פ"א מ"ב דפ"ט ע"ג – ודע כי על דרך זה הוא בכל העשר ספירות שבכל עולם ועולם, וכן בפרטות בכל פרצוף ופרצוף, כי לעולם כל בחינה ובחינה נקרא עליונה מאציל, ותחתונה נאצל. ואין הנאצל פחות מרבעה אותיות הוי"ה, אפילו בעשר ספירות פרטיות, ופרטי פרטיות, **ויש בחינת אמצעי ביניהן, הנקרא כתר. והבן זה מאד,** כי בו יובנו כל הדרושים שנבאר, **וזהו אני ראשון ואני אחרון, כי הכתר הוא ראשון, והוא אחרון, והוא אי"ן והוא אנ"י,** כי בבחינת מלכות של מאציל, אשר בו הוא אחרון ונקרא אנ"י, שהוא המלכות, ובבחינת שורש הנאצלים, אשר בו שהוא בחינת כתר. **הוא הראשון ונקרא אי"ן,** שהוא אותיות אני.
34

ספר יצירה פ"א משנה ו' – עשר ספירות בלימה, מדתן עשר שאין להם סוף, **נעוץ סופן בתחילתן,** ותחילתן בסופן כשלהבת קשורה בגחלת. שאדון יחיד הוא ואין שני לו. ולפני אחד מה אתה סופר.
35

ע"ח ח"ב שכ"ה דרוש ה' מ"ב די"א ע"ג – והענין, כי הנה אותו שליש תחתון דת"ת, הוא נעשה בחינת כתר לז"א, ורובץ על גבי מוחין שלו, ושאר הגוף דתבונה זקוף למעלה, ונה"י החדשים שלה מתפשטין אחורי ז"א, כאדם הגדול הנסמך בערכו על גבי נער קטן, אשר כופף טבורו להסמיך על ראש הנער, וראש אדם זקוף למעלה, ורגליו תולין אחורי הנער, ונמשכין למטה. כנודע כי ז"א לגבי אימא הוא נער קטן, בן שלה, כננס תחת הענק. והנה כלי תפארת דאימא הוא רחב, כי אין בכל הגוף ועשר ספירות כלי רחב כמו כלי התפארת, ובפרט תפארת דתבונה אצל ראש זעיר אנפין שהוא ראש רחב מאד, כי לא די שזה תפארת גוף רחב, וזה ראש קטן הכמות, אלא שזה תבונה, וזה ז"א, נער קטן כנ"ל. והנה התפארת גוף חלול בתוכו כנודע, לכן כשרובץ התפארת על מוחין דז"א, יש בו שיעור להיותו קצתו נשאר למעלה, וקצתו יורד למטה **להלביש המוחין בסוד גלגלתא מכל צדדיו, בסוד כותרת, וזהו הטעם שנקרא כתר, והבן זה.** ואחר שהוא כן, שכתר דז"א האור והכלי כולו מתפארת דתבונה, לכן תמצא כי התחלת העשר ספירות [דז"א] הוא מהחכמה, הנקראת ראשית, **ובמקום כתר אנו מכניסין הדעת,** וזה סברת רבי יצחק סגי נהור בן הראב"ד ז"ל, שקיבל מפי אליהו זלה"ה, וזהו גם כן פירוש כתר, **כי כתר הוא לשון כותרת ועטרה בראש האדם,** ואינו מכלל גוף האדם וזהו ברור למביני מדע.
36

שיר השירים ג' י"א – צאינה וראינה בנות ציון במלך שלמה בעטרה שעטרה לו אמו ביום חתנתו וביום שמחת לבו.
37

ברוך אתה הוי"ה, אלהי"נו מלך העולם, עוטר ישראל בתפארה.
38

גמרא ברכות י"ז א' – מרגלא בפומיה דרב, לא כעולם הזה העולם הבא. העולם הבא אין בו לא אכילה ולא שתיה, ולא פריה ורביה, ולא משא ומתן, ולא קנאה, ולא שנאה, ולא תחרות, **אלא צדיקים יושבין ועטרותיהם בראשיהם ונהנים מזיו השכינה,** שנאמר - ויחזו את האלהי"ם ויאכלו וישתו.
39

אור עינים ח"א, אות א' די"ב ע"ד – אהי"ה הם שם הכת"ר. פרד"ס שער עשר ולא תשע, פרק ו' ד"ה ע"ד.
40

אור עינים ח"א, אות א' די"ג ע"א – אהי"ה היא בכתר דאימא, בבחינת פנים שלה. ע"ח שער או"א פרק ו' דף מ"ז ע"א [**אח"י** - דפוס קארעץ].
41

זוהר, פרשת ויקרא די"א ע"א עם תרגום וביאור – **רבי אלעזר אמר, כלהו עשרה שמהן כתיבי** כל העשרה שמות של הספירות כתובים בתורה, **ואנן תנינן** ואנחנו למדנו למדנו ענינים. **קדמאה** השם הראשון **אהי"ה, דא סתימא עילאה** הוא סתום למעלה ואין להשיגו, **כמאן דאמר אנא מאן דאנא** כמי שאומר אני יודע מי אני,

כלומר אני מזומן להתגלות ולהיות. **ועיקר העיקרים**[42] הכתר היא בחינת השורש העליון, ובו כל שורשי המוחין, בעולמות הכתר הוא בחינת א"ק, בפרצופים בחינת א"א. **ניקוד הוי"ה** דכתר היא[43] בקמץ, כזה - הָוָיָ"הָ. ובבחינות הנרנח"י הכתר הוא בחינת יחידה, קוץ היו"ד דשם הוי"ה.

ספירת החכמה, היא ספירה שנייה לעשר ספירות, והיא באה לאחר הכתר. ונחשבת ראשית התגלות והתהוות ה**יש**, הכתר הקודם לה קרוי **אין**, שהוא כלול עדיין באין סוף, ואין ממנו כל התגלות כלפי המקבלים. לעומתו נחשבת החכמה ליש, בבחינת **יש מאין**[44]- ועליה נאמר, שהחכמה היא מאין תימצא, שהחכמה היא המחשבה היוצאת ומתפשטת מהכתר, כלומר מהרצון, שהוא השורש. עד כמה שהחכמה נחשבת יש כלפי הכתר, לעומת שאר הספירות היא נעלמת ונסתרת. נאמר עליה שמעולם לא הושגה, אפילו משה רבינו ע"ה שהשיג מ"ט שערי בינה, לא השיג את שער החמישים, וכמובן גם לא השיג את עצם ספירת החכמה. האפשרות היחידה להשיג את החכמה היא באמצעות ספירת הבינה. משום[45] שהחכמה משלחת את הארותיה בל"ב נתיבות חכמה, אל[46] ספירת הבינה. משם, ר"ל מתוך מדרגת הבינה, מתגלים ל"ב שמות

ולא אתיידע מאן הוא ולא נודע ולא מושד לאחרים מי הוא, **לבתר** אחר כך כתוב - **אשר אהי"ה** ר"ל אותיות אש"ר הם האותיות רא"ש, **אנא דזמין לאתגליא באינון כתרין אחרנין** אני עתיד להתגלות באותם פרצופים התחתונים שהם זו"ן, **דהא בקדמיתא סתים** כי בתחילה אור הא"ס בהסתום בכתר, **ולבתר שרי לאתגליא** ואחר כך בפרצופי או"א וזו"ן, **עד דמטי לגלוייא דשמא קדישא** עד שמגיע לגילוי שם הקדוש הוי"ה.
[42]

רחובות הנהר ד"ז ע"ד – זה הכלל, כל עשר ספירות דכל פרצוף, נחלקים לשלשה חלוקות. אחת, הוא **הגולגולתא שהוא הכתר, שהוא גדול מהמומחין לאין קץ, והוא שורש הארבע מוחין חב"ד**. שנית, הוא המוחין שהם חב"ד. שלישית הוא גופא, שהם הו"ק. והנה **שורש הארבע מוחין דחב"ד שבכתר הנזכר**, החו"ב שבהם נקראים עתיק ונוקבא, והדעת העליון המחברים הם הנקראים א"א ונוקבא, **אלו הם החב"ד שבכתר, שהם שורשי המוחין**, וכללותם נקראים נר"ן דנשמה. והמוחין שהם החב"ד שתחת הכתר, הם הנקראים או"א וישסו"ת, החו"ב שבהם הם נקראים או"א עילאין, והחו"ג דדעת נקראים ישסו"ת, ובערך החב"ד העליונים שבכתר, נקראים אלו חג"ת, והחו"ג נקראים או"א, תפארת ישסו"ת, גם נקרא דעת התחתון הכולל תרין עיטרין ודעת, כי השני עיטרין נקראים חו"ב, או"א, ודעת התחתון שבהם נקרא ישסו"ת, וכללותם נקראים נר"ן דרוח. והו"ק שהם גופא, הם הנקראים זו"ן, ובערך שנקרא או"א וישסו"ת, חג"ת כנזכר לעיל, נקראים אלו נה"י, נצח והוד, נקראים זו"ן הגדולים, שהם ו"ק דמ"ה ו"ק דב"ן, ויסוד נקרא יעקב ורחל, ואלו יעקב ורחל הם דגופא דז"א עצמו, כי היסוד הוא מכלל הו"ק, וגם המלכות דמ"ה, נקרא יעקב ורחל, וכללותם נקרא נר"ן דנפש.
[43]

ע"ח ח"ב שמ"ד פ"ג מ"ת דצ"ח ע"ב – הכתר יש בו הוי"ה כולו בקמץ. והנה **י'** קמוצה היא בפנים מן הכל, והיא נשמה לנשמה. **וה'** ראשונה קמוצה, היא נשמה פנימית. **ו'** קמוצה היא רוח, באמצע. **ה'** אחרונה קמוצה, נפש בחיצון שלו.
[44]

איוב כ"ח י"ב – והחכמה מאין תמצא ואי זה מקום בינה.
[45]

ספר יצירה פרק א' משנה א' – בשלושים ושתים נתיבות פליאות חכמה חקק י"ה הוי"ה צבאו"ת את עולמו, בשלושה ספרים בספר, ספר, וספור.
[46]

ע"ח ש"ה פ"ה פ"ג מ"ב דכ"ד ע"ג – והנה אלו הל"ב **נתיבות הם זכרים מחכמה, ונתונים באימא**, תוך מנצפ"ך, שהם נ' שערים שבה, כי כל אחד כלולה מעשר, הרי נ'. ולכן נקרא שערים, יען הם פתחים ונקבים של אימא, הנקרא נקבה, כי הנקבה שעריה פתוחים, לקבל בתוכה נתיבות חכמה.
פרי עץ חיים, שער ספירת העומר פ"ו דקכ"ד ע"א – אמנם הם סוד ל"ב נתיבות חכמה, ונ' שערי בינה, **כי סוד הל"ב נתיבות חכמה נמשכין הם מן החכמה.** וזה סוד מה שכתוב בזוהר פקודי, שבמחשבה אתברירו, שהמחשבה עלאה זריק ש"ך ניצוצין וכו', והם סוד ש"ך נצוצין, והם סוד הל"ב נתיבות של חכמה, כי במחשבה הוברחו ניצוצין אלו, **ולכן הם סוד ל"ב אלהי"ם שבעובדא דבראשית**, וכולם סוד אלהי"ם. וכאשר **נמשכין**

אלהי"ם הנזכרים במעשה בראשית, ומהבינה החכמה מושגת. על[47] כך נאמר - אלהי"ם הבין דרכה, ושם אלהי"ם הוא שמה של ספירת הבינה, ר"ל[48] הוי"ה בניקוד אלהי"ם. ורק הבינה **מבינה את דרכה של החכמה לאחר שיצאה מתחומה ונכנסה בגבול הבינה**. אולם את מקומה ועצמותה אין הבינה משיגה, רק - והוא ידע את מקומה. **ועוד** מפני שהחכמה כה סמוכה אל הכתר, היא שרויה תדיר בביטול מוחלט. וכנרמז בשמה **חכמה** כח מה, כלומר שכוחה ועניינה של החכמה הוא מה, ר"ל ביטול, בסוד[49] - ונחנו מה. **בנפש האדם** ספירת החכמה היא הכח השכלי הראשוני ביותר, האופן בו מתנוצץ הרעיון בטרם התבשל לכדי הבנה וקודם שהשתטמצם לאותיות, מילים ומשפטים. החכמה זו מחשבה מופשטת, נעדרת צורה. **ספירת** החכמה מקבילה לעולם האצילות, עליו נאמר שמפני קרבתו לאין-סוף, הוא זך בתכלית, עד שנאמר[50] אודותיו בזוהר הקדוש - איהו וחיוהי חד בהון, איהו וגרמוהי חד בהון, כלומר שבספירות האצילות האור האלהי כה זך שאי אפשר להפריד בין כלים לאורות, רק הכל מאוחד לגמרי באחדותו יתברך. **החכמה מכונה גם קודש**, קדושה היא ביטוי לנבדלות, והחכמה נבדלת מכל שאר הספירות מתוקף דבקותה בא"ס ב"ה. **ובנפש**, החכמה שהיא המחשבה המופשטת, מנותקת ונפרדת מכוחות הגוף, כך שאנשי המחשבה בדרך כלל מתקשים לחבור לעניני הגוף הארציים. **זאת ועוד** בחינת החכמה היא יראה, כמו שכתוב[51] - ראשית חכמה יראת הוי"ה, שהיא דין וגבורה, רק שהדינין במקום זה נכפין. לכן[52] כי תמיד הגבורה דעתיק של הפרצוף העליון, מתלבשת במוחא סתימא דא"א של אותו פרצוף, שהוא החכמה דא"א. **עוד** כללות[53] החכמה נקראת או"א עילאין, בערך הבינה הנקראת ישסו"ת. שם[54] ספירת

מן החכמה אל הבינה נעשין שם נ' שערי בינה, כי הם סוד חמשה גבורות, כל אחד כלול מעשר. נמצא כי נ' שערים, הם סוד הש"ך נצוצים, והם בסוד צרופים.
47

איוב כ"ח כ"ג – אלהי"ם **הבין** דרכה והוא ידע את מקומה.
48

ע"ח שי"ד פ"ט מ"ב דע"ד ע"א – דע כי אימא עילאה יש לה הוי"ה דס"ג, והוא נוקבא אל אבא, שהוא הוי"ה דע"ב. והנה הוי"ה זו דס"ג נקודתה בנקודת אלהי"ם כנודע, **כי הבינה הוי"ה בניקוד אלהי"ם כנודע.**
49

שמות ט"ז ז' – ובקר וראיתם את כבוד הוי"ה בשמעו את תלנתיכם על הוי"ה **ונחנו מה** כי תלינו עלינו.
50

זוהר חדש, הקדמה ד"ג ע"ב עם תרגום וביאור – עוד אמר **דעשר ספירות דאצילות מלכא בהון** כי בתוך העשר ספירות דאצילות, מתלבש המלך, שהוא אור הא"ס, **איהו וגרמיה חד בהון** הוא ועצמותו הוא אחד מהם, ר"ל אור הא"ס מתלבש בכלים דאצילות, והוא עמהם באחדות גמורה, **איהו וחייו חד בהון** הא"ס ב"ה וחייו שהם אורות הנרנח"י דאצילות הם באחדות גמורה, והם בבחינת אלהו"ת גמור, **מה דלאו הכי בעשר ספירות דבריאה** מה שאין כן בעשר הספירות דעולם הבריאה הנקרא עולם הפרוד, **דלאו איהון וחייהון חד** שאין הכלים דבריאה וחיים שהם הנרנח"י דיליה מחוברים באחדות, וכל שכן עולמות היצירה והעשיה.
51

תהלים קי"א י' – ראשית חכמה יראת הוי"ה שכל טוב לכל עשיהם תהלתו עמדת לעד.
52

ע"ח שי"ג פ"ו מ"ק דס"ג ע"ד – ואמנם כבר ידעת כי לעולם כשהגבוה מחבירו מתלבש בתחתון כנזכר לעיל, הנה אין כח בתחתון לסבול אורו רק משבעה תחתונות שבו לבד, כי שבעה תחתונות דרדל"א, שהם מחסד עד מלכות שבו, הם מתלבשין בשני רישין תתאין דא"א, ומאירין בו. כיצד, דע כי חסד שברישא עילאה הוא מתפשט ומאיר בגלגלתא. **וגבורה במוחא**, כי אלו הם סוד השני רישין תתאין כנזכר לעיל. ובזה תבין איך הכתר רחמים גמורים, **אך החכמה יש בה דינים, רק שהם נכפין במקום הזה**, ואתכפיין תמן. וזהו מה שכתוב החייט בספר מנחת יהודה **כי חכמה הוא דין, והבן זה מאד**. וזהו מאמר הזוהר קכ"ח - מוחא דשקיט ויתיב ושכיך כחמר טב על דורדייא, כי הוא סוד יין על שמריו, רק שהם נכפין כאן.
ע"ח ח"ב שכ"ב פ"א מ"ב ד"כ ע"ג – כי החכמה היא גבורה בשרשה, כי לכן חכמה דא"א נתלבש בה גבורה דעתיק.
53

רחובות הנהר ד"ד ע"א – וכן על דרך זה **פרצופי אבי"ע דאו"א עילאין דאצילות, נעשו מחכמות דפרצופי אבי"ע דאצילות**, וספירות שהיו להם נעשו חכמות או"א וכו'(לכל פרצופי אבי"ע דאצילות. וכן פרצוף ישסו"ת דאצילות נעשו מבינות דכל פרצופי אבי"ע דאצילות וספירות שהיו בהם נעשו בינות ישסו"ת וכו'(לכל פרצופי אבי"ע דאצילות.

החכמה הוא **י"ה**, בסוד[55] - יסר יסרני י"ה ולמות לא נתנני, והוא בסוד[56] כי ימותו ולא בחכמה. בעולמות ספירת חכמה היא בחינת עולם האצילות, ופרצוף אבא. **ניקוד** הוי"ה דחכמה הוא[57] בפתח, כזה - **הַוַי"הַ**. ובבחינת הנרנח"י החכמה היא בחינת חיה, אות י' דשם הוי"ה.

ספירת הבינה, היא הספירה השלישית מעשר ספירות. אחת משלוש ספירות המוחין הנקראים ג"ר, ונחשבת לבחינת אימא לשבע הספירות התחתונות, חג"ת נהי"מ. הבינה פועלת יחדיו עם החכמה, היא קולטת את האור האלה"י השופע מהחכמה, אור מופשט, מצמצמת אותו ומעניקה לו צורה וביטוי. **בנפש** זו ההבנה שבאה לאחר התנוצצות ראשונית של הרעיון. לפיכך נאמר שהאותיות מוצאן מן הבינה, משום שיכולת ההגייה וההתבטאות קשורה למוח בינה. הבינה היא שער להשגות אלהו"ת. שלושים ושניים שבילים יוצאים מהחכמה ושופעים אל הבינה, אלו הם ל"ב שמות אלהי"ם המוזכרים במעשה בראשית. שלושים ושניים השמות הללו הם הנתיבות באמצעותם עושה החכמה הגנוזה את דרכה כדי להתגלות ולהצטייר במדרגת הבינה, והארה זו מצטיירת בחמישים השערים שיש בבינה. **הבינה** נקראת[58] אם הבנים, שהם חג"ת נהי"ם, כאשר אחד הכוחות המיוחסים במיוחד לספירת הבינה הוא, כח ההולדה. מכלל עשר הספירות שלוש הראשונות הם ספירות של מוחין, פעולתן נסתרת. לעומתן, שבע הספירות התחתונות גלויות. מבשרי אחזה אלו"ה, בכל אדם יש ביטוי לעשר הספירות, כל מעשה שנעשה עובר דרך כל עשר הספירות. לכל מעשה קדמה בהכרח מחשבה, וכל עוד מצוי המעשה ברעיון המוח או הגיון הלב, עדיין הוא מצוי בכח, ולא בפועל. לאחר מכן הוא יורד לשבע המידות ויוצא מהכח אל הפועל באמצעות אחת מהספירות או יותר מאחת מהספירות. ספירת הבינה היא זו שמוציאה את הדברים ממקום המחשבה למקום הפעולה, זו הולדה. ההברקה הראשונית היא במוח חכמה, לאחר מכן באה ההתבוננות בספירת בינה. אחר כך באה הולדה, והמעשה יוצא מהכח אל הפועל. **על ספירת הבינה** נאמר[59] שדינים מתערים ממנה, כלומר מפני שהיא מסוגלת לצמצם את הרעיון, להעניק לו צורה ולהגדיר אותו, נמצא שיש בה מן הצד של דין, ומשם עולים להיאחז גם דינים קשים. קשר מיוחד מתקיים בין ספירת הבינה לספירת המלכות, כאשר הבינה מצויה למעלה מכל שבע המידות, המלכות בסוף, הבינה היא בחינת ההתבוננות הקודמת למעשה, המלכות היא סוף המעשה. מכאן גם הכינויים המיוחסים להן בינה קרויה - **באר שבע** על שם שממנה מושפעים כל שבע הספירות, מלכות נקראת **בת שבע** משום שמקבלת מכל שבע הספירות שמעליה. גם הבינה נקראת **מי**, מלשון שאלה, כגון[60] - מי ברא אלה, בסוד חמישים שערי

---

[54] **אור עינים ח"א, אות י' ד"ק ע"ב** – י"ה שם זה הוא שם החכמה.

[55] **תהילים קי"ח י"ח** – יסר יסרני י"ה ולמות לא נתנני.

[56] **איוב ד' כ"א** – הלא נסע יתרם בם ימותו ולא בחכמה.

[57] **ע"ח ח"ב שמ"ד פ"ג מ"ת דצ"ח ע"ב** – החכמה יש בו הוי"ה בפתח, הי' בפתח פנימי מהכל, והוא נשמה לנשמה. **ה'** בפתח נשמה, הפנימי. **ו'** בפתח רוח, האמצעי, **ה'** האחרונה בפתח נפש, בחיצון שלו.

[58] **ע"ח ש"ח פ"ו מ"ת דט"ל ע"ד** – ונחזור לענין ונאמר ענין סדר ירידת שבעה כלים של מלכים, איך נשברו וירדו. הנה אמרנו לעיל כי בתחילה יצאו כל הכלים, ואחר כך יצאו כל האורות כלולים בכתר, ואחר כך כולם בחכמה, ואחר כך כולם בבינה. ואז היו שבעה מלכים אלו במעי הבינה, כדמיון העובר בבטן המלאה. ונבאר ענין יציאתן משם.....

[59] **ע"ח שי"ד פ"ב מ"ת ד"ע ע"ד** – גם בזה תבין מה שכתוב בזוהר על פסוק - מי ימלל גבורות הוי"ה, כי בינה נקרא גבורות, בסוד ואם בגבורות שמונים שנה. וכן אמרו בזוהר - **כי הבינה דינין מתעריין מינה**, כנזכר פרשת אחרי מות, ופרשת ויקרא, וכן בהרבה מקומות. והטעם הוא לפי שכולה אינה נעשית ונבנית אלא מגבורות לבדם.... ... גם זה סוד הפסוק - אני בינה לי גבורה, כי היא לוקחת הגבורה דב"ן דא"א, ומשם נבנית.

[60] **ע"ח ש"א ענף ה' מ"ב די"ד ע"ג** – ונתרץ קושיא חזקה וגדולה שנתקשו בה חכמים גדולים, ולא ירדו לסוף עמקה, כי בהקדמת הזוהר ד' א']**אח"י** – דף ד' ע"א[אמרו שם על פסוק - שאו מרום עיניכם וראו מי ברא אלה כו'. כי בכתר ובחכמה לית תמן שאלה כלל, ומבינה ואילך קיימא לשאלה.

בינה. לעומתה המלכות נקראת **ים**, סוף כל המדרגות, בסוד[61] - כל הנחלים הולכים אל הים. **הבינה** קרויה גם עולם החירות, או היובל הגדול, והוא כי החירות קשורה במספר חמישים, בשנת היובל, שנת החמישים קוראים דרור לארץ, לעבדות ולשעבוד. החירות הזו תלויה בספירת הבינה. **עוד נקראת** הבינה עולם הבא, ר"ל[62] עולם שכבר בא. **עוד** כללות[63] הבינה נקראת ישסו"ת, בערך החכמה הנקראת או"א עילאין. שם ספירת הבינה הוא הוי"ה, בניקוד אלהי"ם, כזה - יֱהֹוִ**ה**. בעולמות ספירת הבינה היא בחינת עולם הבריאה, ופרצוף אימא. **ניקוד** הוי"ה דבינה הוא[64] בציר"י, כזה - הֱוִ**י**ה. ובבחינות הנרנח"י הבינה היא בחינת נשמה, אות ה' הראשונה דשם הוי"ה.

ספירת הדעת. היא המוח השלישי מחכמה ובינה ודעת, תפקיד הדעת הוא חיבור וזיווג, ואדם ידע את חוה. בסוד[65] ובעיקר חיבור הדעת הוא של חכמה עם בינה שהם שהם פרצופי או"א. **כבר נתבאר** שבחינת החכמה היא ההברקה הראשונית של השכל, ואילו הבינה היא קליטת ההארה ועיבודה לכדי יכולת ביטוי, הדעת ממלא כאן את שלב הבא, מקשר בין תובנות השכל לבין הרגש והמידות. **כמו המוח** האמצעי המחולק לצד ימין וצד שמאל, כך[66] גם הדעת מחולק לשני בחינות חסדים וגבורות. **עוד יש לדעת** כי יש[67] כמה וכמה בחינות של הדעת, בסוד[68] א"ל דעות הוי"ה, כגון הדעת הנעלם[69],

---

[61]

קהלת א' ז' – כל הנחלים הלכים אל הים והים איננו מלא אל מקום שהנחלים הלכים שם הם שבים ללכת.

[62]

ספר הבהיר לרבי נחונייה בן הקנה, אות ק"ס – ישב רבי ברכיה ודרש, מאי האי דאמרינן כל יומא העולם הבא, ולא ידעינן מאי קאמרינן, העולם הבא מתרגמינן עלמא דאתי. מאי עלמא דאתי, מלמד שקודם שנברא העולם עלה במחשבה לבראות אור גדול להאיר, ונברא אור גדול שאין כל בריה יכולה לשלוט בו, צפה הקדוש ברוך הוא שאין שיהיו יכולין לסובלו, לקח שביעית, ושם להם במקומו, והשאר גנזו לצדיקים לעתיד לבוא, ואמר אם יזכו בזה השביעי וישמרוה, אתן להם זה לעולם אחרון, **והיינו עולם הבא, שכבר בא מקודם ששת ימי בראשית**. הדא הוא דכתיב - מה רב טובך אשר צפנת ליראיך וגו'.

[63]

רחובות הנהר ד"ד ע"ד – וכן על דרך זה פרצופי אבי"ע דאו"א עילאין דאצילות, נעשו מחכמות דפרצופי אבי"ע דאצילות, וספירות שהיו להם נעשו חכמות (שהם או"א וכו'(לכל פרצופי אבי"ע דאצילות. **וכן פרצוף ישסו"ת דאצילות נעשו מבינות דכל פרצופי אבי"ע דאצילות וספירות שהיו בהם נעשו בינות)שהם ישסו"ת וכו'(**. לכל פרצופי אבי"ע דאצילות.

[64]

ע"ח ח"ב שמ"ד פ"ג מ"ת דצ"ח ע"ב – הבינה הוי"ה בציר"י, י' בציר"י נשמה לנשמה. **ה'** בפנימית, נשמה. **ו'** באמצע, רוח. **ה'** אחרונה בחיצון, נפש.

[65]

בראשית ד' א' – והאדם **ידע** את חוה אשתו ותהר ותלד את קין ותאמר קניתי איש את הוי"ה.

[66]

ע"ח שט"ל דרוש י"ב מ"ב דע"ו ע"ד – דע שתתחלה לוקח ז"א מ"ה וב"ן, שהוא כללות רוחא דבגווה דבינה, שהם שתי היו"ת פשוטות, גימטריא ב"ן. **והם חו"ג שבדעת שלו**. והחסדים מגדילין גופא דז"א כנודע, ואלו הם לצורך עצמו, וחמשה גבורות נשארין ביסוד שלו, אך הארתן לבד יוצאין דרך אחור באחור ומגדילין גופא דנוקבא לצורך גופה ועצמותיה. ואחר כך נותן לה בביאה ראשונה החמשה גבורות עצמן.

[67]

שער מאמרי רשב"י די"א ע"ד – דע כי יש **דעת למעלה מדעת**, כי אל דעות הוי"ה, ושער החמישים הוא סוד הדעת שבבינה שבז"א, שהוא מוחא דאתפלג לחמשין תרעין.

[68]

שמואל א' ב' ג' – אל תרבו תדברו גבהה גבהה יצא עתק מפיכם כי א"ל דעות הוי"ה ולו נתכנו עללות.

[69]

לקוטי תורה לגאון רבינו זלמן, במדבר ד"י ע"ג – והיינו מפני **שבדעת הנעלם** שלמעלה מן הדעת המוסג והמובן, וכן ההתקשרות שלו חזקה מאד עד מיצוי הנפש ממש, כי אהבה זו נפלאתה מאד מכאשר תוכל הנפש שאת השגתה, ואין כח בנפש לכלוא את הרוח האהבה שיסודה ושרשה שמנה לוקח הדעת הנעלם, שהוא עליון וגבוה מהדעת המתפשט בכחות הנפש.

29

הדעת[70] העליון והדעת התחתון, הדעת[71] המתפשט, והדעת[72] המושרש שהוא בחינת הנשמה דו"ק, בסוד[73] ובדעת חדרים ימלאו כל הון יקר ונעים, ועוד ועוד. **הבעיה היא** הלא ידענו שישנן עשר ספירות כמבואר[74] בספר יצירה - עשר ולא תשע, עשר ולא אחת עשרה. אולם והיה אם נמנה את כל הספירות מכתר ועד מלכות, ונחשיב אף את ספירת הדעת, תהיינה לנו אחד עשר ספירות, וזה לא היתכן. **לכן יש כלל גדול וידוע** כי[75] במקום **שהשכתר נמנה אין הדעת מן**

70

ע"ח ח"ב שכ"א דרוש א' מ"ב ד"ג ע"ג – דע כי שני דעות הם, אחד הוא **דעת העליון** המכריע בין חו"ב עילאין, שהם המוחין עצמם הזכרים כנזכר לעיל, והשני נקרא **דעת תתחון**, והם סוד כללות השני עטרין, שהם שני מלכיות דאו"א כנזכר לעיל.

71

ע"ח ש"ך פ"ז מ"ב דצ"ט ע"ב – והנה בצלם יש בו **צ'** ובו נכלל הרוח, כי בחינת נפש נקרא דמות, וזה ניתנת אל הנוקבא, אך **הצ'** דצלם הוא אל הזכר, והוא בחינת רוח, והוא נקרא **דעת המתפשט** בכל הגוף, בסוד ובדעת חדרים ימלאו. ויש בדעת זה שלשה מוחין, הנקרא חב"ד, ומתפשטין בשלש קוין דז"א, עד נה"י שבו.

72

ע"ח ש"ט פ"ג מ"ת דמ"ג ע"ד – וגם כי הנה הדעת הוא כולל כל הו"ק, **והוא נשמה להם** כנודע.

ע"ח ש"ט פ"ג מ"ת דמ"ד ע"א – וזה סוד תפלת יוצר דשחרית דשבת, שתקנו בו שבעה פעמים **הכל**, והטעם היות לו יתרון זה הוא, כי אם לא היה בו כח **שיוכל לעלות עד הדעת, שהוא נשמת הו"ק**, ושם הוא מקום החמשה חסדים כנודע, שהם בחינת טפת הזרע, לא היה בו יכולת וכח להוריד טפת הזרע)נ"א הזווג(בנקבה בעת הזווג, ולהמשיכם ממש משם, מן הדעת.

ע"ח ח"ב שכ"ה דרוש ב' מ"ב, כללים של חו"ג, כלל ט"ז ד"ז ע"ג – דע **שהדעת הוא נשמת ו"ק**, ודע ששורש חמשה חסדים נשארין בדעת תמיד, אך ענפיהם הם החסדים המתפשטים בו"ק, ואלו הענפים הם המגדילין את ז"א מבחוץ כנזכר לעיל, והם מבחוץ, ושרשם מבפנים, ומקבלין הארה משרשם דרך מחיצות שביניהן, ומגדילין לגופא דז"א עצמו.

ע"ח ח"ב שמ"ו פ"ו מ"ת דק"ד ע"ב – והנה שם ש"י יאהדונה"י אשר בהיכל לבנת הספיר, הנזכר פרשת פקודי, הנה הוא נמשך מן הדעת העליון שבאותו העולם, כפי מה שהוא והוא יורד ומתגלה למטה ביסוד שהוא בחינת לבנת הספיר, בסוד נשמת היכל זה, **בסוד הדעת שהוא נשמת שש קצוות** כנודע.

73

משלי כ"ד ד' – ובדעת חדרים ימלאו כל הון יקר ונעים.

74

ספר יצירה פרק א' משנה ד' – עשר ספירות בלימה עשר ולא תשע עשר ולא אחת עשר, הבן בחכמה וחכם בבינה, בחון בהם, וחקור מהם, והעמד דבר על בוריו, והשב יוצר על מכונו.

75

פרדס רמונים, ש"ג פ"ג אם א"ס הוא הכתר די"ב ע"ב – ואחר שמתוך הסברא הוא מוכרח שהכתר הוא במנין עשר, גם כן מוכרח מתוך דברי הראיה מדברי הרשב"י ע"ה בתקונים, וז"ל - ואברין אלין כלהו בספירן. רישא כתר עילאה, מוחא חכמה, בינה לבא, ובה לב מבין, תרין דרועין חסד וגבורה, גופא עמודא דאמצעיתא, תרין שוקין נצח והוד, יסוד אמה, שכינתא אות דיליה, עד כאן לשונו. ועם היות שיש בו להתעורר קצת, עם כל זה אינו מהתייחס אלינו. והנה מנה עשר ספירות נגד האברים, **ומנה כתר עילאה רישא, ולא מנה דעת כלל**, הרי שכתר עילאה בכלל עשר ספירות. עוד בתיקונים - ואשמע את קול כנפיהם בעשר מיני תהלים. בשיר פשוט דאיהו י' כתר, שיר כפול דאיהו י"ה, חכמה ובינה. משולש בי"ו, דאיהו חג"ת. מרובע **בהוי"ה,** דאיהו נהי"ם, עד כאן לשונו. הנה מנה עשר ספירות, בעשר אותיות, ולא מנה הדעת כלל אלא הכתר. ואין סברא לומר כי זה הכתר שמנה הוא הדעת, אם כן היה לו להתחיל מחכמה שהוא ראשית האצילות לפי דעתם. ועוד דכולי עלמא סברי שזה סברי **כתר שמו וזה דעת שמו**, ולא פליגי, אלא איזה מהם יבא במנין עשר.

משנת חסידים, מסכת בריאת אדם קדמון, פרק א' משנה ה' ד"ג ע"ב – ודעת זה נמנה קודם החסד, **לפי שפנימיותו הוא שרש הפנימיות של השבע ספירות שממנו ולמטה, המתחילים מחסד**. ולפיכך אינו נמנה במנין פנימיות הספירות, כי אין לו פנימיות פרטי כשאר הספירות, **אלא שרש פנימיות כאמור**. נמצאו שהספירות הם עשר, ולא תשע מחיצוניותם, כי הדעת משלימם. עשר ולא אחד עשר, מצד פנימיותם, כי אין הדעת בכללם, כי הוא משונה מהם.

המניין, כלומר אי אפשר להחשיב את הכתר יחד עם הדעת במניין אחד, והוא[76] כי הדעת הוא חיצוניות הכתר, **לכן יש כתר אין דעת, ואם יש דעת אין כתר.** אחת מהדרכים להבין ולפצח את דברי הרב ז"ל, הוא דרוש הנקרא[77] **דרוש הדעת,** ובלי ידיעת דרוש זה אי אפשר להבין את דברי הרב ז"ל בעץ חיים והשמונה שערים, דרוש זה נמצא בשער ההקדמות, וספר נהר שלום. שם ספירת הדעת הוא אהו"ה, היוצא מהפסוק[78] - **את השמים ואת הארץ.** ומשם[79] זה

76

קהלת יעקב, אות ד' ד"ז ע"ב – דעת הוא חיצונות הכתר. כי כאשר נמנו הספירות מצד פנימיותם, אזי נמנה הכתר עמהם, כי הוא בפנימיותו, יש לו הבחינה עליונה של התחתון, ר"ל של תשעה ספירות שלמטה ממנו. אבל חיצונות הכתר אינו מבחינת הספירה שלמטה ממנו, רק בחינה תחתונה של העליון. אבל בחינת כתר של חיצוניות הספירות הוא הדעת, שמצד חיצוניותו הוא כתר לכל הספירות, ומצד פנימיותו הוא שורש הפנימיות לכל שבעה ספירות, לכך נמנה קודם החסד. כך כתב במשנת חסידים בתחילתו, כמסכת בריאת אדם קדמון.

משנת חסידים, מסכת בריאת אדם קדמון, פרק א' משנה ג' ד"ג ע"א – ומפני שלעולם הכתר הוא בחינה אמצעית, הקושרת העליון עם התחתון, כי הוא בפנימיותו יש לו הבחינה עליונה של התחתון, ובחיצוניותו יש לו ערך הבחינה תחתונו של העליון. מה שאין כן שאר הספירות שלמטה ממנו, שחיצוניותם ופנימיותם שוה, שהוא מבחינת עצמם, ולא מבחינת עליונם. לפיכך אין זה סדר מניין זה אלא מצד פנימיות הספירות השוה בכל העשר.

משנת חסידים, מסכת בריאת אדם קדמון, פרק א' משנה ד' ד"ג ע"ב – אבל כאשר ימנו העשר ספירות מצד חיצוניותם, אין ראשית מניינם אלא מחכמה, **שאין חיצוניות הכתר כערכם, אלא היא שרשם, ומי שלקח חיצוניות הראוי לכתר מבחינתם, הוא ישלימם לעשר, וזה היא אשר נקרא דעת,** שחיצוניותו הוא חיצוניות הראוי לכתר, מבחינת שאר הספירות.

77

נהר שלום דמ"א ע"ב – דרוש יקר הערך בענין הדעת. **אמר חיים ויטאל הנני מחבר דרוש יקר הערך בענין הדעת וזולת זה הדרוש אין שום ידיעה שורשית בעניני העשר ספירות.** ואכתוב מה שנראה לעניות דעתי בו מכל אשר עיינתי בספר הזה. דע כי אף על פי שהוזכר תמיד היותם עשר ספירות, אינם רק חמש ספירות, וכל ספירה הוא פרצוף אחד, וכולל עשר מדות. והם א"א, ואו"א, וזו"ן. וזה פרטם, כי ספירת הכתר כוללת עשר מדות, ונקראת א"א. וספירת החכמה כוללות עשר מדות, ונקראת אבא. וספירת בינה כוללת עשר מדות, ונקרא אימא. **וספירת הדעת דחסדים** כוללת עשר מדות, ונקראת זעיר, אך כשנאצל לא היו בו רק שש מדות, חג"ת נה"י שבדעת, והם הם החג"ת נה"י הנקרא אצלינו מכלל העשר ספירות, אבל אינו רק מדות ולא ספירות, כמו השלשה ספירות הראשונים. **וספירת הדעת דגבורה** כוללת עשר מדות, ונקרא נוקבא דזעיר, אך כשנאצלה לא היה בה רק מדה אחת לבד, העשירית, והיא מלכות שבדעת הנזכר, והיא היא המלכות הנקראת אצלינו מכלל העשר ספירות, אבל אינה רק מדה אחת, ולא ספירה. ואלו החמשה פרצופים נרמזו בשם ההוי"ה, בקוצו של יו"ד, ובארבע אותיותיו. ולפי שהכתר אינו מכלל העשר ספירות, והושם ספירת הדעת במקומו, לכן נרמז בקוץ היו"ד, ולא באות ממש. ונמצא כי עיקר הפרצופים הם ארבעה, או"א, וזו"ן, והם ארבע אותיות ההוי"ה. והם נכללות בשלש ספירות בלבד, שהם חב"ד, **ודעת כלול משני עיטרין.** וזה סוד פסוק – הוי"ה בחכמה יסד ארץ, כונן שמים בתבונה, בדעתו תהומות נבקעו. ונמצא כי כל העולמות אינם רק שלשה בחינות חב"ד, והסיבה היא כי שרש הכל הוא החסד והדין והרחמים, ולפי שהרחמים מכריע ביניהם, צריך שימצאו בו בחינותיהם, והם חו"ג, תרין דעות. ואלו עצמם הם שלש בחינות, כהן לוי ישראל, והם נר"ן.......... ונתחיל מן הראשון, הנה ספירת הכתר היא נשמת האצילות, ונחלק לשלש מוחין חב"ד, שהם נר"ן, שלושה חלקי הנשמה, כיצד עתיק ונוקבא חו"ב, והם נשמה ורוח, **ואריך ונוקבא הם זו"ן שבכתר, ונקרא דעת,** ונפש, ושלשתם שלשה חלקי הנשמה. אחר כך ספירת חו"ב, הם רוח דאצילות, ונחלקים לשלושה מוחין חב"ד, שהם נר"ן, שלושה חלקי הרוח, כיצד או"א חו"ב, והם נשמה ורוח, **והדעת שהוא זו"ן שבהם שהם ישסו"ת,** בנקרא נפש, ושלשתם שלשה חלקי הרוח. ואחר כך **ספירת הדעת,** היא נפש דאצילות, ונחלק לשלושה מוחין חב"ד, שהם נר"ן, שלושה חלקי הנפש, כיצד זו"ן חו"ב, והם נשמה ורוח, **והדעת של הדעת שהוא זו"ן שבהם הם יעקב ולאה,** ונקראים נפש, ושלשתם הם שלשה חלקי הנפש. וכל הבחינות......

78

בראשית א' א' – בראשית ברא אלהי"ם את השמים ואת הארץ.

79

משתלשל השפע לעולם הזה על ידי לימוד התורה. **וניקודו** הוי"ה בניקוד מוצ"א, כזה – **יְהֹוָ"ה**, הנקרא[80] השם
המפורש. בעולמות ספירת הדעת היא נשמת הו"ק, ומחולק הדעת לחסדים וגבורות.

ספירת החסד היא הרביעית מכלל עשר הספירות, אך ראשונה מבין שבע המידות הנקראות חג"ת נהי"ם, ועומדת בקו
ימין מתחת לחכמה, ונקראת דרום, בסוד[81] - הרוצה שיחכים ידרים. במידה זו נברא העולם, כמו שכתוב[82] - עולם חסד
יבנה. החסד מטבעו מקדים ופועל מעצמו ומבלי שיחייבוהו, שכן פעולה טובה אשר נדרשת עילה להפעלתה, איננה
אלא השפעה על פי דין. יחודיותו של החסד היא היותו ראשון ופועל מעצמו. **מי שמסמל בדמותו** את החסד הוא אברהם
אבינו, שבכל הליכותיו ניכרת ראשוניות וחסידות. אברהם זכה בה מתוקף עבודתו הרוחנית, בבחינת[83] - מי הקדימני
ואשלם לו, לאחר השתדל כל ימיו אחרי המידה הזאת שכולה חסד ורחמים וחנינה, וקיבל עליו כמה מיני ייסורים וכמה
מיני צער כדי שיהיה זוכה לה, וברוב השתדלותו ואהבתו לקדוש ברוך הוא, ונקרא[84] - אברהם אהובי. מידת החסד
משולה למים, וכפי שטבע המים לבקש תמיד מקום נמוך יותר, כך החסד טבעו לרדת ולהשפיע כלפי מטה. **בפתיחת
אליהו** מידת חסד קרויה דרועא ימינא - יד ימין, היד הימנית מורה על ההשפעה לעומת יד שמאל שמשמעותה קימוץ
וצמצום השפע. **במתכות**[85] החסד משול לכסף, שמשמעותו נגזרת מלשון כיסופים, רצונות והשתוקקות. בכללות

ברכת הרי"ח, פרשת פנחס - לאלה תחלק הארץ בנחלה במספר שמות. נראה לי בס"ד, דידוע שהתורה
נקראת טוב, דכתיב - כי לקח טוב נתתי לכם. וכתבנו במקום אחר הטעם שנקראת טוב, **לפי כי שכר התורה
בעולם הזה ישתלשל על ידי שם אהו"ה, שמספרו טוב.** כי על ידי עסק התורה בעולם הזה מתקיימת עולם
הזה, שהיא שמים וארץ, דכתיב - אם לא בריתי יומם ולילה חוקות שמים וארץ לא שמתי. וידוע כי שם אהו"ה
הוא סוד גושפנקא דחתים ביה שמיא וארעא, ונרמז בראשי תיבות - **את השמים ואת הארץ**, שהוא ראשי
תיבות אהו"ה. ושם זה הוא בדעת, לכן כתיב - ובדעת חדרים ימלאו כל הון יקר ונעים. כי שכר התורה בעולם
הזה ישתלשל על ידי שם זה, שהוא בדעת, שמספרו טוב. ולכך התורה נקראת טוב.
80

ע"ח ח"ב שמ"ד פ"ג מ"ת דצ"ח ע"ב – הדעת יש בו סוד שם המפורש, והוא סוד שם המפורש הנזכר בכל
מקום, **וזכור זה**. והוא הוי"ה, ונקודו בתנועת אותיותיו כנודע, **י'** בחולם, נשמה לנשמה. **ה'** בציר"י נשמה.
בפנימי. **ו'** בקמץ רוח, האמצעי. **ה'** בציר"י בחיצון נפש.
81

בבא בתרא דכ"ה ע"ב – אמר רבי יצחק הרוצה שיחכים ידרים.
82

תהילים פ"ט ג' – כי אמרתי עולם חסד יבנה שמים תכן אמונתך בהם.
83

איוב מ"א ג' – מי הקדימני ואשלם ותחת כל השמים לי הוא.
84

ישעיהו מ"א ח' – ואתה ישראל עבדי יעקב אשר בחרתיך זרע אברהם אהבי.
85

ע"ח ח"ב ש"נ פ"י מ"ב דקי"ז ע"ב – כלל העולה כי אין נקרא כלי וגוף גמור, כי אם הארבעה יסודות
הארץ השפלה הזו שזכרנו תחלה. והרי נתבאר פרטי כל העולם, אמנם דרך כלל יהיה כי אצילות יסוד אש,
ובריאה יסוד רוח, ויצירה יסוד מים, ועשיה יסוד עפר. והם הוי"ה אחת כוללת כולם. והם בחינת נשמה, רוח,
נפש. אך הגוף של כולם הם ארבעה יסודות עולם השפל הזה, נקרא ארץ העשיה. ונבאר איך בכל עולם נבראו
בו ארבע מיני נבראים, והם דצח"ם, והם כנגד ארבעה יסודות שבכל עולם. והענין כולו כמו שהיה בענין
ארבעה יסודות הארץ השפלה הזו, וזה יובן ממה שהקדמנו כי העולם עצמו הוא כללות הארבעה יסודות עצמן,
אשר בו ועוד יש בו ארבעה מיני נבראים, דצח"ם. וזה ענינם באצילות, וממנו תקיש לכולם, **כי הנה נודע
שיש באצילות בחינת שבעה מיני מתכות זהב וכסף כו', נגד שבעה קצוות.** וי"ב אבנים יקרין, כנגד י"ב
שבטים, וכל זה הדומם אשר שם.

ספר הלקוטים, פרשת שלח דק"ה ע"ד – והנה כשנפלו המלכים, נפלו בכל הבחינות. יש מהם שנפלו
בבחינת הדומם, ולפי שהם היו שבעה, יש שבעה מיני מתכות. כסף, וזהב, חסד וגבורה. בדיל,
נצח. עופרת, הוד. כסף, כנגד היסוד, לכן נקרא חי. ברזל, כנגד המלכות.

העולמות ספירת החסד היא חלק מעולם היצירה, וחלק מפרצוף ז"א. שם[86] הספירה דחסד הוא **א"ל**, בסוד[87] חסד א"ל כל היום. **ניקוד** הוי"ה דחסד הוא[88] בסגו"ל, כזה - **הֱוֶ"ה**. ובבחינות הנרנח"י החסד הוא חלק מהרוח, אות **ו'** דשם הוי"ה.

ספירת הגבורה חמישית מעשר ספירות, שנייה משבעה מידות חג"ת נהי"ם, וניצבת בקו השמאל מתחת לבינה, ונקראת צפון, בסוד[89] - יעשיר יצפין, והיא בחינת דין, בסוד[90] - יקוב הדין את ההר, דין ללא רחמים. בפתיחת אליהו נקראת הגבורה דרועא שמאלא - יד השמאלית, יד המצמצמת את השפע. בעוד שמימי החסד שוטפים עד אין קץ, הגבורה מופקדת מהשמאל לצמצום השפע והגבלתו כמידת יכולת הקיבול, גבורה היא **בחינת אש** בערך לחסד הנקרא מים. ותכונה של האש היא היא לעלות כלפי מעלה. בנוגע לאופן בריאת העולם דורשים[91] חז"ל - שבתחילה ביקש הוי"ה לברוא אותו בדין, ראה שאינו מתקיים עמד ושיתף עימו רחמים. זה הסוד של שלושים ושתיים שמות אלהי"ם המשולבים בפסוקי מעשי בראשית, שהם ל"ב נתיבות חכמה ועניינים דין ומשפט. יצחק אבינו מסמל את הדין, בסוד[92] פחד יצחק.

ספר הלקוטים, תהלים סימן פ"ד דפ"ט ע"ב – ולכן העבודה זרה צואת, כמו שכתוב - צא תאמר לו, כי היציאה הוא פסולת גמור, והוא עיקר פסולת האדם לצורך הבירור, כי בעת שהאוכל מתדבק בנשמתו הניצוץ הקדושה, והפסולת דוחה אותו לחוץ. ועל כן המן שהיה נבלע באיברים היה כולו בירור גמור, בלי שום פסולת. וזה סוד עם הארץ אסור לאכול בשר, לפי שאינו יודע לברר. והצדיק בברכותיו שמברך על המאכל, הוא מברר. והנה כשנפלו המלכים יש מהם שנפלו בבחינת דומם, ולפי שהם שבעה, יש גם כן שבעה מיני מתכות. **כסף וזהב**, כנגד חסד וגבורה. **נחשת**, כנגד תפארת. **בדיל**, כנגד נצח. **עופרת**, כנגד הוד. **כסף חי**, כנגד יסוד, ולכן נקרא חי. **ברזל**, כנגד המלכות. וזה שגם הדומם הוא גדל, מפני שהניצוצות של הקדושה שבתוכו, לכן הוא גדל.
86

פרי עץ חיים, שער התפילה פ"ב – וכאשר האדם מפקיד נשמתו, בפסוק בידך אפקיד רוחי קודם שישן ביד המלכות, אז היא מחדשת אותם. ומי שאין לו לבוש, נותנין לו לבוש מחדש. ומי שיש לו לבוש אלא שנחלש כחו, היא מחזקת אותו, ונותנת בו כח. וכל זה באור הבוקר, כמו שכתוב חדשים לבקרים רבה אמונתיך. וחידוש זה נעשה אז בבוקר, **על ידי שם א"ל שהוא חסד המתעורר בבוקר**, בסוד וישכם אברהם בבוקר. וזהו מה שאנו אומרים בברכת יוצר, המחדש בטובו בכל יום תמיד מעשה בראשית, בסוד חדשים לבקרים כנזכר לעיל.

פרדס רמונים, שער א' פרק י' – ושם החסד הוא שם א"ל, ויש מהם הרבה בתורה, בנביאים, ובכתובים. בתורה ויקרא לו א"ל אלה"י ישראל, וכמוהו רבים. בנביאים א"ל אלהי"ם הוי"ה הוא יודע וכו', וכמוהו רבים. בכתובים הא"ל תמים דרכו, וכמוהו רבים.
87

תהילים נ"ב ג' - מה תתהלל ברעה הגבור חסד א"ל כל היום.
88

ע"ח ח"ב שמ"ד פ"ג מ"ת דצ"ח ע"ג – החסד, הוי"ה בסגול, **י'** בסגול, נשמה לנשמה. **ה'** בסגול, היא נשמה בפנימית. **ו'** בסגול רוח, מלובש באמצע. **ה'** אחרונה בסגול, נפש בחיצון שלו.
89

בבא בתרא דכ"ה ע"ב – אמר רבי יצחק הרוצה שיחכים ידרים, **ושיעשיר יצפין**, וסימניך שלחן בצפון, ומנורה בדרום, ורבי יהושע בן לוי אמר, לעולם ידרים, שמתוך שמתחכם מתעשר, שנאמר - אורך ימים בימינה בשמאלה עושר.
90

סנהדרין ד"ו ע"ב – יקוב הדין את ההר, שנאמר - כי המשפט לאלהי"ם הוא.
91

בראשית א' א' – בראשית ברא אלהי"ם את השמים ואת הארץ. **מפרש רש"י** - ברא אלהי"ם, ולא אמר ברא הוי"ה. **שבתחילה עלה במחשבה לבראותו במידת הדין, ראה שאין העולם מתקיים, הקדים מידת רחמים ושיתפה למידת הדין.**
92

בראשית ל"א נ"ג – אלה"י אברהם ואלהי נחור ישפטו בינינו אלה"י אביהם וישבע יעקב **בפחד אביו יצחק.**

במתכות הגבורה משולה לזהב, כמו[93] שכתוב מצפון זהב יאתה. גם היצר הרע קרוי **צפוני**, כמו[94] שכתוב - ואת הצפוני ארחיק מעליכם, וכדי לכפר ולהמתיק את צד הצפון, בבית[95] המקדש החטאת נשחטת בצפון. הגבורה והצמצום מוכרחים כאמור לעולם, אלא שיש להמתיק את הדין בשורשו, להגביל כדי להכיל, ולצמצם כדי להאיר. בכללות העולמות ספירת הגבורה היא חלק מעולם היצירה, וחלק מפרצוף ז"א. שם[96] הספירה הגבורה הוא **אלהי"ם**, בסוד[97] - ותרגז הארץ ותהי לחרדת אלהי"ם. **ביקוד** הוי"ה דגבורה הוא[98] בשב"א, כזה - הֱוָיֱ"הֱ. ובבחינות הנרנח"י הגבורה הוא חלק מהרוח, אות **ו'** דשם הוי"ה.

ספירת התפארת השישית מעשר הספירות. שלישית משבעה מידות חג"ת נהי"ם, וניצבת בקו האמצעי מתחת לדעת והכתר, ונקראת מזרח בסוד[99] נענועי הלולב. **התפארת** היא בחינת רחמים, הממוצעת בין חסד לגבורה שהיא הדין. ונקראת בפתיחת אליהו גופא, כלומר הגוף, תפארת מלשון[100] **פארות**, ר"ל[101] ענפים, והוא כי מן התפארת שהוא הגוף יצאים הידים, ורגלים, ואבר הקודש, כך מן התפארת יוצאים חסד וגבורה, נצח והוד, והיסוד. מי שמציג את ספירת התפארת הוא יעקב אבינו הנקרא[102] אמת. כצאצא לאברהם ויצחק הנוטים לחסד ולדין, יעקב הכריע ביניהם כשאימץ בעבודתו הרוחנית את האמצע, לפיכך נאמר[103] עליו שהיה יושב אוהלים, בין שני אוהלים, חסד ודין, שהוא שילב ומיזג

---

⁹³ **איוב ל"ז כ"ב** – מצפון זהב יאתה על אלו"ה נורא הוד.

⁹⁴ **יואל ב' כ'** – ואת הצפוני ארחיק מעליכם והדחתיו אל ארץ ציה ושממה את פניו אל הים הקדמני וספו אל הים האחרון ועלה באשו ותעל צחנתו כי הגדיל לעשות.

⁹⁵ **משנה, מסכת זבחים פרק ה'** – איזהו מקומן של זבחים, קדשי קדשים שחיטתן בצפון, פר ושעיר של יום הכפורים שחיטתן בצפון וקבול דמן בכלי שרת בצפון.................................

⁹⁶ **פרדס רמונים, שער א' פרק י'** – ושם הגבורה אלהי"ם, כתון בתורה, שנוי בנביאים, משולש בכתובים. כתוב בתורה והאלהי"ם נסה את אברהם, וכמוהו רבים. שנוי בנביאים ותהי חרדת אלהי"ם, וכמוהו רבים. משולש בכתובים קומה אלהי"ם שפטה ארץ, וכמוהו רבים.

⁹⁷ **שמואל א' י"ד ט"ו** – ותהי חרדה במחנה בשדה ובכל העם המצב והמשחית חרדו גם המה ותרגז הארץ ותהי לחרדת אלהי"ם.

⁹⁸ **ע"ח ח"ב שמ"ד פ"ג מ"ת דצ"ח ע"ג** – הגבורה הוי"ה על דרך הנזכר לעיל, בשבא.

⁹⁹ **שער הכוונות, דרושי חג הסוכות, הקדמה, דק"ג ע"ד** - והנה הם כסדר הו"ק ממש דז"א, שהם חג"ת נה"י. ולכן נענוע הראשון הוא לצד דרום, כנגד החסד. ואחר כך נענוע השני הוא לצד צפון שהוא בגבורה. **והשלישי במזרח שהיא בתפארת.** והרביעי והחמישי מעלה ומטה, שהם שחקים, נצח והוד, זה על גב זה. והשישי הוא במערב, שהוא היסוד, שעליו אמרו שכינה במערב.

¹⁰⁰ **יחזקאל י"ז ו'** – ויצמח ויהי לגפן סרחת שפלת קומה לפנות דליותיו אליו ושרשיו תחתיו יהיו ותהי לגפן ותעש בדים **ותשלח פארות.**

¹⁰¹ **פרדס רמונים שער א' פרק ב'** – שבערך בחינה זו צודק כנוי **התפארת שהיא מלשון פארות,** וכמו פארי המגבעות, ופירוש **ענפים,** ר"ל שהוא מסתעף בששה קצוות, והששה קצוות הם ענפיו. וזה שאמר ישראל אשר בך אתפאר. ופירוש, הבינה אומרת על התפארת הנקרא ישראל שבו, היא מתפארת ומסתעפת בענפים. ועוד הביא ראיה מפסוק ובית תפארתי אפאר, כי היא מסתעפת ומתפארת בענפיה.

¹⁰² **מיכה ז' כ'** – תתן אמת ליעקב חסד לאברהם אשר נשבעת לאבתינו מימי קדם.

¹⁰³

ביניהם. **במתכות** התפארת רמוז[104] בנחושת. תפארת[105] הוא **בחינת רוח** בערך לחסד הנקרא מים, והגבורה הנקראת
אש. **עוד נקרא** התפארת[106] בשם **הקדוש ברוך הוא**, או מלך, או כללות ז"א, ונקרא ישראל, ככתוב[107] - ישראל אשר
בך התפאר. שם[108] הספירה דתפארת הוא **הוי"ה**, **ניקוד** הוי"ה דתפארת הוא[109] בחולם, כזה - **הֹוֹיֹ"הֹ**. ובבחינת
הנרנח"י התפארת הוא חלק מהרוח, אות **ו'** דשם הוי"ה.

ספירת נצח הוד. השביעית והשמינית מעשר הספירות, ורביעית וחמישית מהספירות דז"א. בפתח אליהו כתוב - נצח
והוד תרין שוקין, ר"ל ספירות אלו הם בחינת הרגלים, ומבשרי[110] אחזה אלו"ה, כי האדם התחתון יכול לעשות שמוש
ביד אחת, וביד השניה שמוש אחר **באותו זמן**, לעומת זאת אין האדם התחתון יכול ללכת רק על רגל אחת, אלא במקרה
הטוב לקפוץ עליה, וללכת הוא חייב להשתמש בשני רגלים, לכן[111] תמיד נחשבים נצח והוד לאחד, תרי פלגי דגופא. **עוד**
נצח הוד נקראים[112] עמודי שש, בסוד יכי"ן ובוע"ז, הם העמודים[113] שבנה שלמה המלך בבית המקדש. **הנצח** נחשב

בראשית כ"ה כ"ז – ויגדלו הנערים ויהי עשו איש ידע ציד איש שדה ויעקב איש תם ישב אהלים.
104

ע"ח ח"ב שמ"ט פ"ג מ"ב קי"א – וידעת כי **נחשת בתפארת**, ועץ הדעת שהיא נוקבא דנגה בפרטות,
יוצאה מן החזה דתפארת דנגה, הנקרא נחשת. כי כסף וזהב שני דרועין, ותפארת נקרא נחשת.
105

קהלת יעקב, ערך ר"ו ד"י ע"ג – רוח הוא בחינת פנימיות תפארת לאצילות, והוא חם, ולא סטרא דחמימו
אחיד בדרום, סטרא דלחותא בצפון, זוהר וארא כ"ד א'.
106

רב פעלים, אורח חיים ח"א שאלה א' ד"ב ע"א – וכן הענין בשם קודשא בריך הוא, הנזכר בזוהר
ובתפילות, ובשם הקדוש ברוך הוא, הנזכר בדברי רז"ל, דאין שם זה נאמר על האלו"ה העליון בלבד, **אלא**
לפעמים נאמר על התפארת, שהוא מכונה בשם קודשא בריך הוא, ובשם הקדוש ברוך הוא. מפני שכבר
ידעת דאור האלו"ה העליון מתלבש בתוך הספירות, כנשמה בתוך הגוף, לכך נקרא בחינת התפארת בשם
קודשא בריך הוא, ובשם הקדוש ברוך הוא. **ונקרא גם כן בשם אות וא"ו דשמא קדישא, ונקרא גם בשם**
הוי"ה בסתם. ולכן תמצא מקומות הרבה בזוהר ותיקונים שמדברים על התפארת, וקורין אותו בשם קודשא
בריך הוא, **וגם קורין אותו בשם ז"א, או בשם מלכא קדישא**, או בשם ישראל, וכן נמי קורין לבחינת
המלכות בשם שכינה, וכאשר מדברים על תפארת ומלכות, אומרים קודשא בריך הוא ושכינתיה.
107

ישעיהו מ"ט ג' – ויאמר לי עבדי אתה ישראל אשר בך אתפאר.
108

ע"ח ח"ב שמ"ב פ"ו מ"ת ד"ק ע"ג – התפארת דז"א כל שלש בחינותו הוא שם הוי"ה, וזהו טעם שאין
הוי"ה נקרא כל כך בעצם כמו בתפארת כנודע.
109

ע"ח ח"ב שמ"ד פ"ג מ"ת דצ"ח ע"ג – התפארת הוי"ה על דרך הנזכר לעיל, בחולם.
110

איוב י"א כ"ו - ואחר עורי נקפו זאת ומבשרי אחזה אלוה.
111

ע"ח ח"ב של"ד פ"ב דמ"ו ע"ב – באופן כי הז"א היה אז ששה נקודות, כמנין **ו'** של הוי"ה, והם
מדעת עד יסוד, כי נצח הוד הם תרי פלגי, גופא ונחשבין לאחד. ונמצאו שהם ששה נקודות, כמבואר אצלינו.
112

ספר הזוהר, פרשת אמור דצ"א ע"ב עם תרגום ובאור – כתוב **חתום תורה**, **חתימה דאורייתא דאיהי**
תורה שבכתב חתימה של התורה היא התורה שבכתב, שהוא ז"א. **באן אתר** באיזה אתר ז"א מחתים אורו
ושפעו. **בלמודי** היינו **נביאי** אלין אלו הם הנביאים הנקראים למודי הוי"ה, **כמה דאת אמר** כמו שנאמר בבנין
בית המקדש, **ויקם את העמוד הימני ויקרא שמו יכין, ויקם את העמוד השמאלי ויקרא שמו בועז, ומתמן**
אתפרשן אורחין לנביאי מהימני ומשם נפרדים הדרכים לנביאי האמת, כי הם מקבלים נבואתם מנצח והוד,
וקיימי אלין בקיומא לגופא ואלו עומדים בקיום הגוף, ר"ל נצח והוד הם מעמידים את הגוף הנקרא תפארת,

35

לתולדה של החסד, והוא בקו הימין חח"ן, **וההוד** לתולדה של הגבורה, והוא בקו השמאל בג"ה, לכן חג"ת נחשבים לאבות, אברהם יצחק ויעקב, בערך הנה"י הנחשבים לבנים. ואמצעות[114] הנצח וההוד יוצאת ההנהגה של החסד או הגבורה ומתגלה בפועל בעולם הזה. **הנצח וההוד** נחשבים[115] לבר מגופא, כלומר מחוץ לגוף, ר"ל שהזרועות שהם חסד וגבורה יוצאות מעיקר הגוף, ואילו הרגליים משתלשלות למטה ממנו, והם השליחים העושים את עבודת החג"ת. לכן הם בבחינת תרין סמכי קשוט, שהגוף נסמך ונשען עליהם. מהנצח וההוד הם[116] **מקום יניקת הנביאים**, שמשם מקור הנבואה. **משה רבינו** מייצג את ספירת הנצח, **ואהרן הכהן** את ספירת ההוד. **במתכת** הנצח משול בבדיל, וההוד בעופרת. באופן[117] כללי השם[118] של הספירות נצח והוד הוא **צבאו"ת**. כאשר שם[119] הספירה דנצח הוא[120] **הוי"ה**

סוד התורה, **לשית טהירין** לששה הספירות דז"א, חג"ת נה"י, **הדא הוא דכתיב** זה שכתוב, **שוקיו עמודי שש**.
113

מלכים א' ז' כ"א – ויקם את העמדים לאלם ההיכל ויקם את העמוד הימני ויקרא את שמו יכין ויקם את העמוד השמאלי ויקרא את שמו בעז.
114

אור העינים, אות נ' דקס"ח ע"ב – נצח והוד הם שני עמודי עולם, שהעולם צריך להם. והם נשפעים נצח ממדת החס"ד, וההוד ממדות הגבור"ה. ונצח הוא בימין, החסד, שנאמר נעימות בימינך נצ"ח. ר"ל שהנצח הוא בקו ימין, מכוון תחת מדות החס"ד. ומדות ההוד בקו שמאל, מכוון תחת הגבור"ה. וענין נצח הוא מענין נצוח, שמכח החסד והזכות שיש בנצח, בזה מנצחים המקטריגים, ומזה צריך מדות ההוד, כדי להודות להשם יתברך במה שהוא מנצח, וזהו הוד מלשון הודאה להקדוש ברוך הוא, שיסד העמוד הנצח, שאלמלא סיוע זו מאת הקדוש ברוך הוא לא היה יכול העולם לעמוד לפני השטן. עיין פרד"ס שער טעם האצילות פ"ב ד"ז ע"ב.
115

ליקוטי תורה לגאון רבינו זלמן, פרשת מסעי צ' ג' – והנה להבין בענין הששה מדות בפרטות, היות נודע כי נצח והוד נקראים **ירכין לבר מגופא**, ונקראים בדי ערבות, שאין בהם לא טעם ולא ריח. ופירוש, לבר מגופא היינו כי חג"ת הם עצם המדות, ונה"י הם השפעות המדות לזולתו, ולכן נקראים לבר מגופא, וענין שאין בהם טעם וריח. היינו כי בחג"ת יש עדיין הארת השכל והטעם, ולפי הארת המוחין והשכל כך הם אופני המדה בהתפעלות הלב, אם רב ואם מעט, כי הארת המוחין מאירים בחג"ת, ולכן בחג"ת יש בהם טעם, היינו הארת הטעם מהשכל מתלבש במדה. משאין כן בנצח והוד, כי נצח והוד היינו שאחר שנסתלקו השכל והטעם של המדה, **מכל מקום מתנצח לעשות המדה**, מחמת שכך נשאר ההסכמה אצלו. וזהו פירוש נצח, ענף החסד, שעושה חסד מחמת שהוסכם אצלו, להיות חפץ חסד, וכבר נסתלק הטעם והשכל שהיה בזה מאיזה טעם הסכים כן. רק שנשאר ההסכם לבד, **ולכן נקרא בדי ערבות**, שאין בהם טעם וריח, היינו שכבר נסתלקו מלבו המוחין הנקראים טעם(וריח הוא בחינת רצון ותענוג, עיין לקמן בענין ירדן יריחו), אך עם כל זה בחינת הניצוח וההסכם החזק יעשה את החסד אף שלבו בל עמו. כמו כן ההוד נקרא ענף הגבורה, בקו שמאל.
116

פרדס רמונים שער ו' פרק ו' – ומה שאנו אומרים שנבואת משה רבינו ע"ה בתפארת, ושאר הנביאים במלכות. **וכן מה שאנו אומרים כי נצח והוד הם שתי נביאי קשוט**, אין הכוונה בכל זה שהיו משיגים ממש בספירות, **אלא שמשם יניקתם.**
117

תהילים פ"ד ט' – הוי"ה אלהי"ם צבאו"ת שמעה תפלתי האזינה אלה"י יעקב סלה.
118

קהלת יעקב, ערך צב די"ג ע"ג – צבאו"ת, עיקר שם זה בנצח הוד, דנצח אקרי הוי"ה צבאות, והוד אקרי אלהי"ם צבאו"ת. ופירש בפרדס דעיקר שם נצח הוד הוא צבאו"ת, רק דאיהו בנצח, ואיהו בהוד. לכך נקרא נצח הוי"ה צבאו"ת, הוי"ה הוא תפארת, צבאו"ת נצח, ומלכות הוא בהוד, לכך נקראים אלהי"ם צבאו"ת, אלהי"ם מלשון צבאות הוד. ונצח הוד הן בחינת ווין, סוד ווי עמודים, ונקרא צבאו"ת............
119

קהלת יעקב, ערך נצ די"ב ע"ד – נצח הוא נקרא הוי"ה צבאו"ת. כמו שכתוב בזוהר ויקרא. וכמו שכתוב בערך צבאו"ת. רמז לדבר הוי"ה צבאו"ת **באלב"ם** שעפ"יע זמלפ"ך גימטריא נצח ישראל, עם ח"א מבואר כי הוי"ה צבאו"ת בחינת נצח ישראל.

צבאו"ת, ושם[121] ספירת ההוד **אלהי"ם צבאו"ת**. **ניקוד** הוי"ה דנצח הוד הוא[122] בחירק וקובוץ, בנצח כזה - הֻוִ"ה, ובהוד כזה - הֻוִ"ה. ובבחינות הנרנח"י נצח הוד הם חלק מהרוח, אות **ו'** דשם הוי"ה.

ספירת יסוד. הספירה התשיעית מהעשר הספירות, והיא הספירה השישית והאחרונה מפרצוף ז"א. בפתח אליהו כתוב - יסוד סיומא דגופא אות ברית קדש. **יוסף הצדיק** זכה וזה והיה מרכבה למידת היסוד, הוא נוטר ושומר הברית, ולא פגם בו עם אשת פוטיפר, שנתעלה והיה משנה למלך, האוגר[123] את השפע ומחלקו[124] במידה לכל העם, בסוד[125] - צדיק יסוד עולם, והוא[126] כתמר יפרח. מעבר להיותו ספירה מהו"ק, במערכת[127] החסדים, המתפשטים בז"א, היסוד מקבל מחג"ת ונצח הוד רק הארה של החסדים המתפשטים בהם, וגם חמשה גבורות, ואחר כך נותנם לנוקבא הנקראת ארץ. **לכן כל השפע** מתנקז ליסוד, ומהיסוד השפע יורד לכל עולמות והפרצופים. לפיכך היסוד מכונה **כל**, כי[128] כללות החמשה

120

תהילים פ"ד ב' – מה ידידות משכנותיך הוי"ה צבאו"ת.

121

תהילים פ' ט"ו – אלהי"ם צבאו"ת שוב נא הבט משמים וראה ופקד גפן זאת.

122

ע"ח ח"ב שמ"ד פ"ד מ"ת דצ"ח ע"ג – הנצח והוד יש בהם בחינת שני הוי"ת, אחת כולה בחירק, בנצח. ואחד כולה בקבוץ בהוד. והנה הוי"ה בנצח הוד, והנה **י'** בחירק היא נשמה לנשמה בנצח, **י'** בקיבוץ נשמה לנשמה בהוד. **ה'** בחירק נשמה בשם הוי"ה שבנצח, **ה'** בקיבוץ נשמה בשם הוי"ה שבהוד כנזכר לעיל. **ו'** בקיבוץ ובחירק בחינת רוח אל שם האמצעי. כיצד, דע כי באות א' א' מן שם אמצעי, הוא א' שבצירוף צבא, ונודע כי צורת א' יו"י, שני יודי"ן ו' באמצע, והנה אות ו' שבאמצע א' הזו, שם הוא מקום התלבשות שני ווי"ן הנזכרים לעיל, מנוקדות אחד בקבוץ, ואחד בחירק, בבחינת רוח. והם באופן זה, כי אות ו' נחלקה לב' ווי"ן בארכה באמצעיתא, כזה א', ומשתיהן נעשה ו' אחד, לכן יש אלפי"ן בתורה המורה על א' זו, וצריכין לעשותן באופן זה כי יעשה אל ו' זו שבתוך א' שני ראשין, אחד נוטה לצד מעלה, ואחד לצד מטה, כזה א' לרמוז שני ווי"ן אלו הנזכר לעיל, שנעשו אחד. והנה צד הימין שבה הנוטה לצד מטה היא בנצח, וצד השמאל למעלה הוא בהוד. נמצא שזה השם האמצעי הנזכר לעיל חמשה אותיות הראשונים שהם צ', צ"ב, צ"ב, וכן אות י' ראשונה של א' מן צבא, הם בנצח, וכן אות י' שני שבאות א' זו, עד סיום השם הוא בהוד, ומן אות ו' שבאמצעית א' כולל לשניהן. ואות **ה"ה** אחרונה בקיבוץ ובחירק, הוא נפש לשם חיצון דנצח הוד, ומתחלקין על דרך זה כי השם הוא צבאו"ת, **וה'** אחד בחירק מלובשת ב' צ' של צבאות, ו' ה' בקיבוץ מלובשת בת' של צבאות.

123

בראשית מ"ז י"ד – וילקט יוסף את כל הכסף הנמצא בארץ מצרים ובארץ כנען בשבר אשר הם שברים ויבא יוסף את הכסף ביתה פרעה.

124

בראשית מ"ז י"ב – ויכלכל יוסף את אביו ואת אחיו ואת כל בית אביו לחם לפי הטף.

125

משלי י' כ"ה – כעבור סופה ואין רשע וצדיק יסוד עולם.

126

תהלים צ"ב י"ג – צדיק כתמר יפרח כארז בלבנון ישגה.

127

שער ההקדמות, דרושים בביאור ההוי"ה של ארבע אותיות, דרוש ב' הדרך הרביעית ד"נ ע"ג – כי אות **י'** של ההוי"ה, הם חמשה חסדים וחמשה גבורות, העומדות בדעת של ז"א, ואות **ה'** הראשונה הם בחינת החמשה חסדים, המתפשטים מחסד עד הוד שבז"א. ואות **ו'** היא היסוד של ז"א, שבו חוזרים ליכנס כללות החמשה חסדים הנזכרים, ונכללים שם יחד. וגם מתקבצות בו החמש גבורות שלא נתפשטו בגופא, בסוד - והיה האוכל לפקדון, מדבר ביוסף, שהוא היסוד, לסיבת הנקבה הנקראת ארץ, ליתנם בה אחר כך. ואלו החמש גבורות שנתקבצו תוך היסוד, הם אות **ה'** אחרונה של ההוי"ה.

128

אח"י)כלל(– כללות היא בחינת המלכות דאותו שעור קומה, ונקראת גם רשימו, הארה, נפש.

חסדים מתפשטים בו, וכל אחד מהם כולל עשר ספירות פרטיות, ביחד גימטריא כ"ל, ונרמז[129] בפסוק - לך הוי"ה הגדולה והגבורה... והיסוד מרומז במילה - כי **כל** בשמים ובארץ, על שם היותו קושר **שמים** שהם ז"א, **וארץ** שהיא המלכות, ומחבר בין עליונים לתחתונים. **מהותו של היסוד** הוא[130] וצדיק חונן ונותן, הצדיק הדבק בנתינה וההשפעה לזולתו. **במתכת** היסוד משול לכסף-חי. לספירה דיסוד יש מספר שמות, והעיקר הוא **שד"י**, וגם נקרא היסוד א"ל-חי. **בניקוד** הוי"ה דיסוד הוא[131] בשורוק, כזה – **יֻהֻוֻוֻ'דֻּ**. ובבחינות הנרנח"י היסוד הוא כללות[132] חמשה חלקי הרוח, אות **ו'** דשם הוי"ה.

ספירת המלכות. הספירה העשירית מהעשר הספירות, עניינה של ספירת המלכות הוא כשהיא מקבלת שפע מהיסוד (שהוא עצמו מקבל לחמשה הקצות דז"א), להריק[133] את השפע לכל העולמות התחתונים, שנאמר[134] - מלכותך מלכות כל עולמים, ספירת המלכות שלך בוראת וממלאת את כל העולמות, בסוד[135] - ומלכותו בכל משלה. מצד אחד ספירת המלכות היא התחתונה מכל הספירות של הפרצוף העליון, ומצד שני היא כתר לפרצוף התחתון, בסוד[136] - נעוץ סופן בתחילתן ותחילתן בסופן כשלהבת קשורה בגחלת, כאשר[137] המלכות נקראת אנ"י, והכתר נקרא אי"ן. **במתכת** המלכות משולה לברזל. המלכות בעיקרא נקראת נוקבא בערך ז"א. **צריך לדעת** כי[138] יש הרבה בחינות דמלכות, והחכם צריך

129

דברי הימים א' כ"ט י"א - לך הוי"ה הגדלה והגבורה והתפארת והנצח וההוד כי **כל** בשמים ובארץ לך הוי"ה הממלכה והמתנשא לכל לראש.

130

תהלים ל"ז כ"א – לוה רשע ולא ישלם וצדיק חונן ונותן.

131

ע"ח ח"ב שמ"ד פ"ג מ"ת דצ"ח ע"ג – היסוד יוהוווהו יו בשורק, נשמה לנשמה בפנים מן הכל. הו בשורש נשמה, בשם הפנימי. וו בשורק רוח, בשם האמצעי. הו אחרונה בשורק נפש בשם החיצון

132

ע"ח ש"ו פ"ג מ"ת דכ"ו ע"א – אמנם מה שנוגע אל הו"ק דז"א הוא באופן זה, **כי בצאת היסוד אז מתגלה בבחינת כללות חמשה קצות דז"א**, בבחינת נפש לבד. אך בבא ההוד אז מתגלה קצה אחד דנפש דז"א, וכן עד שנשתלמו כל הו"ק. עוד יש הפרש אחר בין היסוד לחמשה קצות אחרים, והוא כאשר בא ההוד נתן כח כללותו מחדש ביסוד בבחינת נפש לבד, וכן כולם, עד שיצא החסד, וגם הוא נתן בצאתו כח כללותו ביסוד. מה שאין כן בשאר חמשה קצות, כי בבא אחד לא היה מוסיף שום תוספת בחבירו כלל ועיקר, כי כולם שום, רק כאשר נשלמו כל השֶׁשָׁה, אז נמצא שנגמר כל הז"א בבחינת נפש.

133

מלאכי ג' י' – הביאו את כל המעשר אל בית האוצר ויהי טרף בביתי ובחנוני נא בזאת אמר הוי"ה צבאו"ת אם לא אפתח לכם את ארבות השמים **והריקתי לכם ברכה** עד בלי די.

134

תהילים קמ"ה י"ג – מלכותך מלכות כל עלמים וממשלתך בכל דור ודור.

135

תהילים ק"ג י"ט – הוי"ה בשמים הכין כסאו ומלכותו בכל משלה.

136

ספר יצירה פרק א' משנה ו' – עשר ספירות בלימה מדתן עשר שאין להם סוף, **נעוץ סופן בתחילתן, ותחילתן בסופן**, כשלהבת קשורה בגחלת. שאדון יחיד הוא ואין שני לו. ולפני אחד מה אתה סופר.

137

ע"ח ש"ו פ"ג מ"ת דכ"ו ע"ב – וזה סוד הפרוש אני ראשון ואני אחרון, וביאור זה הפסוק יצדק בין בספירת הכתר בין בספירת המלכות, אלא שזה היפך זה, והוא כמו שנודע כי אנ"י הוא כינוי אל המלכות, ובהפוכו אי"ן כנוי אל הכתר.

138

ע"ח ש"א ענף ה' מ"ב די"ד ע"ג – רצוני בענף זה להקדים קצת הקדמות, אל כל הבא למלאות את ידו ולהתעסק בחכמה זאת. והוא, כי כבר ביארנו לעיל כי פרצוף אדם כלול מרמ"ח אברים בעשר ספירות פרטיות שבו, באופן זה כי כתר הוא גולגלתא, וחב"ד הם שלש מוחין, וחג"ת הם שני דרועין וגופא, ונה"י שני שוקין

להתבונן ולדעת על איזה בחינת מלכות מדובר. בעזרת השם כל בחינת מלכות תתבאר במקומה. **ניקוד הוי"ה** במלכות, הוא[139] הוי"ה בלי ניקוד כלל, כזה - **הוי"ה.**

הרב ז"ל מבאר את מחלוקת המקובלים בענין עמידת הספירות, אם הם עומדים בצורת עגולים אחת בתוך השניה, או אחת על גבי השניה, או בשלשה קוין, חח"ן בג"ה דת"י.

בְּעִנְיַן א"ס ב"ה. אֵיךְ הָיָה הִתְהַזְּלוּת אֲצִילוּת הָעוֹלָמוֹת הַנֶּאֱצָלִים מִמֶּנּוּ וְגַם זְכִירָה גְּדוֹלָה וּמְחֻלֶּקֶת עָצוּם נֶחֱלְקוּ בּוֹ כֹּל הַמְקוּבָּלִים כּוּלָם[140], כִּי יֵשׁ מִי שֶׁכָּתַב כִּי הָעֶשֶׂר סְפִירוֹת

שהם עשר סוגים על הנהגות ששפע אור הא"ס מתלבש בהם ומנהיג את

ואמה, **ומלכות היא נקבה שלו**. אמנם אם תרצה לחלק ולפרט אלו העשר ספירות הכלליות בפרטים רבים, הנה אינם נחלקות רק לחמשה בחינות לבד, אשר כל בחינה מהם הוא פרצוף אחד שלם, כמראה אדם. וזה סדרן הנה הכתר הוא פרצוף אחד שלם מעשר ספירות, ונקרא א"א. והחכמה הוא גם כן פרצוף אחד מעשר ספירות ונקרא אבא. ובינה היא גם כן פרצוף אחד מעשר ספירות ונקרא אימא. והו"ק מחסד עד היסוד הוא פרצוף אחד מעשר ספירות ונקרא ז"א. וספירה עשירית **שהיא מלכות היא פרצוף אחד מעשר ספירות ונקרא נוקבא דז"א**. עוד צריך לדעת כי בחינת המלכות שבכל פרצוף ופרצוף מאלו החמשה פרצופים הוא באופן זה, כי מלכות אשר בפרצוף זכר כגון אבא וז"א, **הנה המלכות שבו הוא בחינת עטרה שעל הצדיק**, הנקרא יסוד, בסוד ברכות לראש צדיק, הנזכר בספר הזוהר פרשת ויצא דף קס"ב וז"ל - רבי ייסא זוטא הוה שכיח קמיה דרבי שמעון, אמר ליה, מהו דכתיב ברכות לראש צדיק, לצדיק מבעי ליה וכו' וכו'. ואם הוא מלכות בפרצוף נוקבא כגון אימא ונוקבא דז"א, **הנה המלכות שבה הוא גם כן בחינת עטרת היסוד שבה, כי היסוד שבה הוא הרחם, והעטרה שבה הוא בחינת בשר התפוח שעליה**, הנקרא בדברי חז"ל שפולי מעיים בעניני סימני איילונות כנודע. ואמנם ספירת המלכות הכוללת שהוא פרצוף אחרון שבחמשה פרצופים, הנקרא נוקבא דז"א, **הנה היא)נקבה גמורה(בפרצוף גמור**, כשאר כל הפרצופים, **וזכור זה.**

ע"ח ח"ב של"ה פ"א ד"נ ע"ג – ענין בריאת המלכות וסדר תיקונה, כמו שנתבאר בז"א. הנה מצינו שנקראה נקבה, וסוד הענין כבר בארנו במקום אחר לפי שאין האור שלה בא אליה אלא על ידי נקב, כמו שכתוב באדרא - ונקיב ועביר מאחוריו מבין חדוי, ולכן נקרא נקבה. ואמנם ראשי תיבות נקבה, על שם זמני האשה, פעם נקרא נערה, פעם נקרא קטנה, פעם בוגרת, פעם **ה'** תתאה של הוי"ה. ועתה אבאר סוד............
139

ע"ח ח"ב שמ"ד פ"א מ"ת דצ"ז ע"א – וכן על דרך זה, כפי הסדר הנזכר בתקונים תיקון ע', בעניין עשרה הויו"ת וכמו שנבאר בע"ה. והם קמץ בכתר, פתח בחכמה, צירי בבינה, כו', שורק ביסוד. **הוי"ה או אהי"ה בלי ניקוד במלכות.**
140

ע"ח ח"ב דקי"ט ע"א)אלו כללים שעשה הרח"ו ז"ל בקטנותו ס"א בזקנותו(– להאר"י זלה"ה, הרמב"ן וחבריו ודברי הראשונים כמו רבי נחוניה בן הקנה לא הזכירו רק עשר ספירות, ולא גילו עניני פרצוף כלל. ודע שהרמב"ן והראשונים היו יודעים בפרצוף, אלא שדברו בהעלם גדול לרוב הגלות, שלא ניתן רשות לגלות ולהתפשט האורות הגדולים, מאחר שגברו הקליפות, וכל זר לא יאכל קדש. אומנם בעקבות משיחא, כמו בדורינו זה, שהתחילו האורות ליתפשט להיות כבראשונה, כמו שהיה בזמן העולם מתוקן ולהתקן מעט. ומתחלה היו האורות סתומים, היה העולם מקולקל, וכל מה שנתקלקל נסתם בגלות, ולא היו משיגין אלא עשר ספירות בסתום, **בסוד הנקודות, כל אחד כלול מעשר**, ובעניין הפרצופים לא נתגלה להם כלל. לפי שמצאו בדברי הראשונים סתומים, ולא ידעו עומק הדברים, וחשבו שכך הוא, ודברו בעשר ספירות כל אחד כלול מעשר ובבחינות הרבה. ולפי שראיתי מי שחולק, מי שחולק על דברים אלו לאמר שלא מצינו אלא עשר ספירות, ומהיכן יש לנו כח לאמר כמה פרצופים שנמצא יותר מעשר ספירות, ומספר רב, והלא הראשונים כתבו בספר יצירה - עשר ולא תשע, עשר ולא י"א. לזה באתי לפתוח לך כחודא דמחטא, אולי תזכה להבין מקצת וכולו, לא תשורנו עין, וזהו.

העולמות, לכל ספירה יש את התכונה המיוחדת לה, והמאציל קבע כי שלמות ההנהגה מתבצעת על ידי עשר ספירות, שהם **הם כסדר עשר מדריגות, זו אחר זו, וזו למטה מזו**[141] שנקרא[142] חד סמכא[143].

ויש מי שכתב כי בעולם התיקון[144] **סדר עמידתן דרך**[145] **קיום ימין ושמאל ואמצע, והם שלש ספירות חח"ן** חכמה חסד נצח **זו על גבי זו בקו ימין, ושלש ספירות בג"ה** בינה גבורה הוד **זו על גבי זו בקו שמאל, וארבעה ספירות כתי"ם** כתר תפארת יסוד מלכות[146] **זו על גבי זו בקו האמצעי.**

ורבים יזכמו ויאמרו כי הם בצורת גלגלים עגולים זה תוך זה וזה מקיף וסובב לזה, ר"ל כדורים אחד בתוך השני, ולא לעגולים, כאשר כדור הכתר מקיף לכדור החכמה, החכמה לכדור הבינה, הבינה לכדור החסד, בחסד לגבורה, גבורה לתפארת, תפארת לנצח, נצח להוד הוד לנצח וכדור היסוד מקיף לכדור המלכות, **לפי זה יוצא** שכדור הכתר הוא המקיף לכל הכדורים, וכדור המלכות הוא הכי פנימי. **גם צריך לדעת** גם כי כדור הכתר הוא הכי קרוב לא"ס, וכדור המלכות הכי רחוק מהא"ס. **עוד צריך לדעת** כי הרב ז"ל קורא לכדורים בשם עיגולים ומשמע מדבריו כי מדובר בעגולים דו ממדים כמו גלגלי אופנים אחד בתוך השני, ובאמת כך אנו מציירים אותם בצורה זאת כאשר כדור הכתר הוא המקיף העליון וכדור המלכות הוא המקיף הכי תחתון, אבל במציאות הם כדורים אחד בתוך השני כאשר יש חלל בן כדור לכדור. **גם צריך לדעת** כי בגלל שכדור הכתר הוא הכי קרוב אל הא"ס, הוא הזך והבהיר ביותר, וכדור המלכות הוא הכי רחוק מהא"ס הוא הכי עב וגשמי.

והנה מי שיסתכל בדברי רבי שמעון בר יוחאי בספר הזוהר, והתיקונים ר"ל תיקוני הזוהר, **וכן בספר הבהיר (לרבי נחוניא בן הקנה) ימצא בדבריהם מאמרים שונים** כאשר שלושת הסברות הנזכרות לעיל, ר"ל סברת חד סמכא, סברת שלושת הקוים - חג"ן,

---

141

בית לחם יהודה ש"א פ"ב ד"ג ע"א — זו אחר זו וזה למטה מזו, כפל הענין במילות שונות.

142

ע"ח ש"ט פ"ג מ"ת דמ"ב ע"ד — שבעה תחתונות שיצאו זו למטה מזו, וזה שכתב באדרא רבא - עד אימת ניתב בקיימא דחד סמכא, ר"ל עד מתי נעסוק בעולם הנקודים הנקרא חד סמכא, וצריכים אנו לעסוק בתיקון הספירות שהוא דרך קוין, אבל קודם התיקון הספירות היו זה על גבי זה, הוי קיומא דחד סמכא.

143

תרשים ב — ג.

144

ע"ח ש"ט פ"ט דמ"ז ע"א - ודע כי באצילות המלכים לא יצאו בזו"ן רק השבעה מלכיות שבשני בחינות, החיצונה והתיכונה, והם המלכות דנה"י חג"ת, ולכן נקרא המלכים נקודות, כי נקודה היא מלכות כנזכר לעיל. (ולכן) ולא די בזה, אלא שאפילו אלו לא היו מלובשים זה תוך זה, ומקושרים יחד גם לא היו נחלקים לקוין, כל הרחמים לקו ימין, וכל הגבורות לקו שמאל, והמכריעים לקו אמצעי. אמנם היו כל אחד ואחד נחלקין בפני עצמו לכן מתו. אך עתה שנתלבשו זה בתוך זה, וכן היה על דרך קוין, לכן נתקיימו, ושים מעייני דעתך בזה.

145

תרשים ב — ד.

146

אח"י — כאן הרב ז"ל לא מזכיר את ספירת הדעת, כי שיעור קומה הוא עשר ספירות, ועם הדעת יש י"א ספירות.

בג"ה, כדתי"ם, וסברת העגולים, נמצאים **ומזוולפים נוטים לכאן ולכאן, והמקובלים האזרונים** שחיו לפני רבינו האר"י, כי בערך דור האר"י נקראים אחרונים **(נבוכו בזה)**, **נלאו יותר לזכור**[147], **ולא יכלו כי קושיא גדולה**[148] **וזזקה הולכת** [די"א ע"ג 22] **ומסערת עליהם** מבלי יכולת ליישב הקושיות, ר"ל היה בעיה ליישב את מאמרי הזוהר החולקים זה על זה, **באמרם מאזור שהא"ס שוה בכל בזיינותיו השוואה** שלמה **גמורה, לא יצדק** לומר בו **מעלה ומטה, פנים ואזור,** כי כאשר אנו מציירים את הספירות בכל שלושת השיטות, של אחד סמכא, או בצורת חחן בג"ה כתי"ם, או בתורת עגולים כדור בתוך כדור, חייבים אנו לצייר את הספירות בבחינה של מעלה (כתר( )מטה)מלכות(, צד פנים וצד אחור, או ימין)חסד(או שמאל)גבורה(, ונתבאר כי בא"ס אין המחשבה יכולה לתפוס אותו כלל, **כי כל** לא גורסים לגרוס **הכינונים הכיבוים האלו** של מעלה מטה פנים ואחור מורים הם היות **קצבה, וגבול**[149], **ותזזום, ומדה, באור א"ס העליון**[150] **זז"ו.**

וכן נודע[151] **שאור א"ס נוקב ועובר בעובי כל ספירה וספירה, ומלגאו** ובתוך **כל ספירה וספירה, ואסזור** מסובב **כון** להם **מלבר** מבחוץ **לכל ספירה וספירה,** מבחינת[152] ממלא כל עלמין וסובב כל עלמין **כנזכר בספר הזוהר פרשת בהר ברעיא מהימנא דף ק"ט** ע"ב[153] **וז"ל – אנת נשמה לנשמה כו'** כי אתה הוא נשמה לנשמות,

---

147

השמ"ש]א[– וליישב הסברא ומאמרי הזוהר החולקים זה על זה.

]אח"ן[– לרבינו הרש"ש היה ספר עץ חיים בכתב יד)ספר זה נמצא היום בישיבת החיים והשלום(, אשר בו הוא כתב את הגהותיו, הגהה זאת לדוגמה היא לא הגהה לימודית, **אלה הרש"ש השלים חסרון בעץ חיים ממקום אחר**, כך מובא בספר קנין פירות.

148

בית לחם יהודה ש"א פ"ב ד"ג ע"א – כי קושיא גדולה וכו', כי מלבד מאמרים השונים זמ"ז שנלאו ליישבם, יש קושיא לכל ג' הסברות, כי מאחר שא"ס שוה וכו'.

149

בית לחם יהודה ש"א פ"ב ד"ג ע"א – בהיות קצבה וגבול וכו', כפל העין במלות שונות.

150

בית לחם יהודה ש"א פ"ב ד"ג ע"א – באור א"ס העליון, לאפוקי א"ק שגם הוא נקרא א"ס)דב"ש(.

151

בית לחם יהודה ש"א פ"ב ד"ג ע"א – וכן נודע וכו', לשון זה הוא לחזק קושתיותם, ואינה קושיה אחרת.

152

ירמיהו כ"ג כ"ד – אם יסתר איש במסתרים ואני לא אראנו נאם הוי"ה **הלוא את השמים ואת הארץ אני מלא** נאם הוי"ה.

153

זוהר בהר דק"ט ע"ב עם תרגום והסבר – **ואנת לית עלך נשמתא דתהוי אנת כגופא לגבה,** ואתה אין לך נשמה, שאתה תהיה הגוף אליה, **דאנת הוא נשמה לנשמות,** כי אתה הוא הנשמה לנשמות, **ולית נשמה עלך,** ואין נשמה עליך, **ולא אלהא עלך,** ולא אלוה עליך, כי הא"ס הוא הנמצא הראשון, והוא המציא את כל הנמצאים, וכל הנמצאים פועלים מכחו, ושפע אורו מתפשט בהם ומחיה אותם, **אנת לבר מכלא,** אתה מחוץ לכל הספירות, הפרצופים והעולמות, בסוד אור מקיף, **ולגו מכלא,** ואתה בתוך כל הספירות, הפרצופים

41

ובפרשת פנחס דף רכ"ה ע"ד[154], לא גורסים[155] ורכ"ו, וכן בהקדמת התיקונים לא גורסים דף ד' אלא צריך לגרוס דף ה' ע"א[156] וז"ל – ולעילא על כלא עליון על כולם עלת על כל העלות ועילה לכל העילות, לית אלה"א עליה, ואין אלהי"ם מעליו, ולא תחותיה ולא מתחתיו, ולא לארבע סטרי עלמא ולא מארבע רוחות העולם, והוא ממלא כל עלמין והוא ממלא כל העולמות, ואסחזר לון מכל סטרא כו' וסובב כל העולמות.

ואם כן מאחר שכל העשר ספירות קרובות בהשוואה אל הא"ס, וכולם מקבלים ממנו אור בעצמו בשווה, אם כן מה הפרש בין זה לזה ר"ל בין ספירה אחת לחברתה, אם בכל הספירות אור הא"ס מתלבש בצורה שווה וגם מקיף בצורה שווה, ובמה תתעלה כל ספירה מחברתה[157], כיון שמדרגות כולם שוים כנזכר לעיל (מבוא[158]

והעולמות, בסוד אור פנימי, ולכל סטרא אתה בכל צד של הו"ק, שהוא סוד שש קצוות עולם, מעלה מטה, דרום צפון, מזרח מערב, ולעילא מכלא, אתה למעלה מכולם, ומנהיג את כולם, וכל זה בעולם האצילות, ולתתא מכלא, בעולמות בי"ע ולית אלהא אחרא עילא ותתא ומכל סטרא, ואין אלוה אחר למעלה ולמטה, ומכל צד, ומלגו דעשר ספירן, אתה נמצא בתוך עשר הספירות, דמנהון כלא ובהון כלא תליא, שמהם נברא הכל, ובהם תלוי הכל, וכל ההנהגה של העולמות פועלת דרך עשר הספירות, כאשר הא"ס מתלבש בהם, ואנת בכל ספירה, אתה מתלבש בכל ספירה, בארכה בחסד, ורחבה גבורה, עילא ברחמים, ותתא בדין.
154

זוהר פנחס דרכ"ה ע"א עם תרגום והסבר – איהו סובב על כל עלמין, הא"ס סובב על כל העולמות, בסוד אור מקיף, ולית סובב לון לכל סטרא, ואין שום כח או מלאך שסובב סביב כל העולמות חוץ מהא"ס ב"ה, עילא ותתא ולארבע סטרין, למעלה ולמטה ולארבע רוחות, בר מניה, חוץ מהא"ס, ולית מאן דנפיק מרשותיה לבר, ואין מי שיצא מרשותו לחוץ, כי הא"ס סובב את כל הנאצלים, ואף נאצל לא יכול לצאת מחוצה לו, איהו ממלא כל עלמין ולית, והוא ממלא את כל העולמות, אוחרא ממלא לון, ואין אחר שימלא אותם. כך הא"ס ממלא את כל העולמות, וסובב כל העולמות.
155

השמ"ש]ב[– וז"ל, איהו סובב על כל עלמין, וליה סובב לין מכל סיטרא עילא ותתא, ולארבעה סיטרין בר מניה.
156

תיקוני הזוהר, הקדמה ד"ה ע"א עם תרגום והסבר – בנים אתם להוי"ה וגומר, יש לבני ישראל נשמות מזו"ן דאצילות, ונשמות אלו נמשכים מהא"ס ב"ה, והוא ולעילא על כלא, ולמעלה על כל העולמות, עלת על כלא, והוא סיבת כל הנאצלים, דלית אל"ה עליה, ואין אלו"ה מעליו, ולאו תחותיה ולא מתחתיו, ולאו לארבע סטרי עלמא ולא מארבע רוחות העולם, ואיהו ממלא כל עלמין, הוא ממלא כל העולמות, בסוד אור פנימי, ואיהו אסחר וסובב אותם, בסוד אור מקיף.
157

בית לחם יהודה ש"א פ"ב ד"ג ע"א – ובמה תתעלה כל ספירה מחברתה, שזו יקרא ראש, וזו גוף וזו רגלים (דב"ש).
158

מבוא שערים ש"א ח"א פ"ב ד"א ע"ג – ואמנם קושיא זו הקשו אותה קצת מהמקובלים, ואמרו פירוש אחר שהא"ס שוה בעצמות חלקיו, וגם הוא מאיר מכל צדדיו אל העשר ספירות בהשואה גמורה, כי איהו לבר מכל ספירות, ולגו מכל ספירות כו', כנזכר בפרשת בהר דף ק"ט ע"ב, ובפרשת פנחס דף רכ"ה, אם כן במה תתעלה כל ספירה מחברתה, ואיך נייחס מעלה לזו, ומטה לזו כו', והנה מחמת זה הוכרח הא"ס להקיף את כל העולמות כנזכר לעיל ואחר כך נתלבש בפנים מכל העולמות, ואז בוקע האור הפנימי של הא"ס מבפנים ויוצא

42

שֵׁעֲרִים ע'א זז'א לא גורסים **פ'ד** אלא צריך לגרוס **פ'ב),** ומה ההבדל בין ספירה אחת לחברתה, אפשר לבאר זאת על פי הפסוק[159] - כי הנה היום בא בוער כתנור והיו כל זדים וכל עושה רשעה קש ולהט ..... שמש צדקה ומרפא בכנפיה, ומבואר בגמרא[160] כי אותה השמש תרפא את הצדיקים, ותעניש את הרשעים.

הרב ז'ל **מבאר** כי את המחלוקת בין השיטה של עמידת הספירות בעגולים, בחד סמכא, או בצורת קוים, הוא יבאר בסוגית שבעולם הנקודים, השבירה, ותיקון העולמות, וזה בשערים ח' עד י'א. כאן הרב ז'ל מבאר כי שלשה הדעות איך מצב הספירות הם אמת. יש עולמות הנקראים עגולים)ר'ל כדורים(זה בתוך זה, והם[161] יתבארו בענף זה, ובפרקים אחרים. **וצריך לדעת** כי הספירות דעגולים לא[162] מבוארים בפרטי פרטים, לא בספר הזוהר הקדוש, ולא בכתבי הרב ז'ל. בעולם הנקודים יצאו הספירות ועמדו אחת מתחת לשניה, עולם[163] זה נקרא חד סמכא, ולא היה להם קיום, ונשברו

לחוץ. והאור המקיף מבחוץ, בוקע ונכנס לפנים. כי חשק האורות השוין במציאותם הוא להדבק יחד, ועל ידי זה נמצאים כל העולמות, שמאיר בהם הא'ס, הן מבפנים, הן מבחוץ, הן בעובי כל ספירה וספירה, נוקב האור ועובר, כנזכר בפרשת בהר דף ק'ט ע'ב.
159

מלאכי ג' י'ט, כ' – כי הנה היום בא בער כתנור והיו כל עשה רשעה קש ולהט אתם היום הבא אמר הוי'ה צבאו'ת אשר לא יעזב להם שרש וענף, וזרחה לכם יראי שמי שמש צדקה ומרפא בכנפיה ויצאתם ופשתם כעגלי מרבק.
160

גמרא נדרים ד'ח ע'ב – מאי דכתיב, וזרחה לכם יראי שמי שמש צדקה וגו', אלו בני אדם שהן יראין להוציא שם שמים לבטלה. שמש צדקה ומרפא. אמר אביי, שמע מינה חירגא דיומא מסי. ופליגא דרבי שמעון בן לקיש, דאמר, אין גיהנם לעולם הבא, אלא הקדוש ברוך הוא מוציא חמה מנרתיקה, צדיקים מתרפאין בה, ורשעים נידונין בה. שנאמר וזרחה לכם יראי שמי שמש וגו'. ולא עוד, אלא שמתעדנין בה, שנאמר, ויצאתם ופשתם כעגלי מרבק. והרשעים נידונין בה, שנאמר, הנה יום בא בוער כתנור וגו'. **המהרש'א מפרש)**הפרוש הוא מילולי**(** – הכל תלוי במקבל, אם תקח תנור ותכניס שם קש, הקש ישרף. אם תשים בתנור חתיכת בשר היא תתבשל בצורה יפה וטובה. כלומר שפע האין סוף הוא לא משתנה מי שמשתנה זה המקבלים, כמו לדוגמה – החשמל מגיע לבית כאשר הוא מגיע לתנור, התנור מתחמם, כאשר הוא מגיע למקרר, המקרר מקרר, כאשר הוא מגיע למנורה יש אור וכו'. יוצא שהכול תלוי במקבל ולא בנותן שהוא המאציל ב'ה!!!!
161

ע'ח ש'א ענף ב' מ'ת די'ת ע'ב ע'ג – והנה האור הזה המתפשט תוך החלל הזה הנה הוא נחלק לשני בחינות. האחד, הוא שכל האורות שבתוך החלל הזה מוכרח הוא שיהיה בבחינת עגולים אלו תוך אלו. והמשל בזה אור ספירת הכתר, עיגול אחד, ובתוך עיגול זה, עיגול חכמה, וכיוצא בזה עד תשלום עשר עגולים, שהם עשר ספירות דא'ק. ואחר כך עשר עגולים אחרים, והם עשר ספירות דעתיק. ואחר כך בתוכם בתוכם עשר עגולים אחרים, והם עשר ספירות דא'א. ואחר כך בתוכן עשר עגולים אחרים, והם עשר ספירות דאבא. אלו תוך אלו, עד סיום כל פרטי אצילות. וכל עגול מאלו יש אור מקיף אליו כמוהו, גם כן עגול אחר כמוהו, נמצא שיש אור פנימי, ואור מקיף, וכולם בבחינת עגולים.
162

ע'ח ש'א ענף ב' מ'ת די'ת ע'ג – והבחינה השניה הוא, כי הנה באמצע כל האצילות העגול הזה, מתפשט דרך קו ישר, בחינת אור דוגמת העגול ממש, רק שהוא ביושר, ויש בו בחינת א'א, ואו'א, וז'ן, וכולם ביושר. ולבחינה זו קראו בתורה - את האדם בצלמו, בצלם אלהי'ם, כמו שכתוב - ויברא אלהי'ם את האדם בצלמו וגו'. כי הוא קו ישר ומתפשט בדרך קוים, **וכמעט כל ספר הזוהר והתיקונים אינם מדברים אלא בזה היושר**, כמו שנבאר בע'ה.
163

שער מאמרי רשב'י, אדרא רבא דט'ל ע'א - תניא אמר רבי שמעון לחברייא, עד אימתי נתיב בקיימא דחד סמכא כו'. כבר ביארנו בדרוש מלכי אדום שמתו, מה ענינם. ושם ביארנו כי בתחילה יצאו העשר ספירות זו על גבי זו בסוד חד סמכא לבד, ולכן מתו. ואחר כך חזרו ונתקנו, ונעשו מהם בחינת חמשה פרצופים כנודע. ונמצא כי טרם התיקון היו העשר ספירות בחינה אחת לבד, ובבחינה הזאת היו תחילה מתעסקין בידיעתם,

ומתו הכלים של הספירות, וירדו[164] לעולמות בי"ע. ואחרי מיתת המלכים, התחיל התיקון דעולם הנקודים, ועולם[165] זה נקרא עולם הברודים, או עולם האצילות, וכאן הספירות עמדו בצורת שלשה קוים, חח"ן, בג"ה, כדתי"ם. כמו שיתבאר ב"ה בסוגיות דשבירה ותיקון.

וְהִנֵּה הָאֱמֶת הוּא שֶׁאֵלּוּ וָאֵלּוּ שלושת השיטות בסדר עמידת הספירות **דִּבְרֵי אֱלֹהִ"ם חַיִּים, וְכוּלָּם נְכוּזִים לַמֵּבִין וִישָׁרִים לְמוֹצְאֵי דַעַת,** ושכל אחת מהדעות איך עומדים הספירות, אם בחד סמכא, או בשלשה קוין חח"ן בג"ה כדתי"ם, או עגולים)כדורים(, יש מקור בספר הזוהר ובספר הקנה, ורק צריך לדעת לישב את המחלוקת בין השלוש שיטות. **אָמְנָם הַהֶפְרֵשׁ שֶׁבֵּין שְׁנֵי הַסְּבָרוֹת הַנִּזְכָּרוֹת[166] לְעֵל, אִם הֵם כְּסִדְרָן עֶשֶׂר מַדְרֵגוֹת זוֹ לְמַעְלָה מִזּוֹ,**

ואמר להם רבי שמעון לחברייא - שעד מתי יהיו בדרוש הזה, ושעתה רוצה לדרוש בענין התיקון, שהוא כאשר נתקנו העשר ספירות, ונעשו בחינת חמשה פרצופים, כמו שמפורש בחינה למטה, בכל האדרא הזאת.
164

ע"ח ש"ט פ"ז מ"ב דמ"ו ע"ב – והנה כאשר יצאו כל האצילות מבחינת ב"ן לבד, והיה כולל עתיק, וא"א, וא"א, וזו"ן. ואז יצאו תחלה כל הכלים שלהם זה תחת זה עד סיום עולם האצילות, ואחר כך יצאו אורות דב"ן כל פרטי אצילות, ויצא תחלה כתר דעתיק דאצילות, שבו נכללין כל האורות, ונתקיים, ואחר כך יצאה חכמה דעתיק בכלי שלו, ובו היו כלולים כל שאר האורות ונתקיים, ואחר כך יצאה בינה דעתיק, ובו כלולין כל שאר האורות ונתקיים, ואחר כך יצאו שבעה תחתונות דעתיק,)נ"א דדעת(הדעת למטה כל אחד כלול בכלי שלו, ובו כלולים כל שאר האורות, והיה נשבר, **וירד פנימיות הכלי לבריאה, וחיצוניות הכלי ירד ביצירה, וחיצוניות של חיצוניות בעשייה,** ואחר כך האור ההוא נשאר בלי כלי, ושאר האורות ירדו בכלי השני של השבעה תחתונות, וגם הוא נשבר על דרך הנזכר לעיל,)נ"א נשאר ע"ד הנ"ל(והאור שלו נשאר בלי לבוש, ושאר האורות ירדו לכלי שלמטה ממנו, וכן על דרך זה עד שנגמרו שבעה תחתונות שלו, ואחר כך נכנס הכתר דאריך אנפין בכלי שלו..............

נהר שלום דכ"ד ע"ד – והנה ידוע כי מיתת המלכים היתה בזו"ן דפרטות, ר"ל בזו"ן דעתיק, ובזו"ן דא"א, ובזו"ן דאבא, ובזו"ן דאימא, ובזו"ן דז"א, ובזו"ן דנוקבא, וכל פרצוף מאלו הפרצופים כלול מכל הפרצופים הנזכרים. וזה היה בפרט האחרון דפרטי פרטות, וכמבואר לעיל בהקדמה, וזה היה בפנימיות וחיצוניות דפנימיות, ובחיצוניות ופנימיות דחיצוניות, דפנים ודאחור. **והכלים עם הרפ"ח ניצוצות דמלכים דעתיק נפלו לעתיק דבי"ע, ודא"א לא"א דבי"ע, ודאו"א לאו"א דבי"ע, ודזו"ן לזו"ן דבי"ע. באופן זה כי הכלים הפנימיים דמלכים הנזכרים נפלו לפרצופי הבריאה. והכלים האמצעיים ליצירה. וכלים החיצוניים שלהם לעשיה.** ונתבאר בשער השמות ובכמה מקומות, כי כדי לברר הכלים ושארית הרפ"ח דכל פרט, יורדים כל הפרצופים העליונים דאצילות בימי החול בסוד גלות השכינה, ומתלבשים בפרצופים שכנגדם למטה בבי"ע. עתיק דאצילות בעתיק דבי"ע, וא"א בא"א, ואו"א באו"א, וזו"ן בזו"ן. כלים פנימיים שלהם בבריאה, ואמצעיים ביצירה, וחיצוניים בעשיה. ובי"ע הנזכר מתלבשים בבי"ע דחול, וזה לצורך שארית בירורי כלים ואורות דמלכים דזו"ן דעתיק, וא"א, ואו"א, וזו"ן דאצילות שנפלו לבי"ע על סדר הנזכר. **כי הכלים הפנימים של מלכי עתיק, וא"א, ואו"א, וזו"ן דאצילות נפלו לבריאה. וכלים האמצעיים של המלכים הנזכרים ליצירה. וכלים החיצוניים שלהם לעשיה,** כנודע. ועל כן בימי החול יורדים הכלים דפרצופים העליונים דאצילות על דרך הנז"ל, לברר בחינותיהם שנשארו בבי"ע.

רחובות הנהר ד"ב ע"ב – ובהגיע האור לגבול האצילות, אירע בהם ענין ביטול המלכים, ונפלו הכלים פנימי אמצעי וחיצון עם אורות דרפ"ח, **לבי"ע התחתונים** דאותה הספירה.
165

ע"ח ש"ט פ"ו מ"ב דמ"ו ע"א – אחר כך נזדווגו זו"ן, שהם שבעה תחתונות דא"א, המ"ה, המ"ה, ותיקנו ג"ר דחכמה דב"ן, עם מ"ה, אז הג"ר תקנו השבעה תחתונות שלהם, דמ"ה וב"ן, וכן על דרך זה עד תשלום העשר ספירות, **שהם חמשה פרצופים דאצילות, ואז נקרא ברודים.** כי נקודים הוא ב"ן, **וברודים הוא מ"ה וב"ן יחד.**
166

ר"ל בחד סמכא, או **אם הם בדרך קוים** ר"ל חח"ן בג"ה כתי"ם, **זה העניין יתבאר לקמן בעזרת השם בעניין עולם הנקודים, איך קודם תיקונם היו כסדרן זה למעלה מזה** ר"ל בחד סמכא, **אבל אזור התיקון היו כסברא האזרת, והיו בציור שלשה קוים** חח"ן בג"ה כדתי"ם **כנזכר לעיל.**

הרב ז"ל מבאר את ההבדל בין הספירות דעגולים דעגולים ויושר. **צריך לדעת** כי קו הא"ס המתפשט בתוך החלל, מרום המעלות, יש בו ראש המחובר לא"ס המקיף את החלל, והנה א"ק ושאר כל העולמות מלבישים לקו הא"ס המתפשט בתוך החלל, אולם יש עוד בחינה נוספת דעשר ספירות דא"ק, ושל כל העולמות שהיא סוד העגולים, שהן ספירות כדוריות זו תוך זו, והעליונה מקפת לתחתונה ממנה. האור הפנימי שמתפשט בתוך ספירות העגולים נקרא **נפש** בערך האור המתפשט בספירות דיושר, **הנקרא רוח.** כאשר אור הנפש הוא בחינת **נוקבא**, בערך אור הרוח, שהוא בחינת **דוכרא.** ועוד **צריך לדעת** כי התפשטות אור הנפש שהוא הספירות דעיגולים, היתה ראשונה, ר"ל לפני התפשטות אור דרוח, שהוא הספירות דיושר, כי הנפש היא המדרגה התחתונה בערך הרוח, ואחרי התפשטות אור הנפש, התפשט אור הרוח, שהוא מדרגה יותר גבוהה בערך אור הנפש. ונתבאר כבר כי בחינת היושר היא זכר, כמו שכתוב [167] - **אשר עשה האלהי"ם** את האדם ישר. ובחינת העגולים שהם נפש, הם בחינת הנוקבא, כמו [168] שכתוב - נקבא תסובב גבר. **הרי בכללות ראשית** התגלות העולמות היתה בשתי בחינות, שהם עיגולים ויושר, שהם נקבא וזכר, נפש ורוח, כאשר הנפש כנגד המלכות, והרוח כנגד שש קצוות חג"ת נה"י, שהם כנגד [169] שית אלפי שנין דהוי עלמא, ואחד חרוב (שש אלף שנה שהעולם קיים ואלף שנה יהיה חרוב.).

אמנם ההפרש שייש בין שני הסברות, אם הספירות **הם בדרך קוים, או בעגולים זה תוך זה, נבאר בעזרת השם בענף זה. ושים לבך בדברים** האלה **שיתבארו עתה** כי עמוקים הם, **ומהם תשכיל כל מוצא דבר** כי ההפרש בן צורת הספירות בעגולים או בצורת קוים הוא נמצא בכל עולם, בכל פרצוף או בכל ספירה [170] **כי שני הסברות**

בית לחם יהודה ש"א פ"ב ד"ג ע"א – אמנם ההפרש שבין שני סברות הנזכרים לעיל וכו', השתא מיישב הרב ז"ל שלשה סברות השונים זה מזה, ולקמן מיישב גם קושיא הגדולה של המקובלים האחרונים.
167

קהלת ז' כ"ט – לבד ראה זה מצאתי אשר **עשה האלהי"ם את האדם ישר** והמה בקשו חשבונות רבים.
168

ירמיהו ל"א כ"א – עד מתי תתחמקין הבת השובבה כי ברא הוי"ה חדשה בארץ **נקבה תסובב גבר.**
169

גמרא סנהדרין צ"ז א' – אמר רב קטינא **שית אלפי שני הוי עלמא וחד חרוב** (שש אלף שנה העולם קיים, ואחד יהיה חרוב.). שנאמר - ונשגב הוי"ה לבדו ביום ההוא. אביי אמר תרי חרוב שנאמר - יחיינו מיומים ביום השלישי יקימנו ונחיה לפניו. תניא כותיה דרב קטינא, כשם שהשביעית משמטת שנה אחת לשבע שנים, כך העולם משמט אלף שנים לשבעת אלפים שנה, שנאמר - ונשגב הוי"ה לבדו ביום ההוא, ואומר - מזמור שיר ליום השבת יום שכולו שבת, ואומר - כי אלף שנים בעיניך כיום אתמול כי יעבור. תנא דבי אליהו ששת אלפים שנה הוי עלמא, שני אלפים תוהו, שני אלפים תורה, שני אלפים ימות המשיח.
170

ע"ח ש"ח ענף א' דט"ו ע"ב – השתלשלות העשר ספירות דרך עיגולים ענינם הוא, שכבר נודע שהחלק התחתון שבחמש מדריגות הנשמה שהיא הנפש כנודע, ממנה נתפשטו העשר ספירות דעיגולים בראשונה, דרך הקו והצנור, מפאת הא"ס. כדמיון אדם תחתון החומרי, שבתחלה יש לו בחינת נפש, ואחר כך אם זוכה וקונה בחינת רוח, אחר כך מדרגת נשמה וכו'. והסדר הזה היה למעלה גם כן, כי בראשונה נאצלו עשר ספירות דעיגולים, בבחינת כלים, ובבחינת עצמות ורוחניות שבתוכם מבחינת מדריגות נפש לבד. ואחר כך חזרו ונאצלו בחינת העשר ספירות דרך קו היושר, כמראה אדם כנזכר לעיל.

דעגולים ויושר **נכוזזות ואמיתיים, כי שני בזיונות היו בענין העשר ספירות. אזהר, הוא בזיינת היותם עגולים, בציור עשר עגולים** שהם בעצם כדורים **זה תוך זה. וגם היה בהם בזיינה אזירת** והוא **היותם עשר ספירות ביושר, דרך שלש קוים, כמראה אדם בעל ראש** כהב"ד **וזרועות** חו"ג **ושוקיים וגוף** תפארת **ורגלים** נה"ים, **כמו שאכתוב היטב כולו בעזרת השם לקמן, וזהו ביאורם.**

הרב ז"ל מתחיל לבאר את בחינת הספירות דעגולים ויושר, **ידוע כי**[171] אין ביכולתנו לדעת ולהבין את מהות הספירות, וכל שכן את מהות הא"ס ברוך הוא, ומי שמנסה וחוקר אחרי ההשגה הזאת עלול ליפול לבאר שחת ח"ו, אלא הותר לנו להתבונן בפעולת המידות ולא בעצמותם. **זאת ועוד** גם כל ספירה ופרצוף לא יכול להשיג את מה שמעליו, וכל שכן את הא"ס. **עוד צריך לדעת** מה שאנחנו קוראים לא"ס ולספירות אור, זה לא בגלל שח"ו יש בחינת אור הגשמי שאנחנו מכירים בעולמות העליונים, כי למעלה אין גשמיות, והוא גם האור שבעולם שלנו הוא גשמי. **אלא**[172] שהוא יקר והעליון

ע"ח ש"א ענף ג' די"ב ע"ד – והנה בחינת העשר ספירות דעגולים, כולם יש בהם כל הבחינת הנזכרים לעיל, שהם אורות וכלים, והאור נחלק לאור פנימי ואור מקיף, הכלי נחלק לחיצוניות ופנימיות, וכן בחינת עשר ספירות דיושר בציור אדם, יש בו כל הבחינות האלו בעצמם גם כן. אמנם החילוק שיש בין העגולים ליושר הוא, כי עשר ספירות דעגולים הם בחינת האור הנקרא נפש, ויש בהם אור פנימי ואור מקיף, פנימי וחיצון, שיש לה בחינת עשר ספירות של כלים, ובכל כלי מהם יש בו פנימיות וחיצונות. וגם יש עשר ספירות של אורות, לכל אור יש בו אור פנימי ואור מקיף. אבל העשר ספירות דיושר הם בחינת האור הנקרא רוח, שהוא מדרגה גבוה על מדרגת הנפש כנודע, גם הם כלולים מאור פנימי ואור מקיף. גם יש להם עשר ספירות דכלים, ובכל כלי מהם יש בו פנימיות וחיצוניות, ופשיטא הוא שבחינת הנפש נאצלה תחלה, ואחר כך נאצל הרוח, שהוא מדרגה יותר עליונה, כנודע באדם התחתון קונה נפש ואחר כך זכה יתיר יהבין ליה רוח, כנזכר בזוהר משפטים דצ"ד וז"ל – תא חזי, בר נש כד איתיליד יהבין ליה נפשא וכו'. וכן היה באדם העליון שבתחילה נאצלה ונתגלו בחינת העגולים, שהם בחינת מדרגות הנפש והכלים שלהם, ואחר כך נאצלו בחינה שניה דיושר, בציור אדם שהם מדרגות אורות רוח והכלים שלהם, כנודע כי הרוח נקרא אדם, **והבן זה מאד.** ודבר זה היה בכל העולמות כולם, כי בכל בחינה ובחינה מהם, בתחילה נאצל העשר ספירות שלהם בבחינת העגולים, של הבחינה ההוא. ואחר כך נאצלו העשר ספירות דיושר, של הבחינה ההיא.

171

שומר אמונים הקדמון, ויכוח ראשון, אות ס' ד"כ ע"ב – <u>שאלתיאל</u> אחר שהוכחת כמישור שאין בספירות ולא בא"ק חלק מהא"ס שנשתלשל, אלא נתחדשו מהא"ס בדרך אצילות, שהוא הוצאת דבר מדבר, והראשון לא יחסר כמו שמבואר במשל הנר. וגם שאין מהותם מעצם המהות הבלתי בעל תכלית א"ס יתברך שמו. הודיעני נא מהותם ועניינם. <u>יהוידע</u> דבר זה אי אפשר לידע אותו כלל, כי אין מהות הא"ק מושג, ואפילו הספירות של עולם האצילות, הסכימו כל המקובלים שאין מהותם מושג לבני אדם, השגת עצמית, כפי מה שהם על אמיתותם. ואף אם נאמר זו דין וזו רחמים. וביוצא בכל מושג אלינו מתוך פעולתם. **אבל מתוך עצמותם הם בלימה.** כדשנינו בספר יצירה עשר ספירות בלימה, ופירושו בו בלי מהות מושג. וז"ל ספר הפליאה דף ג' - **ילוד אשה לא יוכל, להשיג במדות האלו, כי לא אפשר**, שאם כן אחד שיש השגה בדבר הגבלת מקום לאלהו"ת, **ואפילו המדות אינם משיגים כל מדה למה שלמעלה ממנה. כל שכן לא"ס המחיה את כולם, לא יוכלו להשיגו.** ואין צריך לומר מין האנושי שלא יוכל להשיג מדותיו, כל שכן לבעל המדות. **ומאחר שכן הוא יזהר האדם מלרדוף אחר ההשגה הזאת**, כי יפול הנופל ומי יקימנו, עד כאן לשונו. הרי שההשגה במהות הנאצלים היא נמנעת, וכל המושג אלינו מעניינים אינו אלא מצד פעולתם, כי מצד הספירות עצמן אין אנו משיגים בהם, רק שהם כחות אלהיו"ת שהאציל ממנו הא"ס, כדי להמציא ולהנהיג בהם העולמות התחתונים.

172

46

שבמוחשים, ר"ל שהאור הגשמי שבעולם שלנו הוא הכי רוחני מכל הגשמיות שבעולמנו.

דְּעֵ[173] כִּי טֶרֶם שֶׁנֶּאֶצְלוּ הַנֶּאֶצָלִים וְנִבְרְאוּ הַנִּבְרָאִים, הָיָה אוֹר עֶלְיוֹן פָּשׁוּט

הנקרא א"ס, לא מורכב מחלקים, ולא חלקים מרקיבים אותו, והוא שווה בתכלית היחוד והשוויון, ואפילו שבעולמות

שומר אמונים הקדמון, ויכוח שני י"א עיקר החמישי דל"ג ע"ד – האמנם מה שתמצא בספרי המקובלים, שקוראים בשם אור אל פעולות הא"ס, והספיר, אינו מפני שהם עצמם אור, רק **מפני שקצר מצע שכלנו בעודו מלובש בחומר הגוף להשיג מהות ועצם הרוחניים. וכן אי אפשר לצייר פעולות הרוחניים, היאך הם כדי לתאר אותם כשם אמיתי**. לכן כינו אותם בתואר אור, ועוד שיש באור **כי הוא היקר שבמוחשים**. סגולות ועניינים שהוא מתדמה בהם אל הנאצלים. הראשון כי האור הוא מתאצל מסיבתו מבלי שיפרד ממנה, שהרי אם יתעלה השורש, לא ימצא האור כלל. מה שאין כן בשום דבר נברא, דאף שיפרד ממקורו יהיה לו מציאות בעצמו. כגון אם תחתוך האילן ויפרד משורשו, מכל מקום ישאר אילן יבש. ואם יתייבש מקור המעין, ישארו המים שיצאו ממנו, ולא יתבטלו.

עוד יוסף חי, (הלכות) פרשת וישלח ד"ל – גם זאת תדע, דמה שאנחנו קוריו לעשר ספירות בשם ספירות, ובשם אורות, **אין כוונתינו לחשוב אותם כאור זה שאנחנו רואין אותו בעינינו**, אלא מפני שקצר מצע שכלנו בעודו מלובש בחומר הגוף, **להשיג מהות ועצם הרוחניים**, לכך אנחנו מכנים אותם בתואר אור, כי אצלנו **האור הוא היקר ועליון שבמוחשים**, והוא היותר רוחני שבמוחשים. וכמו שכתב הרב המקובל מורינו הרב יוסף ארגיאס ז"ל בשומר אמונים, וז"ל - רבים חושבים לדמות האלו"ה שהוא אור גדול זך ובהיר, בחשבם דעניין זה אינו גוף, והוא תכלית השיבוש והטעות. **דהאור עם היותר יקר שבמוחשים, הנה הוא גשמי**, ואין לך שום דמיון מתדמה שלא יהיה דמות הגוף, וכמו שכתב האר"י זלה"ה בסוף ספר מבוא שערים, כי כח המדמה שבאדם אינו יכול לצייר רק ציור גשמי וחמרי, לא כ ציור רוחני הנקרא צורה ונפש וכו', עיין שם. והזהר כשתכוין בשום ספירה מהספירות, שלא תדמה בה שום דמיון אשר לך שיכניסך הדמיון בהגשמת הספירות, **והוא טעות גמורה, ועון פלילי וכו'**. והזהר כי כשתשכיל בשכלך שיש אלו"ה, שתהיה הבטתך בדרך רצוא ושוב, דהיינו שיהיה בדרך רצוא, לחייב מציאותו בשכלך, שתאמין שהוא מצוי ומשגיח. ושוב, היינו שלא תדמה שום דמיון וציור כלל, יען כי הדמיון רץ אחר השכל, ולכן נאמר בספר יצירה - ואם רץ לבך שוב לאחור, והזהר היטב בדבר זה, כי הוא עיקר גדול באמונה, עד כאן דבריו, יע"ש.
173

שומר אמונים הקדמון, ויכוח ראשון, אות נ"ז די"ט ע"ג – חלילה חלילה להאמין ולהעלות על לב שהספירות הם חלק מהא"ס, שיצא ממנו ונשתלשל מעילה לעלול. **כי הוא עון פלילי**. דהא מה שהוא א"ס אי אפשר להיות ספירות, **והלא אחד מעיקרי האמונה הוא שאחדות הא"ס אינו מתחלק לחלקים**, ואינו מקבל תוספת ולא מגרעת, אלא מציאותו תמיד קים, בלי שינוי כלל. וכמו שכתוב בזוהר בכמה מקומות. ואם אתה אומר שהספירות או הנאצל הראשון הוא חלק מעצמותו, שיצא במציאות ספירה ואצילות, נמצא שהא"ס מתחלק לחלקים, ומקבל מגרעת. אבל העניין הוא כמו שאמרתי, כי כל הנמצאים הם מושכלים ומצויירים בידיעתו בציור אחד פשוט בתכלית הפשיטות, אשר אין הציור ההוא דבר אחר זולת עצמותו הפשוט. כי הוא היודע, הוא הדעת, והוא הידוע. וזה הציור המושכל הוא מה שאומרים המקובלים שהספירות שהם סיבת כל הנמצאות, היו מתייחדים איש באחיו, וכולם בעצמותו בלי שינוי. וכמו שצורת הבית אשר בשכל האומן, הוא סיבה למציאות מחוץ לשכל, כמו כן המציאות המושכל לספירות אשר בידיעתו הוא סיבת המצאם וקיומם. כי הספירות וכל הנמצאים ממנו נמצאו, ונתפשטו. ואין הכוונה לומר שנתפשטה ידיעתו ונפרדה ממנו ח"ו, שהרי אין ידיעתו עניין אחר זולת עצמותו הפשוט. ומה שהוא עצמותו מעולם לא יהיה נפרד להיות אצילות, כי אחדותו אינו מתחלק לחלקים ח"ו. **אלא העניין, הוא שבין ספירות א"ק, בין ספירות עולם האצילות, כולם הם מחודשות, נתחדשות ממנו בחידוש גמור, ולא שיצאו ממנו, אלא שנתחדשו מאמתת עצמותו.** ופירוש העניין, הוא כמו שכתבו הקדמונים, וכן איתא בתיקוני זוהר חדש, שהוא כמדליק נר מנר, ואין הראשון חסר דבר.

חסדי אבות על פרקי אבות לרי"ח הטוב, פ"ד משנה ח' דקמ"א (על המשנה - אל תהי דן יחידי, שאין דן יחידי אלא אחד) – וזה שאמר אל תהי דן יחידי. כלומר במושכל יחידי, דהיינו תכף במושכל הראשון שאז שכלך הוא יחידי, גולם אחד שאינו רואה אלא ראיה אחת, שעדיין לא נבדלו חלקיו כדי שיולידו לך אופנים

העליונים יש[174] בחינת אורות וכלים, ואיכות של אור שונה מכלי לכלי ומספירה לספירה, עם כל זאת הא"ס יתברך הוא יחיד ומיוחד בייחודו ובתכלית השוויון והייחוד, והוא **ממלא**[175] **כל המציאות** שהוא מקום הצמצום, שבו נתהוו כל הנמצאים, **ולא היה שום מקום פנוי בבזינת אויר ריקני וזלל, אלא הכל היה מבולא מן אור א"ס הפשוט ההוא.** ולא"ס **לא היה כו בזינת ראש, ולא בזינת סוף, אלא הכל היה אור אזד פשוט שוה בהשוואה אזת, והוא הנקרא אור א"ס.**

הרב ז"ל מבאר עתה את הסיבה לבריאת העולמות, ומשתמש במושג **וכאשר עלה ברצונו הפשוט.** בחינת הרצון מראה על חיסרון, הרכבה, ריבוי ושינוי, ואת[176] זה אי אפשר לתאר בא"ס, שהא"ס[177] שלם בתכלית השלמות. **לכן** שמדברים על הרצון בא"ס, מדובר **ברצון בלי חיסרון**, הנקרא רצון פשוט.

רבים, שהם כן אתה בא לידי טעות. **שאין דן אלא אחד.** כי רק הקדוש ברוך הוא שהוא **באחדות פשיטא בלא הרכבה,** הוא יכול לדון תכף, דאין לו שגיאה ח"ו, ולא ישתנה הדבר אצלו באופנים שונים חלילה, כי הוא יודע האמת על אמתתו. ולכן כל הנמצאים שבעולם, העליונים והתחתונים, דן אותם בראש השנה כרגע. כמו שאמרו בגמרא דראש השנה, שהכל נסקרים בסריקה אחת, דאינו צריך להיות דמתוני בדין, ולכן נאמר עליו - יתברך השולח אמרתו ארץ עד מהרה ירוץ דברו.
174

בן איש חי, שנה ראשונה, פרשת תזריע, הקדמה – ולכן כל קדושה שיש למעלה, **מוכרח שיש בה בחינת אור פנימי ובחינת כלים,** וכל העולמות וכל הספירות הם מיוסדים ועשויים בכך, **שהם בחינת כלים ובחינת אורות שבתוכם,** ואין עולם ואין ספירה למעלה שאין בה בחינת כלים ובחינת אורות פנימיים.
175

בית לחם יהודה ש"א פ"ב ד"ג ע"א – ממלא כל המציאות, מקום הצמצום קורא מציאות, לפי שבו נתהוו כל הנמצאים.
176

שומר אמונים הקדמון, ויכוח שני, אות כ"א דל"ז ע"ב – מר אמר חדא, ומר אמר חדא, ולא פליגי. כי האר"י מיירי בצד השלימות שיש ברצון, ורבי עזריאל מיידי בצד הגריעות שיש ברצון. והענין כי הן אמת ויציב הוא מה שאמר רבי עזריאל, **שאין לתאר הא"ס בתואר רצון וכיוצא,** מפני שאלו **התוארים מורים שינוי וחסרון.** שהרי מהות הרצון בנבראים **מורה שינוי, פעם רוצה, ופעם לא רוצה. וגם מורה הרכבה וריבוי,** כי ענין הרצון הוא דבר נוסף על המהות, וזה המין של רצון ודאי שלא ימצא בא"ס כלל. **כי הוא פשוט, אין ריבוי בו כלל, ואינו משתנה כלל,** והחושב שיש לו רצון על זה הצד המורה חסרון אין לו חלק באלה"י ישראל, ובתורתו, וכמו שכתב הראב"ד ז"ל. אבל אין כוונתם לשלול מהא"ס הרצון מהצד המורה שלימות ושבח, כגון לומר שהוא יתברך שמו פועל ברצון, שזהו שבח ושלימות, שהרי הפועל היותר משובח הוא הפועל בכוונה ורצון. ושלימות העלול בהכרח צריך שימצא בעילה אשר מעצמה המציא אותו. ואי לא תימא, הכי נמצאת אומר שהוא מוכרח במעשיו שפועל בלי רצון, וזה הוא גריעות וחסרון גדול, ונפל היסוד מוסד ומקובל בפי הכל שהא"ס הוא מסולק מכל החסרונות. וגם הרב עזריאל ז"ל עצמו כתב שם שהא"ס הוא שלמות בלתי חסרון. ואם כן מוכרחים אנו לייחס לו תואר הרצון מהצד המורה שלמית ושבה, ולסלק ממנו הרצון מהצד המורה גריעות וחסרון, ולזה האר"י זלה"ה כשבא להודיענו שהפועל האלה"י **נעשה על צד החפץ והרצון. לא בטבע וחיוב,** אמר - כשעלה ברצונו הפשוט להאציל וכו', כי באומרו כשעלה ברצונו הודיענו שהא"ס **פועל ברצון, לא בהכרח, או במקרה היד, ובאומרו הפשוט, רמז לנו שאין כוונתו לייחס לא"ס רצון נוסף על המהות, וגם לא רצון משתנה.** אלא רצון פשוט, דרצונו הוא עצמותו הפשוט, בלי שינוי וריבוי כלל.
177

וכאשר עלה ברצונו הפשוט שהוא רצון בלי חסרון **לברוא העולמות, ולהאציל הנאצלים, ולהוציא לאור שלימות פעולותיו ושמותיו וכנוייו** של חנון, רחום, ארך אפים, חסיד וכו', **אשר זאת היה סיבה** אחת ממספר סיבות **לבריאת העולמות, כמבואר אצלינו בענף הראשון, בזכירה הראשונה.**

הרב ז"ל מבאר כי כדי לתת מקום לנאצלים, **הא"ס צמצם את עצמו, בנקודה האמצעית אשר בו.** שאלה ששאלו כל המפרשים - האם יש אמצע בא"ס, איך אפשר למדוד אמצע בא"ס. **עוד** למדנו בפרק זה כי אין בא"ס לא בחינת ראש, ולא בחינת סוף, אז אך הרב ז"ל קורא לנקודת הצמצום אמצע. רבי מאיר פאפרוש זצ"ל כותב כי באמצע, הכוונה בערכינו, וכן[178] הרב צמח מבאר אמצעי בערך כל העולמות. הרב ז"ל מבאר[179] על דרך המשל, כי הבחינה היותר

קל"ח פתחי חכמה, פתח כ"ז חלק ב' – כללו של דבר, יש לנו שני דברים, פועל א"ס ב"ה, ופעולתו. הפועל הוא המגיע לנו והוא מוגבל, הפעולה היא הנעלם ממנו, והיא בלתי מוגבלת. הפועל המוגבל הוא הרשימו. אך הפועל צריך לפעולה, והפעולה היא בלתי מוגבלת - פעולת הא"ס ב"ה שפועל בבלתי תכלית. הרי שאין המושרש ברשימו נמצא אלא על ידי הבלתי תכלית. אך אם היתה דרך הפעולה גם כן מוגבלת, אז היה הרשימו פועל לפי עצמו, בלא צורך לבלתי תכלית. השני – שהבלתי תכלית מנהג את הרשימו, הנהגה וסידור ממש. וזה בא בבת אחת עם מה שהשפעיל את הפועל, הוא הבלתי תכלית בבלתי תכליותו. כי בדרך זה הוא גורם שאף על פי שהנפעל הוא דרך אחר, אף על פי כן יהיה כללות תכליתו מסודר ממנו, ומתנהג לפי הנהגתו. ופירוש זה הענין, יש לבלתי תכלית סגולה, **שהוא שלם בתכלית השלמות,** ובשלמות זה הוא כלו טוב, כמו שמבואר למעלה בענין היחוד, שאין רע נמצא לפניו. אלא בהעלם שלמותו יש מציאות לרע. ובהתגלות שלמותו הרע אינינו עוד - בלע המות לנצח. אך כדי לגלות יחודו בדרך מבורר, העלים שלמותו, והניח דרך בלתי שלם לברוא הנבראים בלתי שלמים ולהנהיגם, וזהו הרשימו. כי הרי הנבראים אפילו שיהיו בתכלית השלמות, לא יוכלו להיות בשלמותו יתברך, כי כיון שהם נבראים, לא יגיעו לעולם להיות במדרגת הבורא.
178

מבוא שערים ש"א ח"א פ"א ד"א ע"א הגהה לרבי יעקב צמח)ג(– נראה לי, שצריך לגרוס - **באמצעית שבחלל, והיא אמצעי בערך כל העולמות שנאצלו אחר כך,** שהרי בא"ס עצמו לא שייך אמצע וקצות ח"ו, ושמו מוכיח, ואין אמצע בלא ראש וסוף. והרי בחלל עיגול העולמות, אם לא היה נמשך אותו הקו של הא"ס, לא היה ניכר מעלה ומטה ואמצע, כל שכן וכל שכן במה דלית ליה סוף.
179

ע"ח ח"ב שמ"ב פ"א פ"ב מ"ב דפי"ט ע"ב – והענין הוא כי הא"ס נקרא אפס, כי אין בו שום תפיסה, שאין שם חומר ולא צורה כלל. ואחריו יצא התהו, והוא הכתר. ואחריו יצא הבהו, הכולל ארבעה יסודות חכמה ובינה, תפארת ומלכות. ובביאור הדבר כי הנה בהכרח הוא שתהיה מדרגה אמצעי בין המאציל אל הנאצל, כי יש הרחק ביניהן כרחוק השמים מן הארץ, ואיך יאיר זה בזה, ואיך יברא זה את זה, שהם שני קצוות. אם לא היה דבר ממוצע ביניהן ומחברם, ויהיה בחינה קרובה אל המאציל, וקרובה אל הנאצל, והנה בחינה זו הוא כתר, הנקרא תהו, כי אין בו שום יסוד, כי על כן אינו נרמז בשם הוי"ה כלל, רק בקוצו של יו"ד. אמנם הוא בחינת אמצעי כנזכר לעיל. והוא, כי הנה כתר הוא דוגמת החומר הקודם הנקרא היול"י, שיש בו שורש כל הארבעה יסודות, **בכח ולא בפועל,** ולכן נקרא תהו, כי הוא מתהא מחשבות בני אדם, באמרם הנה אנחנו רואים שאין בו צורה כלל, ועם כל זה אנחנו רואים שהוא נאצל, ויש בו כח הארבעה צורות. נמצא כי אפשר לקוראו א"ס ומאציל, כמו שהוא דעת קצת המקובלים, שהא"ס הוא הכתר. ואפשר לקוראו בשם נאצל. כי ודאי א"ס גדול ממנו. ועל כן הזהירו בו חכמים - במופלא ממך אל תדרוש. אמנם תכלית מה שאנו יכולים לדבר בו הוא, כי הכתר הוא בחינת ממוצע ממאציל ונאצל, והטעם הוא כי הבחינה היותר האחרונה מכל האפשר בא"ס, הוא אשר האציל בחינה אחת אשר בה שורש כל העשר ספירות, בהעלם ודקות גדול, שאי אפשר להיות לנאצל יותר דקות ממנו, כי תהו אשר למעלה ממנו, אין עוד זולת האפס המוחלט כנזכר לעיל. ונמצא כי יש בבחינה זו שני מדרגות, אחת - **הוא הבחינה היותר תחתונה ושפלה מכל בחינות א"ס, וכאלו נאמר דרך משל, שהוא בחינת מלכות שבמלכות,** ואף על פי שאינו כך, **כי אין שם דמות וספירה ח"ו כלל, רק לשכך האזן נדבר כך.** והנה בזו המדרגה התחתונה שבא"ס, יש בה כללות כל שלמעלה הימנו, ומקבלת מכולם, כנודע שהמלכות

תחתונה ושפלה מכל בחינות א"ס, וכאלו נאמר דרך משל, **שהוא בחינת מלכות שבבמלכות שבא"ס**, בה היה תחילת אצילות העולמות, ואף על פי שאינו כך, כי אין שם דמות וספירה ח"ו כלל בא"ס, ורק כדי לשכך את האזן נדבר כך. לפי[180] זה יוצא כי הנקודה האמצעית היא בחינת המלכות דמלכות שבא"ס, ובה היה בחינת הצמצום.

ו**כדי לתת מקום לנאצלים, הִנֵּה אָז צִמְצֵם אֶת עַצְמוֹ הָא"ס בַּנְּקוּדָה הָאֶמְצָעִית** הנקודה האמצעית בין הכח הבלתי תכליתי, לכח בעל התכלית, **אֲשֶׁר בּוֹ**[181] בא"ס **בָּאֶמְצַע**[182] **אוֹרוֹ מַמָּשׁ, (אָמַר מֵאִיר, בְּעֶרְכֵּנוּ אָמַר הָרַב** ז"ל **זֶה, וְקַל לַמֵּבִין** לכל אחד שמתחיל ללמוד תורת רבינו האר"י זלה"ה, יודע ומבין כי לא שייך אמצע בא"ס), **וְצִמְצֵם הָאוֹר הַהוּא** אשר הוא אור החסד, ונתן

מקבלת מכולם. **מדרגה זו התחתונה היא האצילה את בחינת השנית שהיא המדרגה העליונה מכל מה שבכל הנאצלים,** ויש בה שרש כל הנאצלים, והיא משפעת לכולם, באופן שהיותר קטן מכל המאציל, האציל היותר מובחר שבכל הנאצלים, ואין ביניהן מדרגה אחרת כלל, כי אחר המאציל הזה אין נאצל יותר קרוב אליו, ודומה לו.
180

שערי גן עדן, פתח ב', דרך ב', בו יתבאר טעם לנקודה האמצעית ד"ב ע"ב – דעו אחיי ורעיי, כי כל הדברים הנמצאים האצולים, והברואים, והיוצרים, והנעשים, הן בעולמות העליונים הן בתחתונים, מקרני ראם ועד ביצי כינים , **כולם יש להם שורש נעלם, דק, וכמוס למעלה מעלה באור אין־סוף ואין שום דבר יוצא חוץ ממנו,** כדרך הנחצב שיש בו כח החוצב. והנה מבשרי אחזה אלו"ה שאדם אחד יש לו כמה בנים ובנות, והם באים מכוחו של האב, וכוחם היה להם שורש במוחו שממנו באו, ולא היו ניכרים בו עד שיצאו מכח אל הפועל. ואל תהיה נבהל להשיב שהנמשל אינו דומה לנמשל, **כי זה הסוד לא ניתן למסור רק למאן דעיל ונפיק, ואם תזכה תבין.** והמשל הפשוט הוא לאילן שכח השורש בענפים, שאם תפריד ענף מן השורש מיד נתייבש, ואם תאמר שיש איזה נמצא שאין לו שורש למעלה, הרי תעשה אותו רשות בפני עצמו, הוי חס ושלום שתי רשויות, והוא סוד קיצוץ הנטיעות, שתפריד הפרי או הענף מן השורש, אלא לעולם כח השורש בענפיו, ואז הוא מחליף כח ועשה פירות, ואף הסטרא אחרא, וכל סטרא דמסאבא, יש בו ניצוץ קדוש, המחיה אותם לקיים ומלכותו בכל משלה. והעולה מזה שעשר ספירות קודש שיתבאר לקמן היה להם שורש נעלם דק וכמוס באור אין־סוף, והעשר שרשים של העשר ספירות הנזכר לעיל היו למעלה באין־סוף זה בתוך זה כגלדי בצלים, והגדול מקיף את הקטן, כדרך עלה ועלול שלעולם העלה מקיף את העלול ממנו וכולל אותו והוא פשוט. **ואם כן לפי זה ספירת מלכות שהוא ספירה העשירית מן העשר, והקטנה מכולם,** כמו שכתוב לקמן, היא מוקפת מן כל העשר, **והיא נקודה באמצע,** בסוד - ירושלים הרים סביב לה והוי"ה סביב לעמו. כי ספירה הנזכר לעיל נקראת ירושלים, כמו שכתוב לקמן, וספירות העליונים נקראים הרים כמו שכתוב לקמן. והיא נקראת ו"ה, הוא ובית דינו, כמו שכתוב הכל לקמן, והיא סביב לעמו שהם שורש של נשמות של ישראל, שהיו בתוך שורש של ספירת המלכות, כמו שכתוב לקמן. **ועל נקודה זו האמצעית, שהיא סוד שורש של ספירת המלכות כוונו באמרם שצמצם אורו מניה וביה.** כמו שיתבאר לפנינו באר היטב.
181

בית לחם יהודה ש"א פ"ב ד"ג ע"א – והנה אז צמצם את עצמו הא"ס בנקודה האמצעית אשר בו. לכל כללות הצמצום כולו קורא נקודה האמצעית, לפי שהוא באמצע אורו, כדייק מלשונו שבסמוך. ונרא לעניות דעתי שצריך לגרוס **מנקודה** ולא בנקודה, כי הא"ס משך את אורו מנקודה האמצעית והעלהו למעלה ממקום הצמצום, בלא לשון בנקודה מורה להיפך, שפרושו צמצם אורו בתוך נקודה האמצעית, כענין שאמרו חז"ל - צמצם שכינתו בין בדי הארון.
182

בית לחם יהודה ש"א פ"ב ד"ג ע"ב – באמצע אורו ממש. כמו שכתב במבו"ש, ז"ל – ואמנם מקום הזה לא היה בשום צד מצדדיו זולת באמצעיתו ממש, בנקודה האמצעית שבו יעו"ש, וכ"כ בפ"א דשער מ"ב, וז"ל – וכאילו נאמר דרך משל שהוא מלכות שבבמלכות, ואע"פ שאינו כך, אי אין שם מידות וספירות ח"ו כלל, רק לשכך את האזן נדבר כך יעו"ש. ודע כי ציור הצמצום אינו כעיגול הנעשה ע"ג מטבלה, אלא הוא מעוגל מכל הצדדים, כדמות שבתוך הכדור, כן אור הא"ס מקיף את הצמצום מכל הצדדים.

50

מקום למידת הדין, ר"ל נתגלה שורש הדין, **וְנִתְרַחֵק**[183] האור הא"ס **אֶל צַדְדֵי סְבִיבוֹת הַנְּקוּדָה הָאֶמְצָעִית** שהיא מקום הצמצום **בְּאֶמְצַע אורו** לצדדים.

יֵשׁ[184] בספר ע"ח דף י"א ע"ג ציור, והעתיק אותו הרב כרם שלמה, והרב שמן ששון, ועוד גדולי המקובלים. עם כל זאת דרוש זה הוא מ"ב מספר אדם ישר, ושם הציור הזה הוא בלי הנקודה באמצע. דרוש זה הוא מספר אדם ישר, ועיין לרב בית לחם יהודה ש"א בפרקין שכותב כי אלו שעשו את הציור הם טעו, הם חשבו שנקודה לחוד וחלל לחוד, הרב חיים ויטאל ז"ל כתב שהצמצום היה בנקודה האמצעית שבא"ס ולא בנקודה האמצעית שבחלל. כבר נתבאר כי הא"ס ברוך הוא, הוא אור חסד פשוט, אשר משפיע ומתפשט בלי גבול לצדיקים ולרשעים, ובגלל שמתפשט אור הא"ס בלי גבול, הוא לא יכול לתת לעת אפשרות קיום לזולתו, בשפה מקצועית נקרא כח[185] זה **כֹּחַ בִּלְתִּי תַּכְלִיתִי**, במוסג זה ישתמש המקובל רבי יוסף ארגיס בספר שומר אמונים. וכמו שהא"ס הוא בלתי תכלית, כך גם כוחו הוא בלתי תכליתי, עם כח בלתי תכליתי אי אפשר לקיים כח בתכלית, כי כל היוצא מהטהור טהור, והיוצא מהטמא טמא. **וּבִגְלַל שֶׁהַכֹּחַ הַבִּלְתִּי תַּכְלִיתִי נִמְצָא,** ולכן לא נתן מקום לנברא אחר להמצאות, וכדי שתהיה אפשרות לנבראים להמצות, **נָתַן הַכֹּחַ בִּלְתִּי תַּכְלִיתִי שֶׁהוּא** הא"ס, מקום לנבראים בעלי תכלית להמצות, ונתינת[186] מקום זה נקרא צמצום, ר"ל שהא"ס צמצם את אורו, שהוא הכח הבלתי תכליתי, והוא חסד, ונתן מקום לכח התכליתי שהוא[187] בחינת גילוי שורש הדין. עם כל זה דברים אלו לא כפשטן, כך סובר רבי יוסף ארגיס בספרו שומר אמונים, כי למדנו שאור הא"ס סובב כל העלמין וממלא כל העלמין

183

בית לחם יהודה ש"א פ"א ד"ג ע"ב – ונתרחק אל צדדי סביבות הנקודה האמצעית. כבר כתבנו שכל הצמצום הוא נקרא נקודה אמצעית, ועל ידי שנתרחק האור לסביבות הנקודה, נשאר מקום הצמצום פנוי, ומה שעשו המדפיסים נקודה באמצע העיגול, **שגגו בזה** לפי שהבינו שנקודה האמצעית, היינו נקודה שבתוך הצמצום.

184

תרשים ב – ה

185

שם משמעון ש"א ענף ב' אות ב' ד"ד – ואז צמצם את עצמו וכו'. נ"ב, כבר ידוע שיש מחלוקת גדולה בין חכמי המקובלים האחרונים ז"ל בענין הצמצום, אם הוא כפשטו או לאו. דהרב מורנו הרבי יוסף אירגאס ז"ל בספר שומר אמונים ויכח ב' סובר שאינו כפשטו, אלא ר"ל **שֶׁצִּמְצֵם כּוֹחוֹ הַבִּלְתִּי בַּעַל תַּכְלִית, כְּדֵי לְהַמְצִיא עוֹלָמוֹת בַּעֲלֵי תַּכְלִית.** שאף על פי שהא"ס ב"ה **הוּא בְּלִי גְבוּל, וְיֵשׁ לוֹ כֹחַ בַּגְבוּל שֶׁיָּכוֹל לְצַמְצֵם וּלְהַגְבִּיל כּוֹחוֹ הַבַּעַל בִּלְתִּי תַּכְלִית,** ולפעול בכוח מצומצם ומוגבל **שֶׁיּוּכְלוּ הַנִּמְצָאִים בַּעֲלֵי גְבוּל לְסוֹבְלוֹ וּלְקַבְּלוֹ,** על דרך שכתוב – **וְהָאֱלֹהִי"ם יַעֲנֶנּוּ בְקוֹל,** בקולו של משה. שר"ל בקול שהיה משה יכול לסובלו. והכריח העניין מיד טענות, וכתב – שכל מי שרוצה להבין ענין הצמצום כפשטו, הוא נופל בכמה שיבושים וסתירות של רוב עיקרי האמונה, יעש"ב.

186

שומר אמונים ויכוח שני ל"ה דט"ל ע"ג – יהוידע. דע בני שאלתיאל, כי כל הרוצה להבין ענין הצמצום כפשטו ממש. **הֲרֵי הוּא נוֹפֵל בְּכַמָּה שִׁיבּוּשִׁים וּסְתִירוֹת, שֶׁל רוֹב עִיקָרֵי הָאֱמוּנָה.** ואציגם לפניך אחד לאחד....

187

מבוא שערים ש"א ח"א פ"א ד"א ע"ב – וזהו ענין מה שאמרו רז"ל, כי תחילה ברא השם יתברך העולם במידת הדין, ואחר כך שיתף עמו מידת רחמים. הכוונה, **כִּי בְּעֵת עֲשִׂיַּת הַמָּקוֹם עַל יְדֵי הַצִּמְצוּם, הָיָה הַמִּדַּת הַדִּין,** ואחר שנאצלו העולמות בתוך המקום. ואור הא"ס נתלבש בתוכם, כמו שנבאר בע"ה, אז היה מדת רחמים. **וְהִנֵּה גַּם אֲשֶׁר צִמְצוּם הַזֶּה הָיָה דִּין,** נקרא מקלקל על מנת לתקן, **כִּי הָיָה בַּהֶכְרֵחַ לְהִתְגַּלּוּת שׁוֹרֶשׁ הַדִּין אָז תְּחִילָה,** כי כל כונת האצילות העולמות היה לברר העולמות, כנזכר במבוא שערים. והנה זה היה הצמצום הראשון של אצילות כל העולמות. ונראה לעניות דעתי כי הנקודה האמצעית של הא"ס, **שָׁם הָיָה כֹּחַ שׁוֹרֶשׁ הַדִּין,** שנתגלה אחר כך למטה, וממנה נעשה המקום שהוא דוגמת הכלי. ומה שסובב על הנקודה ההיא, נמשכו חיצוניות העולמות, ומהיותר סובב נמשך פנימיות. **וּדַי בָּזֶה שֶׁלֹּא נֶחֱטָא.** והזהר שאל תחשוב כי שם בנקודה ההיא היה גילוי דין ח"ו.

ונמצא בכל מקום. והאמת היא כי הא"ס שיער בחכמתו הגדולה ונתן מקום לנאצלים, נבראים, היצורים והנעשים בתוך הבריאה.

⊙ **ואז נשׁאר מקום פָּנוּי ואויר וחָלָל רקָנִי מנְּקוּדה אמצָעִית ממש, כזה.**

לפי הציור הזה כל החלל הוא הנקודה האמצעית. במקום זה היה האור שהוא בלתי בעל תכלית)חסד(, שנתן מקום בנקודה זאת לאור שהוא בעל תכלית)דין(.

והנה הצמצום הזה היה בהשואה אזֹאת, בסביבות הנְּקוּדה הָאמצָעִית ר"ל היא החלל, ונקודה זאת היא **ריקָנִית** מאור הא"ס, כי כח הדין נתגלה בעת הצמצום **הַהוּא, באֹפן** שמקום הזֹלל הַהוּא הָיה עָגוּל מכל סביבותיו **בהשׁוואה גְּמורה, ולֹא הָיה בתמונֹת מרוּבע בעל זֹוִיות נִצָבת** כי צורות הנדסה אלו לא שווה בהשוואה גמורה כלפי המרכז[188], כי ממרכז הרבוע לצדדים יש מרחק יותר קצר מאשר ממרכז הרבוע לקרנות הרבוע, כלומר ממרכז הרבוע לכל נקודת המרחק שונה מנקודה אחרת, ואותו דבר במשולש, או בכל צורה הנדסית, רק בצורת עיגול נקודת המרכז שווה לכול נקודה אחרת בעגול, **לֹפי שׁגֹם א"ס** שהוא שוה בשוואה גמורה **צֹמצֹם עֹצמו בבֹזֹינֹת עָגוּל** שהוא בחינת כדור **בהשׁוואה אֹזֹאת מכל צֹדָדים.**

והסיבה הִיתה לֹפי שׁכִיון שׁאור הָא"ס שׁוה בהשׁוואה גְּמורה, כביכול **הוכרֹז גם כן שׁיצֹמצֹם** את **עֹצמו בהשׁוואה אֹזֹאת מכל הֹצָדָדים, ולֹא שׁיצֹמצֹם** את **עֹצמו במֹצֹד אֹזֹד יוֹתר משׁאָר הֹצָדָדים** מבחינת[189] היוצא מהטהור טהור•

למה הנאצל הוא בצורת עיגול, ר"ל כדור. כי המאציל העליון שהוא תכלית השלמות, צמצם את עצמו בצורת עגול, והעגול[190] הוא בחינת תכלית השלמות. הנאצל שהוא החלל וכל מה שבתוכו **נגרר אחֹרי המאֹציל**, וכיון שהמאציל הוא בתכלית השויון כך גם הנאצל שהוא פועל יוצא של המאציל. צריך לדעת כי החלל הוא נברא גמור יש מאין.

ונֹודע בֹזֹכֹמת הֹשׁיֹעוּר שהיא חכמת ההנדסה **שׁאֵין תמוּנֹה כל כך שׁוה כמו תמוּנֹת הָעִיגוּל,** לכן הרב ז"ל ממשיל את הצמצום בצורת עיגול, והסיבה היא כי היא עיגול)שהוא בעצם כדור כמו שיתבאר לקמן(הוא שווה מכל הצדדים כלפי המרכז, על דרך המשל, **מה**[191] **שׁאֵין כן בתמוּנֹת מרובֹע**[192]

188

תרשים ב - ו
189

גמרא בכורות ד"ז ע"ב – אמר להו רב ששת, תניתוה היוצא מן הטמא טמא, והיוצא מן הטהור טהור.
190

תרשים ב – ז.
191

בבא בתרא דק"א ע"ב – והא דרב הונא בריה דרב יהושע ברותא היא מכדי כל **אמתא בריבועא אמתא ותרי חומשי באלכסונא.**
192

תרשים ב – ח.

בַּעַל]די"א ע"ד 22[זָוִיוֹת נִצָּבֹת בּוֹלְטוֹת וקרובות יותר לא"ס, **וְכֵן תְּמוּנַת הַמְשׁוּלָשׁ, וְכַיּוֹצֵא** כן **בִּשְׁאָר הַתְּמוּנוֹת** ההנדסיות, שתמיד[193] יהיה הפרש מרחק בין הזויות, **וְעַל כֵּן מוּכְרָז הוּא לִהְיוֹת צִמְצוּם הָא"ס בִּבְחִינַת עִיגּוּל.** ושוב הרב ז"ל חוזר ומסביר **וְהַסִּבָּה הוּא בַּעֲבוּר שֶׁהוּא שָׁוֶה בְּכָל מִידוֹתָיו כַּנִּזְכָּר לְעֵיל** זאת היא הסיבה הראשונה למה הצמצום היה בצורה שוה מכל הצדדים[194]. **גַּם** בספר הזוהר **בְּפָרָשַׁת בֹּא דַף מ"ב** ע"ב[195] - **אִיתָא** מובא **מְנָא** כלי **בְּעִיגּוּלָא דְּאִיהוּ י'** אות יו"ד הוא בחינה של עגול, **וְעַיֵּין** עוד בזוהר **בְּפָרָשַׁת פְּקוּדֵי דְרנ"ז** ע"ב[196] - **דְּקָאָמַר** שאמר **כִּי הֵיכָלוֹת וּמַה שֶּׁבָּהֶם הֵם עִיגּוּלִים** הנאצלים בצורת עגולים.

לְתַקֵּן עוֹד יֵשׁ סִיבָּה אַזֵרֶת והיא הסיבה השניה למה החלל הוא בצורת עיגול **וְהוּא בַּעֲבוּר הַנֶּאֱצָלִים, אֲשֶׁר עָתִיד לְהַאֲצִילָם אֵזֹר כָּךְ בְּתוֹךְ הַמָּקוֹם הַזֹּלֶל הַהוּא הָרֵיק וּפָנוּי** מהכח הבלתי תכליתי שהוא אור החסד, אבל כמובן יש בחלל את הכח תכליתי שהוא בעל קיצבה, מידה וזמן, והוא הוא בחינת כח הדין **כַּנִּזְכָּר לְקַמָּן.**

אם אנחנו מציירים את עשר הספירות אחת בתוך השנייה, כאשר הכתר מקיף לחכמה, וחכמה לבינה, ספירה אחת לשנייה, כאשר בתחתית נמצאת ספירת המלכות המוקפת מכל הספירות, אבל היא גם מרוחקת מהא"ס יותר מכל הספירות, ואין הכוונה כי ספירת הכתר שהיא הקרובה ביותר לא"ס וספירת המלכות שהיא הרחוקה ביותר מקבלים אותו שפע, אלא ספירת הכתר מקבלת שפע אחיד לכולה מהא"ס, וכל אחת משאר הספירות מקבלת את השפע הראוי לה

193

תרשים ב – ט.
194

מבוא שערים ש"א ח"א פ"א ד"א ע"א – ואז הוצרך תחלת הכל לברוא המקום והחלל הפנוי, לשיאצל אחר כך העולמות תוך החלל ההוא. כאדם הבונה בית חתנות לבנו, ואחר כך מכניסו לתוכו, ועושה לו חופה. ובתחילה ברא ועשה המקום של כל העולמות כולם, מראשית א"ק, עד סוף עולם העשיה, ואחר כך ברא עולמות עצמם. והנה אחר שהא"ס היה בתחילה ממלא מקום כל העולמות שברא אחר כך, ולא היה אז מקום פנוי, הוצרך שא"ס בעצמו יצמצם מציאותו ואורו, ויניח מקום פנוי להאציל בתוכו העולמות. ואמנם מקום הצמצום הזה לא היה בשום צד מצדדיו, זולתי באמצעיתו ממש, בנקודה האמצעית שבו. וצמצם עצמו אל הצדדים בשוה מכל צדדיו, כי כל האור הא"ס הוא בהשואה אחת כנזכר לעיל, ונשאר המקום פנוי באמצע. והנה כיון שהצמצום היה באמצע מכל צדדיו בשוה, אם כן בהכרח שהמקום שנשאר פנוי יהיה עגול לגמרי.
195

זוהר בא דמ"ב ע"ב עם תרגום והסבר – **כְּגוֹן הַמָּקוֹר דִּימָא הָא חַד** כגון מקור של הים היוצא מן התהום הוא בחינה הראשונה הנראת לעין, כי התהום הוא נעלם ואינו נראה מה שיש בו, **נָפֵיק מִינֵיהּ מַעְיָן כְּפוּם אִתְפַּשְׁטוּתָא דִילֵיהּ בְּהַהוּא מָאנָא כַּעֲיגוּלָא דְּאִיהִי י'** מן המקור ההוא יוצא מעין הנראה כפי התפשטות המים בכלי ההוא שהוא עגול כאות י', **הָא מָקוֹר חַד, וּמַעְיָן דְּנָפֵיק מִינֵּהּ הָא תְּרֵין** הרי המקור הוא כלי הראשון להתפשטות מי התהום, והמעין היוצא ממנו הוא התפשטות השנית.
196

זוהר פקודי דרנ"ח ע"ב עם תרגום והסבר – **הֵיכָלָא דָא הֵיכָלָא פְּנִימָאָה מִכָּל הָנֵי הֵיכָלִין,** היכל זה הוא פנימי מכל ההיכלות, **הַאי הֵיכָלָא אִיהוּ סְתִימוֹ,** היכל הזה סתום, **דְּלָאו בֵּיהּ דִּיוֹקְנָא מַמָּשׁ,** ואין בו צורה ממש, **וְלֵית גּוּפָא כְּלָל,** ואין בו גוף, שהוא כלי, **הָכָא סְתִימוּ דְּגוֹ רָזָא דְרָזִין,** והוא סתום ונעלם אחד בתוך השני בסוד הסודות.

בצורה אחידה במדרגה שלה מהא"ס. **עוד** הרב ז"ל מבאר כי עיגול, ר"ל כדור הוא בהשוואה אחת, מה שאין כן בשאר הצורות ההנדסיות, ונראה דעת הרב ז"ל שזוית של מרובע או משולש תהיה קרובה לא"ס יותר משאר חלקי הרבוע או המשולש. הרב[197] השד"ה מבאר כי קרוב הזויות או רחוקם הוא לא כמותי אלא אכותי, ובגלל זה כותב השד"ה כי קרן זוית של הנאצלים מקבלת אור משני צדדים, וזה אכות. ומעתיק את פרוש השד"ה בשתיקה הרב שמעון אגסי בספר שם משמעון, ורבי יהודה פתיא בבית לחם יהודה. שלושת המפרשים האלה מפרשים כי הנאצל נגרר אחרי המאציל והוא כדוגמתו, וכל זה לפי הסיבה השניה, אז אם המאציל הוא רבוע אז גם הנאצל הוא רבוע. אבל יש בעיה, שבריבוע השפע הוא לא בהשוואה, לפי הכלל בחכמת ההנדסה שמפורש[198] בגמרא.

וְהָעִנְיָן הוּא[199] כי בהיות הנאצלים בתמונת העֲגֻלים החלל גרם שכל מה שנמצא בתוך החלל יהיה מבחינת עגולים, **הִנֵּה אָז יִהְיוּ כֻּלָּם קְרוֹבִים וּדְבוּקִים בָּא"ס הַסוֹבֵב אוֹתָם בְּהַשְׁוָאָה אַחַת גְּמוּרָה, וְהָאוֹר וְהַשֶּׁפַע הַצָּרִיךְ לָהֶם יְקַבְּלוּם מִן א"ס מִכָּל צִדְדֵיהֶם בְּשִׁיקוּל אֶחָד,** כל הנבראים נמצאים באותו מרחק מהא"ס לכן מקבלים כולם שפע במידה שוה, **מַה שֶׁאֵין כֵּן אִם הָיוּ הַנֶּאֱצָלִים בַּבְּחִינַת מְרוּבָּע, אוֹ מְשׁוּלָשׁ וְכַיּוֹצֵא בְּשְׁאָר תְּמוּנוֹת** ההנדסיות, **כִּי אָז הָיָה בָּהֶם זָוִיּוֹת בּוֹלְטוֹת קְרוֹבוֹת**[200] **אֶל הָא"ס יוֹתֵר מִשְׁאָר צִדְדֵיהֶם, וְלֹא הָיָה מְקַבְּלִים** את **אוֹר א"ס**

איפה שלמה על אוצרות חיים ד'"א ע'"א אות ב' – וזה מקום החלל וכו'. עיין בע"ח ש"א ענף ב' שרז"ל נתן שם כמה טעמים למה היה הצמצום בתמונת עיגול, ואחד מהטעמים הוא שאם יהיה הצמצום מרובע או משולש, אז יהיה בהם זוויות בולטות קרובות אל הא"ס וכו'. פירוש, שאם היה מקום החלל מרובע או משולש, בעל זוויית נצבות, וגם הנאצלים יהיו בתמונת מרובע או משולש כדוגמת החלל, אם כן יהיה הקרן זווית של הנאצלים שהיא כנגד זווית של החלל מקבלת אור משני צדדים, דהיינו משני רוחות, מה שאין כן באמצע המשך שאר אורך הצדדים, אינו מקבל מהא"ס כי אם מצד אחד, ולא יהיה קבלתם מהא"ס בהשוואה אחת גמורה. לא כן עתה שנעשה הצמצום בתמונת עיגול, וגם הנאצלים בתמונת עיגול יהיו עתה מקבלים הארת א"ס ב"ה בהשוואה אחד מכל צדריהם. ובזה יתיישב מה ששמעתי שמקשים על מה שכתב הרב, שאם יהיה הצמצום והנאצלים בתבנית מרובע או משולש, אז יהיה בהם זויות בולטות קרובות אל הא"ס וכו', ואדרבא איפכא מסתברא שאלכסון עודף על הריבוע תרי חומשי, ואם כן יהיה זויות הצמצום רחוקות מהנאצלים ולא קרובות. אמנם לפי מה שכתבו, אם שגיתי.....

גמרה ערובין דע"ו ע"ב – **כל אמתא** בריבועא, **אמתא** ותרי חומשי באלכסונא)כל רבוע באורך של אמה, האלכסון שלו אמה ושתי חמישיות האמה, ר"ל 20%.

אח"י)כלל(– כאשר הרב כותב "והענין הוא" הוא נכנס לעומק הענין.

בית לחם יהודה ש'"א פ'"ב ד'"ג ע'"ב – קרובות אל הא"ס יותר משאר צדדיהם. כלומר, וכן גם הא"ס צמצם עצמו בהשואה בה' מכל הצדדים, ולא כדמות מרובע או משולש. וקשה, שאם יהיה הצמצום והנאצלים כולם בדמות מרובע, א"כ יהיו הזוויות רחוקות מהא"ס, ולא קרובות, כי כל אמתא בריבועא אמתא ותרי חומשי באלכסונא, וי"ל כי מאחר שעיקר הטעם הוא לפי שלא יהיו מקבלים השפע בשוה, לא חש רז"ל לדקדק בלשון, דמאי אכפת לן אם קרובים או רחוקים, כי עכ"פ לא יהיו מקבלים השפע בשוה.

בְּהַשְׁוָאָה אֹזֹת. וּבְסֹוף **עָנָף ג'** [201] דשער זה **יִתְבָּאֵר טַעַם לָמָה הוּצְרַךְ עִנְיַן** הַצִּמְצוּם הַזֶּה וּמַה עִנְיָנוֹ.

גם אם היה הצמצום היה בצורת רבוע, האלכסון יהיה מקצה אחד לשני יותר גדול מהרבוע עצמו. וגם[202] המרחק בין זוית הא"ס לזוית הנאצלים יותר גדולה מהמרחק בין צלע הא"ס לנאצלים. **זאת ועוד** גם[203] אם יהיה רבוע בתוך רבוע זוית הנאצלים תקבל משני קצבות של המאציל. כי רבוע בתוך רבוע השפע שיורד למאצלים הוא לא בשיוין, רק בצורת עיגול השפע מהמאציל לנאצל הוא בצורה שווה.)צריך לדעת כי כל הלימוד של רבוע בתוך רבוע הוא פלפול, ובאמת אין לו הווה מינא).

למדנו בכל מקום שכתוב מ"ב)מהדורא בתרא(צריך להיות לזה מקור בספר אדם ישר או בספר קהילות יעקב. הקטע זה שנמצא בסוגרים בן השלוש שורות לא מופיע בספר אדם ישר, ולא בספר קהילות יעקב, יכול להיות שכאן יש **טעות סופר**, ובמקום מ"ב צריך להיות מ"כ)מצאתי כתוב(שיש הרבה דוגמאות לזה בעץ חיים. קטע זה הנמצא בסוגרים לא נמצא בשום כתב של רבינו מהרח"ו, והוא כנראה הגהה של אחד החכמים ממפרשי או לומדי ספר ע"ח.

(מ"ב צ"ל מ"כ **)**מצאתי כתוב**(עִנְיַן הַצִּמְצֹום הַזֶּה** למה היה הצמצום, **הוּא לְגַלוֹת שׁוֹרֶשׁ**[204] הדין, מקום גבוה ביותר, שרק שורש הדין מתגלה, ולא בחינת **הַדִּין** עצמם, ר"ל מאציל יתברך קיבץ את שורש הדין, מעת שעלה ברצונו לברוא את העולמות, וכל זה כדי למעט את אור החסד, **כְּדֵי לָתֵת מִדַּת הַדִּין**[205] מקום, **אָז**ר **כַּךְ** יכולים להתגלות **בְּעוֹלָמוֹת** הנאצלים, הנבראים, הנוצרים והנעשים, **וְכֹז הַהֹוא** של

201

ע"ח ש"א ענף ג' מ"ב די"ג ע"א – וכן היה כי צמצם בראשונה את האור ונתהוו הכלים ואחר כך חזר והמשיך הקו ההוא להאיר בהם. ובזה יתבאר טעם למה א"ס צמצם עצמו, וסילק האור הרב ההוא מן המקום ההוא לגמרי, ואחר כך החזירו במדה ובמשקל, דרך הקו ההוא, והיה יכול להניח אותו בחינת הקו ההוא במקומו ויסתלק, שאר האור הגדול בלבד, כיון שהוא עתיד להחזירו. אבל הטעם היה לסיבה הנזכרת לעיל, כי לא יכלו להתהיות הכלים עד שיסתלק האור לגמרי, ואחר שנתהוו הכלים חזר והמשיך האור)דרך הקו(במדה ובמשקל, כפי שיעור המספיק להם להאירם להחיותן, באופן שיוכלו לסבול, ויתקיימו ולא יתבטלו, **ודי בזה**.

202

תרשים ב – י.

203

תרשים ב – י"א.

204

הגהות ובאורים)ו**(** – ונראה לעניות דעתי, כי נקודה אמצעית של הא"ס שם היה בחינת שורש הדין, שנתגלה אחר כך למטה, וממנו נעשה המקום, שהוא דוגמת הכלי, וממה שסובב על הנקודה ההיא, נמשכו חיצוניות העולמות, ומהיותר סובב נמשך פנימית, **ודי בזה שלא נחטא**, והזהר **שאל שלא החשוב** כי שם בנקודה ההיא היה גילוי דין ח"ו.

205

ע"ח שי"א פ"ה מ"ת דנ"ב ע"א – והנה הטעם לזה שלא יצאו על דרך התיקון, ולא יצטרכו לשבירה, ואחר כך יהיה התיקון. הסיבה לזה כי תכלית הכוונה היה להוציא ולעשות בחינת קליפות החיצונים. כי הם צריכות בעולם לתת שכר טוב לצדיקים, ולהעניש לרשעים, שהיה עתיד לברוא אחר כך. ועל כן יצאו הנקודות הנזכרות לעיל בלתי תיקון, כדי שהכלים שלהם לא יוכלו לסבול את האור, וישברו, **ושבירתן זו היא טהרתן**. כי אז נתברכו הזוהמא והסיגים שבהם, ונעשו קליפות, הם הטומאות, כאשר היה בדעתו יתברך ואחר כך חזר לתקנם, והקדושה שבאותן כלים נתעלו למעלה על ידי התיקון, אך לא הוברר הקדושה לגמרי כמו שנבאר בע"ה.

שורש הדין **הַנִּקְרָא בּוּצִינָא דְקַרְדִּינוּתָא**[206] **כְּמוֹ זַטֵּי קַרְדִּינוּתָא** חיטים קשות מהררי הררט[207].

וְהִנֵּה אַחַר הַצִּמְצוּם הַנִּזְכָּר לְעֵיל, אֲשֶׁר אָז נִשְׁאַר בַּמָּקוֹם החלל רק בחינת הארת אור הא"ס, הַנִּקְרָא רשימו, שהוא דרך משל[208] בחינת מלכות שבמלכות שבא"ס, והוא הבחינה **דרך מָשָׁל הַמַּדְרֵגָה**[209] הכי קטנה בא"ס, שהאצילה את המדרגה הכי גדולה בנאצלים, שנמצאים במקום **הֶחָלָל**, ושם נמצא **אֲוִיר פָּנוּי וְרֵיקָנִי**, ר"ל הכוונה ריקני מהכח הבלתי תכליתי, שהוא אור החסד הפשוט, ונמצא במקום זה כח תכליתי שהם עשר ספירות הכמוסות בעצמותו, ובחינת זאת היא כח הדין **בְּאֶמְצַע אוֹר הָא"ס מַמָּשׁ כַּנִּזְכָּר לְעֵיל.**

הציור המצויר כאן בע"ח הוא לא נכון, ויש מספר בעיות איתו, הבעיות עם הציור. **א.** בציור נראה קו שהוא עבה למעלה והולך ונהיה דק, הקו צריך להיות באותו רוחב לאורך כל הקו. **ב.** הרב ז"ל ילמד אותנו לקמן כי קו זה הוא לא קו אחד, אלא קו העשוי משלושה קוים שהם חח"ן בג"ה דת"י, ואפילו שהרב נקט בהרבה מקומות בלשון קו אחד, צריך לדעת כי קו זה בנוי מקו חסד דין ורחמים, בן בפנימיותו בן בחצוניותו. **ג.** קו זה מצויר שהוא לא מחובר לעיגול הא"ס, וכמובן שצריך להיות מחובר לעיגול הא"ס.

הִנֵּה כְּבָר הָיָה מָקוֹם שהוא החלל **שֶׁיּוּכְלוּ לִהְיוֹת שָׁם הַנֶּאֱצָלִים, וְהַנִּבְרָאִים, וִיצוּרִים, וְהַנַּעֲשִׂים,** שהם ארבע לשונות כנגד עולמות אבי"ע, **וְאָז הִמְשִׁיךְ מִן אוֹר א"ס**

206

אח"י – בוצינא דקרדינותא - נר קשה, אור קשה. שורש הדינים והגבורות.

207

פסחים ד"ז ע"א – דאמר רב גידל, אמר רבי חייא בר יוסף, אמר רב, המקדש משש שעות ולמעלה, אפילו בחיטי קורדנייתא, אין חוששין לקידושין. ולבתר איסורא לא מצי מבטיל ליה. **ומפרש רש"י** - אפילו **בחיטי קורדנייתא**, חיטים הצומחים בהרי אררט, קשין הם מאד, ואפילו הכי אין חוששין לקדושין אם באו עליהם מים, ואף על גב דאתי איסור הנאת חמץ דרבנן דשש, ומפקע קידושי תורה, ושרי אשת איש לעלמא, הא מתרצינן בכמה דוכתין כל דמקדש אדעתא דרבנן מקדש, והפקר בית דין הפקר, והם הפקירו ממונו.

208

ע"ח ח"ב שמ"ב פ"א מ"ב דפ"ט ע"ג – מה שאנו יכולים לדבר בו הוא כי הכתר, הוא בחינת ממוצע ממאציל ונאצל. והטעם הוא כי הבחינה היותר האחרונה מכל האפשר בא"ס, הוא אשר האציל בחינה אחת אשר בה שורש כל העשר ספירות בהעלם ודקות גדול, שאי אפשר להיות לנאצל יותר דקות ממנו, כי תהו אשר למעלה ממנו, אין עוד זולת האפס המוחלט כנזכר לעיל. ונמצא כי יש בבחינה זו שני מדרגות, **אַחַת** הוא הבחינה היותר תחתונה ושפלה מכל בחינת א"ס, וכאלו נאמר **דרך מָשָׁל שֶׁהוּא בְּחִינַת מַלְכוּת שֶׁבַּמַּלְכוּת**, ואף על פי שאינו כך, כי אין שם דמות וספירה ח"ו כלל, **רַק לְשַׂכֵּךְ הָאֹזֶן נִדְבָּר כָּךְ.** והנה בזו המדרגה התחתונה שבא"ס, יש בה כללות כל שלמעלה המנו, ומקבלת מכולם, כנודע שהמלכות מקבלת מכולם. מדרגה זו התחתונה היא האצילה את **בְּחִינָה הַשְּׁנִית**, שהיא המדרגה העליונה מכל מה שבכל הנאצלים, ויש בה שרש כל הנאצלים, והיא משפעת לכולם, באופן שהיותר קטן מכל המאציל, האציל היותר מובחר שבכל הנאצלים, ואין ביניהן מדרגה אחרת כללץ כי אחר המאציל הזה, אין נאצל יותר קרוב אליו, ודומה לו כזה, וכללות שתים אלה הבחינות היא בחינה אחת הנקרא כתר, שבערך בחינה האחת אשר בה הקראוה קצת מקובלים א"ס, ובערך בחינה שניה שבה הקראוה קצת המקובלים כתר, שהוא במנין העשר ספירות. אבל אנחנו סברתינו לא כדברי זה, ולא כדברי זה, אלא היא בחינה אמצעית בין א"ס לנאצלים, ויש בה בחינת א"ס ובחינת נאצלים, ושני בחינות אלו הם הנקרא עתיק וא"א, ושניהן נקרא כתר כנודע אצלינו, **וְהָבֵן זֶה מְאֹד.**

209

תרשים ב – י"ב.

שמחוץ לחלל **קָו אֶחָד יָשָׁר מִן הָאוֹר**[210] לֹא[211] גורסים **הָעִגּוּל** אלא צריך לגרוס **עֶלְיוֹן שֶׁלוֹ**[212] ר"ל לא שייך בא"ס עגול, אלא הכוונה היא לאור שמחוץ לעגול החלל, וקו זה נמשך **מִלְמַעְלָה לְמַטָּה, וּמִשְׁתַּלְשֵׁל וְיוֹרֵד** תוך החלל ההוא כזה[213]. **וְרֹאשׁ הָעֶלְיוֹן**[214] **שֶׁל הַקָו** נקרא עתיק דא"ק[215] **נִמְשָׁךְ מִן הָא"ס עַצְמוֹ וְנוֹגֵעַ בּוֹ** בעיגול הא"ס, ושפע הא"ס נמשך לעולמות דרך הקו הזה. **אָמְנָם סִיּוּם הַקָו הַזֶּה לְמַטָּה בְּסוֹפוֹ, אֵינוֹ נוֹגֵעַ בָּאוֹר א"ס**, כי הם היה מגיע הקו למטה, ונוגע הקו בא"ס מצד התחתון, לא היה בחינת של מעלה ומטה, **וְדֶרֶךְ הַקָו הַזֶּה נִמְשָׁךְ וְנִתְפַּשֵׁט אוֹר א"ס לְמַטָּה,** ר"ל יש קו, הנקרא צינור כנזכר לקמן בפרקין[216], ואור הא"ס שנמשך ומתפשט דרכו,

---

[210])ז(– העליון, עיין דברי שלום [**אח"י** - נכד הרש"ש] דף כ"ד ע"ד.

[211] **דברי שלום דכ"ד ע"ד** – המשיך הא"ס את אורו בבחינת קו אחד ישר, מן אור העגול שלו. והרב מורי זקני [**אח"י** - הכוונה היא לרש"ש] שר שלום ז"ל הגיה במקום עיגול, כתב **עליון**, ובודאי דהכוונה הוא דאינו שייך לומר עיגול בא"ס. ונראה לעניות דעתי לקיים הגירסא דכך כתוב בכל הספרים כאן, וכמו שכתוב בשער ההקדמות והוא כך, משמע בכל אלו המקומות דהקו הוא לבוש אל אור הא"ס. דכן כתב כאן, ובכל המקומות, דהקו זה הוא כעין צינור אחד אשר דרך בו נמשכים מימי האור העליון של אור הא"ס וכו', יע"ש. ואם כן מוכרח שהקו יהיה נמשך, וכדי לשכך את האזן אנחנו מדברים, והוא ממדרגה היותר תחתונה של אור הא"ס, וכמו שכתוב בע"ח שמ"ב שער דרושי אבי"ע פרק א', יע"ש. ואור הא"ס הנמשך תוך הקו הזה, הוא מהיותר למעלה, וכמעט בשער ההקדמות הקדמה ד' דף ו' ע"ב מפורש יוצא מהיכן נמשך, שכתב וז"ל - ואז המשיך הא"ס את אורו בבחינת קו אחד ישר וראשיתו מתפשט ומתחיל מן הא"ס, שנתצמצם ונעשה בחינת עיגול וכו', ודרך הקו הזה היה נמשך ומתפשט הא"ס, יע"ש. נמצא דהקו נמשך מן אור הא"ס שהיה במקום החלל הזה, ונעשה עיגול סביב. ואם כן זהו מה שכתב כאן - ואז המשיך הא"ס קו אחד ישר מן אור העיגול שלו, ר"ל והוא האור הא"ס שהיה תוך חלל זה. דברים כבושים והוי"ה הטוב יכפר

[212] **בית לחם יהודה ש"א פ"ב ד"ג ע"ב** – ואז המשיך הא"ס קו אחד ישר מן האור העגול שלו. לבחינת הצמצום קרי ליה עיגול, שהוא היה בבחינת עיגול כמו שכתב בשער הקדמות ד"ו ע"ב)דב"ש(.

[213] **תרשים ב – י"ג**

[214] **ע"ח ח"ב שמ"ב פ"א פ"ב מ"ב דפ"ט ע"ג** – והנה בזו המדרגה התחתונה שבא"ס יש בה כללות כל שלמעלה הימנו, ומקבלת מכולם, כנודע שהמלכות מקבלת מכולם, מדרגת זו התחתונה היא האצילה את בחינה השניה שהיא המדרגה העליונה מכל מה שבכל הנאצלים, ויש בה שרש כל הנאצלים, והיא משפעת לכולם, **באופן שהיותר קטן מכל המאציל האציל היותר מובחר שבכל הנאצלים**, ואין ביניהן מדרגה אחרת כלל, כי אחר המאציל הזה אין נאצל יותר קרוב אליו ודומה לו כזה.

דעת ותבונה פ"א ד"ה הנה מן הא"ס – הנה מן הא"ס נמשך ומתפשט נצוץ אחד בבחינת אלהו"ת, וזה הניצוץ נתלבש בכח נצוץ אחד נברא מכח עוצם הארתו והוא נשמה דקה מאוד מאוד, הוא נקרא **יחידה**, וזו היחידה יש בה שורשי כל העשר ספירות, בהעלם ודקות גדול שאי אפשר להיות לנאצלים יותר דקות ממנו, ועל הניצוץ הזה נאמר בנים אתם להוי"ה אלהיכ"ם.

[215] **תרשים ב – י"ד**

[216]

והמאציל העליון מנהיג את העולמות דרך הקו והאור הנמשך דרכו, כך שהקו הנקרא צנור הוא כלי בערך האור המתפשט בו.

מבאר כן הרב ז"ל כי בתוך החלל, את כל העולמות, ובכללותם גם את עולמות א"ק ואבי"ע. והשפע המושפע בהם הוא דרך צינור, שבו מתפשט אור הא"ס. **לכן** צריך להבחין כאן בשני בחינות, האחד הצינור עצמו, והשני הוא אור א"ס המתפשט בתוכו, כלומר הצינור הוא בחינת הכלי, ואור הא"ס הוא בחינת הנשמה המתפשטת בכלי. **וידוע** כי סוד צנור הוא אותיות נוצ"ר, ואותיות רצו"ן, שהן רומזים ליסוד, בסוד[217] - ויוסף הוא המשביר, שהוא המשפיע. וגימטריא של רצון הוא הגימטריא של שם א"ל-שד"י שהוא שם של היסוד.

ובמקום הזלל ההוא האציל, וברא, ויצר, ועשה, כל העולמות אבי"ע **כולם, וקו זה כעין צנור דק אזד,** שהוא[218] בעצם שלושה קוין[219] חח"ן בג"ה כתי"ם **אשר בו מתפשט ונמשך מימי אור** מים ואור שתי מוסגים שנמשלו בזוהר וכתבי המקובלים לשפע אלה"י **העליון של א"ס, אל העולמות** שהם א"ק ואבי"ע, **אשר במקום האויר והזלל ההוא.**

הרב ז"ל מבלבל את סדר ששה הצדדים שבעולם, שהם מעלה מטה, מזרח מערב, צפון דרום, וקורא למזרח ומערב פנים ואחור. **עוד** הרב ז"ל את בחינת ראש, תוך, סוף, שהם סוד[220] הפסוק[221] - יושב בסת"ר עליון.

ע"ח שער א' ענף ב' מ"ת די"א ע"ד – ובמקום החלל ההוא האציל וברא ויצר ועשה כל העולמות כולם, **וקו זה כעין צנור דק אחד, אשר בו מתפשט ונמשך מימי אור העליון של א"ס**, אל העולמות אשר במקום האויר והחלל ההוא.
217

בראשית מ"ב ו' – ויוסף הוא השליט על הארץ הוא המשביר לכל עם הארץ ויבאו אחי יוסף וישתחוו לו אפים ארצה.
218

דעת ותבונה פרק א' די"ד ע"ד – ועתה נבאר הבחינה השנית אשר בעשר ספירות, והיא בחינת עשרה ספירות בציור אדם עליון, כלול משלשה קוים ימין ושמאל ואמצע, בסוד אור ישר כנזכר לעיל. והענין, כי הנה דרך הקו הנזכר אשר הוא מתפשט מלמעלה למטה, וממנו מתפשטים העשר עגולים הנזכרים, הנה גם הקו הזה מתפשט ביושר מלמעלה מן ראש גג העליון של העגול העליון מכולם עד למטה בתחתית סיום כל העגולים, והקו מתפשט ויורד באמצע כל העגולים ממש מלמעלה למטה בציור צלם אדם ישר בעל קומה זקופה, וכלול מרמ"ח אברים **מצטיירים בציור שלשה קוים ימין שמאל ואמצע**, כולל גם כן עשר ספירות. והבחינה השנית הזו היא נקראת **צלם אלהי"ם**, ועליה רמז הכתוב באומרו - ויברא אלהי"ם את האדם בצלמו בצלם אלהי"ם ברא אותו, וכמעט כי כל דברי ספר הזוהר והתיקונין רוב דבריהם מתעסקים בבחינה השנית בלבד, כמו שביארנו לעיל.
219

תרשים ב – ט"ו
220

שערי גן עדן, אורח צדיקים, דרך ז' בו יתבאר האיך נעשה ציור העולמות ד"ה ע"ד – כמו שגילה לנו האר"י ז"ל בסוד הכתוב - יושב בסתר עליון בצל שד"י יתלונן. הכוונה כי אור א"ס לא יתואר בו לא ראש ולא תוך ולא סוף. ואחר שנעשה זה הטהירו, נתחדש בו סוד סת"ר, שהוא סוד **סו"ף תו"ך רא"ש**, והוא נקרא סתר עליון, שהוא עילה ראשונה מן אור א"ס עצמו שלמעלה מזה הסתר, אין שם בחינת סתר רק אור א"ס.
221

תהלים צ"ה א' – ישב בסתר עליון בצל שדי יתלונן.

וּנְבָאֵר עַתָּה קְצָת עִנְיַן זְכִירַת הַמְקוּבָּלִים לָדַעַת אֵיךְ יֵשׁ רֹאשׁ התחלה, תּוֹךְ אמצע, סוֹף סוף, בַּסְּפִירוֹת הַנִּזְכָּר לְעֵיל. אָמְנָם בִּהְיוֹת כִּי הַקַּו הַהוּא רֹאשׁוֹ נוֹגֵעַ בָּאוֹר א"ס, מִצַּד הָעֶלְיוֹן, וְסוֹפוֹ אֵינוֹ נִמְשָׁךְ לְמַטָּה, עַד מְקוֹם הָא"ס הַסּוֹבֵב תִּזַּת הָעוֹלָמוֹת, וְאֵינוֹ דָּבוּק בּוֹ כמו בציור, לָכֵן אָז יִצְדַּק בּוֹ רֹאשׁ בְּחִינַת כתר וְסוֹף בחינת מלכות, כִּי אִם דֶּרֶךְ שְׁנֵי הַקְּצָווֹת הָיָה מְקַבֵּל הקו שֶׁפַע הָא"ס, הָיוּ שְׁנֵי הַקְּצָווֹת בִּבְחִינַת רָאשִׁים שָׁוִים זֶה לָזֶה, וְלֹא הָיָה אָז בִּבְחִינַת מַעְלָה וּמַטָּה. וְכֵן אִם הָיָה הָא"ס נִמְשָׁךְ מִכָּל סְבִיבוֹת צַדְדֵי הַמָּקוֹם הַחָלָל הַהוּא [222] כלומר היו נמשכים קוים מכל הצדדים ולא רק קו אחד לֹא הָיָה לֹא מַעְלָה וְלֹא מַטָּה, לֹא פָּנִים וְלֹא אָחוֹר פנים ואחור זה מקביל למזרח ומערב [223], לֹא מִזְרָז וְלֹא מַעֲרָב [224] שהם פנים ואחור, וְצָפוֹן וְדָרוֹם, אַךְ בִּהְיוֹת אוֹר א"ס נִמְשָׁךְ דֶּרֶךְ קַו אֶחָד וְצִינוֹר דַּק בִּלְבַד, יִצְדַּק בּוֹ מַעְלָה וּמַטָּה, פָּנִים וְאָחוֹר, מִזְרָז וּמַעֲרָב [225] כאן הרב ז"ל השמיט צפון ודרום, וכפל את מזרח ומערב, וּכְמוֹ שֶׁנְּבָאֵר בְּעֶ"ה בְּעֶנָף זֶה בִּכְלָל דְּבָרֵינוּ.

הרב ז"ל מגלה לנו שמה שלמדנו עד עתה, שהקו שנמשך ישר למטה, זה לא בדיוק. אלא שהקו שנמשך מהא"ס לחלל לא נמשך ישר, אלא מתעגל. כלומר הקו היושר יתחיל להיכנס לחלל, וברגע שהגיע למציאות מסוימת קצת קרובה אל גבול הא"ס, אז הוא יתחיל להתעגל עד שנסגר, וזה הוא בחינת הכתר דעגולים, אחר כך נמשך קו היושר עוד למטה ושוב תתעגל לבחינת חכמה, ועל דרך זה עד בחינת מלכות בעגולים. שהם בכללות עשרה עגולים, אבל בפרטות הם אלפי אלפי רבבות של עגולים. ככול שקו היושר יורד ומתעגל, מעיגול לעיגול, כך איכות וכמות האור היורדת, מהעולם הראשון שנקרא א"ק עד תחתית עולם העשיה. כלומר קו היושר שירד מלמעלה, מצא בחלל רשימו שנשאר בזמן הצמצום, כאשר אור הא"ס יסתלק בצורת עגולים, ובמקום [226] זה נשאר הרשימו של העגולים, ולתוכם נכנס הקו שירד מלמעלה, והתלבש בתוך הכלים של הרשימו.

בית לחם יהודה ש"א פ"ב ד"ג ע"ב – וכן אם היה הא"ס נמשך מכל סביבות החלל ההוא. היינו שאם היה נמשך ששה קוין מששה צדדים.

223

אח"י – במשפט זה נקט הרב ז"ל מעלה מטה, פנים ואחור, מזרח ומערב, צפון ודרום. **כאן יש** כפל לשון, כי פנים ואחור זה מזרח ומערב, כמו בנועו לולב כאשר מעלה מטה זה בחינת נצח הוד, מזרח זה תפארת, מערב זה יסוד, דרום וצפון הם חסד וגבורה, והם הם שש קצות העולם.

224

בית לחם יהודה ד"ב ד"ג ע"ב – לא פנים ולא אחור לא מזרח ולא מערב, הכא ובסמוך כפל הענין במילות שונות, כי פנים ואחור הם עצמם מזרח ומערב. הכא ובסמיך כפל הענין במילות שונות, כי פנים ואחור הם בעצמם מזרח ומערב.

225

בית לחם יהודה ש"א פ"ב ד"ג ע"ב – יצדק בו מעלה ומטה, פנים ואחור, מזרח ומערב. אף על פי שפנים ואחור לא יצדק בקו היושר, מכל מקום הואיל וא"ק הלביש על הקו, ממילא גם בקו יצדק פנים ואחור (המפרשים).

226

דעת ותבונה פ"ד דל"ג ע"ג – וכבר ידעת כי הנרנח"י אינם מתלבשים בגוף זולת על ידי אמצעות מלבוש זך לכל אחד מהם, והכל נקרא עצמות, כי כן א"ק שהוא בחינת כל העצמות יש לו גוף זך, שבוא מתלבש עצמותו

וְהִנֵּה כאן הרב ז"ל מגלה פרט נוסף הקשר לקו **בִּהְיוֹת אוֹר הָא"ס נִמְשָׁךְ בִּבְחִינַת קַו יָשָׁר** תּוֹךְ הֶחָלָל הַנִּזְכָּר לְעֵיל, לֹא נִמְשָׁךְ וְנִתְפַּשֵּׁט תֵּכֶף עַד לְמַטָּה. אָמְנָם הָיָה אוֹר הָא"ס **מִתְפַּשֵּׁט לְאַט לְאַט,** ר"ל כי בתחזלה התחזיל קַו הָאוֹר דָא"ס לְהִתְפַּשֵּׁט שָׁם, וְתֵכֶף בִּתְחִלַּת הִתְפַּשְּׁטוּתוֹ בְּסוֹד קַו, נִתְפַּשֵּׁט[227] וְנִמְשָׁךְ וְנַעֲשָׂה[228] כְּעֵין **גַּלְגַּל אֶחָד עָגוֹל מִסָּבִיב**[229], **וְהָעִגּוּל הַזֶּה** דקו הא"ס שהתפשט תוך החלל הָיָה בִּלְתִּי דָבוּק עִם אוֹר הָא"ס, הַסּוֹבֵב עָלָיו מִכָּל צְדָדָיו, ר"ל יש מרחק בין אור הא"ס שמחוץ לחלל לעיגול הראשון, שהוא ספירת הכתר, **שֶׁאִם יִתְדַּבֵּק** העיגול הראשון **בּוֹ** ר"ל בא"ס, יַחֲזוֹר הַדָּבָר לִכְמוֹת שֶׁהָיָה שהוא הא"ס, **וְיִהְיֶה מִתְבַּטֵּל** העיגול הראשון **בְּאוֹר א"ס, וְלֹא יֵרָאֶה כֹחוֹ** של העיגול הראשון, שהוא עיגול הכתר, שהוא מהותו **כְּלָל** בבחינת כח ספירת הכתר, **וְיִהְיֶה הַכֹּל אוֹר א"ס לְבַד כְּבָרִאשׁוֹנָה.**

השפע המושפע מהא"ס שמחוץ לחלל לתוך החלל דרך הקו, מתחלק בצורה שוה בכל עיגול ועיגול, והכוונה היא שהשפע מתחלק לאותו עיגול מכל צדדיו בצורה שווה. אבל השפע שמקבל עיגול הכתר, יהיה יותר מעולה מהשפע שמקבל עיגול החכמה, וכן בשאר העגולים. הכלל הוא כי מי שקרוב יותר לראש קו הא"ס, יקבל שפע יותר זך, ושפע יותר גדול, כך שעיגול הכתר הוא הכי זך, ואחר כך עיגול החכמה, עיגול הבינה...ולבסוף עיגול ספירת המלכות.

לָכֵן הָעִיגּוּל הַזֶּה שהוא עיגול הכתר, שהוא עתיק ואי"א דא"ק [די"ב ע"א 23] **סָמוּךְ אֶל עִיגּוּל הָא"ס, וּבִלְתִּי מִתְדַּבֵּק בּוֹ.** וְכָל עִיקַר הִתְקַשְּׁרוּת וּדְבֵיקוּת הָעִיגּוּל הַנֶּאֱצָל הַהוּא עִם א"ס הַמַּאֲצִיל, **הוּא עַל יְדֵי הַקַּו הַהוּא הַנִּזְכָּר לְעֵיל** אשר מתפשט בחלל, **וַאֲשֶׁר דֶּרֶךְ בּוֹ יוֹרֵד וְנִמְשָׁךְ אוֹר מִן א"ס** ב"ה, **וּמַשְׁפִּיעַ**[230] **בְּעִיגּוּל הַהוּא** בְּצוּרָה שׁוֶּה, דוּגְמַת[231] הָעוֹרְקִים וְהַגִּידִים הַמִּתְפַּשְּׁטִים הַגּוּף הָאָדָם, **וְהָא"ס סוֹבֵב וּמַקִּיף עָלָיו מִכָּל**

וכו', עיין שם. והנה זה הגוף הזך של א"ק נעשה מהרשימו שנשאר בחלל המקום הזה שבא נאצלו כל העולמות.
227

תרשים ב – ט"ז.
228

בית לחם יהודה ש"א פ"ב ד"ג ע"ב – כעין גלגל אחד עגול מסביב. וגם הגלגל אינו שטחי, אלא הוא עיגול כעין כדור, ותוכו חלול ופנוי לשאר העיגולים שבתוכו.
229

הגהות וביאורים)ט(– כי מצא שם בחינת עיגולים מהרשימו שנשאר בחלל, ולכן נמשך גם הוא בסוד עיגולים בתחילה כדי להחיותם, עד כאן מספר כתב יד מהשמ"ש.
230

בית לחם יהודה ש"א פ"ב ד"ג ע"ב – ומשפיע בעיגול ההוא. אין שפע יורד בין עיגול לעיגול אלא מתלבש בפנימיות העיגול, דוגמת הנשמה שבגוף שמתפשטת בעורקין ובגידין, כמבואר בריש פרק ג' דענף ב'.
231

ע"ח ש"ג פ"ב מ"ב דט"ז ע"ד – אמנם דע כי כל בחינת חמשה פרצופים שבכל עולם ועולם הנזכר לעיל, הנה כל אחד כלול מרמ"ח אברים ושס"ה גידין, **וצריך המעיין לחקור** על ניתוח אברים שבכל פרצוף ופרצוף, איך יפגשו אבר פרצוף זה, באבר פרצוף המלבישת אותו, כי אין עומדים כל הפרצופים בשוה, ובקומה אחת.

צְדָדָיו, כִּי גַּם הוּא ר"ל הא"ס **בִּבְחִינַת עָגֹל** על החלל, **וּסְבִיב עָלָיו, וְרָזֹוק מִמֶּנּוּ כִּנְזְכַּר לְעֵיל, כִּי הוּא** ר"ל כל הנאצלים שבתוך החלל **מוֹכְרָז שֶׁהָאָרָה** צ"ל הארת **א"ס בַּנָּאֳצָלִים, וְתִהְיֶה דֶּרֶךְ קַו**[232] א"ס **הַהוּא לְבַד,** ר"ל כל השפע שיורד לנאצלים עובר דרך הקו[233] הא"ס המתפשט בתוך החלל.

כִּי אִם הָיָה הָאוֹר הא"ס **נִמְשָׁךְ לָהֶם דֶּרֶךְ גַּם מִכָּל סְבִיבוֹתֵיהֶם**[234] של הנאצלים, **הָיוּ הַנָּאֳצָלִים בִּבְחִינַת הַמַּאֳצִיל עַצְמוֹ, בִּלְתִּי גְּבוּל וְקִצְבָה**[235] בצימצום, שאז הנאצלים היו דבוקים באור הא"ס שעליהם.

וְלֹא עוֹד אֶלָּא אֲפִילוּ גַּם הַקַּו המתפשט בחלל **הַהוּא, דַּק מְאֹד** ולא תופס את כל מקום החלל, **וְלֹא בְּהִתְרַחֲבוּת גָּדוֹל, כְּדֵי שֶׁיִהְיֶה הָאוֹר הַנִּמְשָׁךְ אֶל הַנָּאֳצָלִים**

נמצא כי ראש המלכות דעשיה, נפגשה בתחתית העקב דא"ק, וכן על דרך זה בכל שאר הבחינות לא יכילם העין, כי אם נגולו כספר השמים, וכפי דבוק זה האבר שבזה הפרצוף, באבר הפרצוף שכנגדו, לפעמים יפגשו עין בחוטם, ואזן בעקב, וכיוצא בזה לאין קץ.
232

דעת ותבונה פ"ד דף ל"ג ע"א – ואם תאמר מאחר דאור א"ס העליון הוא אור פשוט ושוה, איך אנחנו קוראים לזה האור המתפשט ממנו דרך הקו הנזכר בשם נרנח"י, שנמצא לפי זה שיש חילוק מדרגות באור זה, הנה התשובה לזה – דע כי מדרגות הנרנח"י שבאו בא"ק הנזכר המה על דרך זה, דהיינו תחילה בא לו אור אחד מא"ס דרך הקו הנזכר וזה ראוי להקרא יחידה, שהוא עליון וסמוך אל מקורו. ואחר כך נתוסף לו עוד אור חדש מן א"ס דרך הקו הנזכר ודחה את הראשון למטה, ועל כן אור החדש הנוסף ראוי להקרא יחידה כי הוא עליון וסמוך אל מקורו, והאור הראשון יקרא חיה לפי שנתרחק ממקורו מדרגה אחת, ואחר כך נתוסף לו אור אחר מן אור א"ס העליון דרך הקו הנזכר והאור הב' נדחה למטה והאור הראשון נדחה יותר למטה, על כן אור הנוסף ראוי שיהיה נקרא יחידה שהוא עליון וסמוך אל מקורו, והאור שתחתיו יקרא חיה לפי שנתרחק ב' מדרגות. אחר כך נוסף לו עוד אור אחד דרך הקו הנזכר ועל ידי כך נדחה התחתון ג' מדרגות, ולכן ראוי להקרא רוח והעליון ממנו שנדחה ב' מדרגות יקרא נשמה, והעליון שנדחה מדרגה אחת יקרא חיה, וזה האור הנוסף שהוא עליון וסמוך אל המקור יקרא יחידה. ואחר כך נוסף לו עוד אור אחד חמישי ואז יקרא באמת יחידה, כי הוא עליון וסמוך אל מקורו, והשני הסמוך לו יקרא חיה, והסמוך לו יקרא נשמה, והסמוך לו יקרא רוח, והסמוך לו שנתרחק ד' מדרגות יקרא נפש. הרי ידעת ענין הנרנח"י המתפשטים מן א"ס בא"ק דרך הקו הנזכר אך יש בהם חילוק מדרגות שנקראים בחמישה שמות נרנח"י, ואף על פי שהם נמשכים מן מי האור העליון דא"ס, שהוא אור פשוט ושוה ואין בו עצמו חילוק מדרגות כלל ח"ו.
233

תרשים ב – י"ז.
234

בית לחם יהודה ש"א פ"א ד"ג ע"ב – דרך גם מכל סביבותיהם וכו'. ומה שכתב לעיל בסיבה האחרת, ואור והשפע צריך להם, יקבלום מן הא"ס מכל צדדיהם בשיקול אחד וכו', אותו השפע הוא בחינת הארה בלבד, כמו בהשמש המאירה לארץ ולדרים, כמבואר באמצע ענף ג' שבסמוך.
235

בית לחם יהודה ש"א פ"א ד"ג ע"ב – בלתי גבול וקצבה. לפי שאז יהיו דבוקים בצמצום שהוא הא"ס שעל גביהם.

בְּמִדָּה וּקְצָבָה, לפי מה שמגיע לכל אחד מהם **אֲשֶׁר לְסִבָּה זוּ נִקְרָא הַנֶּאֱצָלִים עֶשֶׂר מִדּוֹת** שהם עשר ספירות[236], **וְעֶשֶׂר הַסְפִירוֹת** נאצלו **לְהוֹרוֹת שֶׁיֵּשׁ לָהֶם מִדָּה, וּקְצָבָה, וּמִסְפָּר קָצוּב, מַה שֶׁאֵין כֵּן בָּאֵ"ס** ב"ה, וכמו שכתוב בְּסֵפֶר הַזוֹהַר פָּרָשַׁת פִּנְחָס[237] דף רנ"ז ע"ב[238] **פָּקוּדָא תְּלֵיסַר** מצוה השלושה עשר **דָא קְרִיאַת שְׁמַע כו', אֲבָל דְלָא אִית לֵיהּ מִדָּה** אבל לא שיש לא"ס מדה ח"ו, **וְלֹא שֵׁם יְדִיעַ** ולא שם מסויים,

---

236

נהר שלום, דרוש הדעת דמ"א ע"ב – דע כי אף על פי שהוזכר תמיד היותם עשר ספירות, אינם רק חמשה ספירות, וכל ספירה הוא פרצוף אחד, **וכולל עשר מדות**. והם א"א, ואו"א, וזו"ן. וזה פרטם, **כי ספירת הכתר כוללת עשר מדות**, ונקרא א"א, **וספירת החכמה כוללות עשר מדות**, ונקרא אבא. **וספירת בינה כוללת עשר מדות**, ונקרא אימא. וספירת הדעת דחסדים, כוללת עשר מדות, ונקרא זעיר, אך כשנאצל לא היו בו רק **ששה מדות**, חג"ת נה"י שבדעת, והם הם החג"ת נה"י הנקרא אצלינו מכלל העשר ספירות, אבל אינם רק מדות, ולא ספירות כמו השלוש ספירות הראשונים. וספירת הדעת דגבורה, כוללת עשר מדות, ונקרא נוקבא דזעיר, אך כשנאצלה לא היה בה רק **מדה אחת לבד**, העשירית, והיא מלכות שבדעת הנזכר, **והיא היא המלכות הנקרא אצלינו מכלל העשר ספירות**, אבל אינה רק מדה אחת.

נהר שלום, דרוש הדעת דמ"א ע"ג – ונבאר עתה כל זה בפרטות פרצוף אחד שהוא זעיר, וממנו תקיש בכללות כל הפרצופין יחד, דע כי ז"א הוא פרצוף אחד כולל עצמות וכלים, והכלים שבו הם נכללים בשלושה, כי הכבד למטה, וכולל **עשר מדות** שהם כל האיברים, ומתלבש על ידי הורידין שבו, בכל הגוף. והלב גבוה ממנו, וכולל **עשר מדות**, ומתלבש תוך בחינת הכבד, על ידי הדפקים שבו, ומתפשט בכל הגוף, והמוח גבוה מכולם, וכולל **עשר מדות**, מתלבשים תוך בחינת הלב, על ידי הגידים, המתפשטים ממנו, ומתפשט בכל הגוף, ועל דרך זה ממש נחלק העצמות בשלושה, נשמה ורוח ונפש, מתלבשים זה בתוך זה, ומתפשטים בכל הגוף, לכן הכבד משכן הנפש, והלב משכן הרוח, והמוח משכן הנשמה.

237

בית לחם יהודה ש"א פ"ב ד"א ע"ב – וכמו שכתוב בזוהר פנחס. הוא בדף רנ"ז ע"ב.

238

ספר הזוהר, פרשת פנחס דף רנ"ז ע"ב עם תרגום וביאור – **פִּיקוּדָא תְּלֵיסַר**, מצוה השלש עשרה, של השכינה, היא לקרות **קריאת שמע** שחרית וערבית, שבו סוד היחוד וקבלת עול מלכות שמים, ועול המצות, ועניין שכר ועונש בפרשת והיה אם שמוע דכתיב השמרו לכם וגו', לכן מפרש הזוהר כאן את סוד אחדותו יתברך, והוא מנהיג את עולמו בדין וברחמים. הזוהר מסביר **וְאִית לְמִנְדַּע** ויש לדעת שהאין סוף ב"ה **אִתְקְרֵי חַכָּם**, נקרא חכם, בהיותו פועל בספירת החכמה, **בְּכָל מִינֵי חָכְמוֹת**, כלומר בכל עשר ספירות פרטיות הנכללות בחכמה כי לכל ספירה מעשר הספירות הכלליות יש עשר ספירות פרטיות, ואחת מהם היא ספירת החכמה, **וּמֵבִין** הוא מבין את ספירת הבינה **בְּכָל מִינֵי תְּבוּנוֹת**, כלומר בכל עשר ספירות הכלליות יש בינה פרטית. ובשתי מידות אלו של חכמה ובינה, הוא צופה ומביט עד תכלית כל דבר, והכל צפוי לפניו קודם היותם, ויודע מה שהיה, ומה שעתיד להיות עד סוף הוייתם, ואחר פעולתו בחכמה ובינה לדעת את כל אשר היה הוה ויהיה, פועל בכל הנמצאים על ידי ששה קצוות, **וכו'.... אֶלָּא קוֹדֶם דִּבְרָא עַלְמָא,** אלא קודם שברא האין סוף ב"ה את העולם, **אִתְקְרֵא הוּא בְּכָל אִלֵּין דַּרְגִּין**, היה הוא נקרא בכל אלו המדרגות, כיון שהיה רוצה לברוא את העולם, בהכרח שהיה צריך להמשיך אל הנבראים הרחמים והדין, כדי שלא ימצאו בלי סדר הנהגה, אבל בו עצמו אין בו שום שינוי, **עַל שֵׁם בִּרְיָין דְּהַוּו עֲתִידִין לְהִבָּרְאוֹת**, והכל הוא על שם הבריות שהיו עתידות להבראות, ר"ל מצד הנבראים שיבראו על ידו יש מאין, מתיחסים אלו השמות והכנוים אליו, **דְּאִי לָאו בִּרְיָין דְּעַלְמָא**, שאם לא היה ברצונו הפשוט לברוא בראים בעולם, **אַמַּאי אִתְקְרֵי רַחוּם דַּיָין,** למה הוא נקרא רחום ודיין, אם אין על מי לרחם ואת מי לדון, אלא מוכרח לומר שנקרא כן, **אֶלָּא עַל שֵׁם בִּרְיָין דְּעַתִידִין,** על שם הברואים העתידים להבראות, אבל בו עצמו אין שום שינוי ח"ו, כי הפעולות אינם נמצאים בעצמותו, אלא שנמצא ממנו אל זולתו.

כי כמו שאנחנו מרחיקים מן הא"ס את כל השינוים, כך מרחיקים אנו ממנו גבול, מידה או שם. **כגוונא דספירן**
כי כל זה הוא מצד הספירות שיש להם מידה, גבול, קצבה ושמות **כו'. דכל ספירה**   וספירה שנאצלה, ובה
מתפשט אור הא"ס ב"ה, **אית לה שם ידיע**   יש לה שם ידוע, **ויש לה מידה** כמו חסד, דין, או רחמים.
וגם יש לה גבול עד היכן היא מתפשטת. **וגם תחום** ר"ל שטח של אורך ורוחב שבה היא מתפשטת, **ובהיות
הקו הדק** דא"ס המתפשט תוך החלל **ימשיך להם** ר"ל לנאצלים **שפע כדי צרכם בלבד,
בערך היותם נאצלים, ולא יותר מדאי, בערך היותם מאצילים.**

כבר ביאר הרב ז"ל כי בתוך החלל נתפשטו בכללות עשרה עגולים, שהם[239] בעצם חמשה עולמות הנקראים א"ק
ואבי"ע. הראשון הוא א"ק, ויש בו עשרה ספירות כלליות, שהם חמשה פרצופים, הנפרטים לפרטי פרטים כמו שיתבאר
לקמן. והשני הוא עולם האצילות, ויש בו עשרה ספירות כלליות, שהם חמשה פרצופים, הנפרטים לפרטי פרטים כמו
שיתבאר לקמן. וכן העולם השלישי שהוא הבריאה, יש בו עשרה ספירות כלליות, שהם חמשה פרצופים, הנפרטים
לפרטי פרטים כמו שיתבאר לקמן. והעולם התחתון שהוא עולם העשיה, ויש בו עשרה ספירות כלליות, שהם חמשה
פרצופים, הנפרטים לפרטי פרטים כמו שיתבאר לקמן. כאן מבאר הרב ז"ל כי כל עולם עליון מחבריו קרוב יותר לאור
הא"ס, וכן בכל עולם הספירה והפרצוף היותר עליון הוא יותר קרוב לאור הא"ס ב"ה. ולכן כאן העולם הראשון הוא
א"ק, וא"ק הוא הכי קרוב אל המאציל, ויש לו עשר ספירות שהם שעור קומה, כאשר ספירת הכתר היא הכי עליונה
מעשר ספירות דא"ק, לכן הרב ז"ל מזכיר כאן את כתר דא"ק בתור העגול הראשון, בפרטות זה פרצוף עתיק יומין
דא"ק, כמו שהרב ז"ל יבאר לקמן.

מבוא שערים ש"ב ח"ג פ"ד די"ג ע"א — ונסדר בתחילה סדר יציאתם ונאמר, כי הלא בבואם להתקן, הנה
בתחילה יצאו עשרה עגולי עתיק, שהם הנפש שלו. ואחר כך יצאו עשרה עגולי אריך. ואחר שיצאו עגולי
אריך, אז יצאו עשר ספירות דיושר דעתיק. שהם בחינת הרוח שלו. ואחר כך יצאו גם עשר ספירות דיושר
דאריך, ולסיבת הפסק הזמן שבין יציאת עגולי העתיק אל היושר שלו, על ידי יציאת עגולי האריך, קודם
יציאת יושר העתיק עצמו, לכן נתמעט אור היושר של עתיק. ולא נמשך עד עגולי עתיק עצמו, רק עמדו רגלי
היושר שלו. עד עגולי האריך כנזכר לעיל בשער א' חלק א' פ"ד. מה שאין כן באריך, כי הנה בין העגולים שלו
ובין היושר שלו, כולם יצאו קודם צאת עגולי או"א. ולא היה הפסק בין יציאת עגוליו ליציאת היושר שלו,
ולכן היה כח ביושר דאריך להתפשט עד עגוליו עצמו, במקום שמסתיימין גם יושר דעתיק. וטעם קדימת יושר
דאריך, טרם צאת העגולים דאו"א, היה כדי להשוותם, ואיני זוכר פירוש להשוותם למי חוזר, אם לאו"א
ליושר אריך עם עגוליו, וצריך עיון. ואחר כך יצאו או"א בבחינת עגוליהם. וכבר נודע כי או"א תרווייהו
שקילי כחדא, וזה הענין הוא, בין בבחינת עגוליהם, בין בבחינת היושר שלהם. ונבאר בחינת עגוליהם, כי הנה
נודע שעגולי אבא מקיפים וסובבים על עגולי אימא. והנה בהיות כדורי ועגולי אימא, תוך כדורי אבא, נמצא כי
החצאים העליונים של כדורי אבא, הם עליונים מכל כדורי אימא, אמנם החצאים התחתונים של כדורי אבא,
הם למטה מכל עגולי אימא, אפילו מחציתם התחתונים. ואם כן כיון שעגולי אבא מחציתם העליונים גדול
ועליון מכל עגולי אימא, ומחציתם התחתונים תחתון מכל עיגולי אימא. ועיגולי אימא הם להפך, כי בערך חצאי
עגולי אבא למעלה הם תחתונים, ובערך חצאים תחתונים דאבא הוא עליונה, אם כן הם שוים או"א, ואין להם
יתרון זה על זה, רק שזה מימין וזה משמאל, בבחינת הקוים כמו שיתבאר לקמן. אחר כך בא היושר של או"א
גם ביחד, ולכן נמשך היושר שלהם בהשואה אחת, ומסתיימין יחד במקום אחד, כיון שיצאו ביחד, והוא עד
טיבורא דאריך, כמו שכתוב בשער ד' חלק א'. ונמצא כי גם בבחינת היושר שניהם שוים, רק שזה ימין וזה
שמאל. וזה טופס הלשון שכתבתי בעת ששמעתי זה הדרוש, ועתה אני מסופק בהבנתו, ולכן אעתיקנו פה וז"ל
- בבוא היושר או"א כשיעור אורך אימא בעתיק, כך אורך הישרים האלו, שניהם באו"א, מימין אבא,
ומשמאלו השלוש עליונות של זה וזה, ושבעה תתונות, על דרך זה באימא, וארכם שיעור הנזכר, הדי ביושר
שניהם שוים, עד כאן.

וְהִנֵּה הָעִגּוּל הַזֶּה הָרִאשׁוֹן, הַיּוֹתֵר דָּבוּק ר"ל כי קרוב עִם הָא"ס, הוּא הַנִּקְרָא ספירת הַכֶּתֶר דא"ק. וְאַחַר כָּךְ נִתְפַּשֵּׁט עוֹד הַקַּו הַזֶּה דיושר שבו מתפשט אור הא"ס, וְנִמְשַׁךְ מְעַט, וְחָזַר לְהִתְעַגֵּל, וְנַעֲשָׂה עִגּוּל שֵׁנִי בְּתוֹךְ הָעִגּוּל הָרִאשׁוֹן, וְעיגול זֶה נִקְרָא עִגּוּל הַחָכְמָה דא"ק. עוֹד מִתְפַּשֵּׁט הקו שמתפשט בו אור הא"ס יוֹתֵר לְמַטָּה, וְחָזַר לְהִתְעַגֵּל, וְנַעֲשָׂה עִגּוּל שְׁלִישִׁי תוֹךְ הָעִגּוּל הַשֵּׁנִי, וְנִקְרָא עִגּוּל הַבִּינָה דא"ק. זה ספירת וְעַל דֶּרֶךְ זֶה הָיָה הַקַּו הַזֶּה הוֹלֵךְ הקו שבו מתפשט אור הא"ס בתוך החלל, וּמִתְפַּשֵּׁט וּמִתְעַגֵּל עיגול אחרי עיגול, שהם עיגולי הדעת, חסד, גבורה, תפארת, נצח, הוד, יסוד, עַד עִגּוּל הָעֲשִׂירִי, הַנִּקְרָא עִגּוּל ספירת הַמַּלְכוּת דא"ק.[240] הֲרֵי נִתְבָּאֵר עִנְיַן הָעֶשֶׂר סְפִירוֹת דא"ק שֶׁנֶּאֶצְלוּ בְּסוֹד עֲשָׂרָה עִגּוּלִים, זֶה תּוֹךְ זֶה, וְכָל זֶה הוּא בִּבְחִינַת עֶשֶׂר סְפִירוֹת הַכּוֹלְלוֹת, וְדֶרֶךְ סְתָם בְּכָל בִּבְחִינַת הָעוֹלָמוֹת כֻּלָּם.

אפילו שתמיד מבאר הרב ז"ל כי רק יש חמשה עולמות, צריך לדעת כי אלפי רבוא רבבות של עולמות נבראו, חלקם[241] לפני א"ק, וחלקם יצאו מא"ק עצמו כמו שמבאר הרב ז"ל לקמן.

240

הגהות ובאורים)א(– עיין בספר שמן ששון, דהביא בשם דברי שלום דסדר העיגולים היה מלמטה למעלה, בתחילה נעשה כלי עיגול המלכות דעשיה, ואחר כך באחרונה עיגול א"ק. והוא דהכל היה ממולא מא"ס. וכשעלה ברצונו להאציל, צמצם עצמו בנקודה אמצעית. והיה מצמצם בהשוואה מכל סביביו, והצמצום הוא הגורם לעשות הכלים. ומה שכתב כאן בתחילת התפשטותו, נמשך ונעשה כעין גלגל עגול סביב, היינו בבחינת אור פנימי ואור מקיף, כי כבר מצא שם עיגולים בתחילה, ועתה הוא כדי להחיותם, עד כאן לשונו.

241

ע"ח ש"א ענף ד' מ"ב די"ג ע"ב – אחר שכתבנו בענפים הקודמים לזה בדרך קצרה, ודרך כלל, ענין העשר ספירות בכל מקום שהם, איך יש בהם כמה וכמה בחינות. נדבר בענף זה בקיצור גם כן בחינת מדרגות העולמות אשר נבראו תוך מקום החלל הריקני הנזכר לעיל, שאין דבר חוצה לו מן המקום הזה, וכל העולמות כולם הם תוך המקום הזה. **ואל יעלה בדעתך** כי העשר ספירות הנקרא אצלינו בספר הזוהר עשר ספירות דאצילות, **אל תטעה** לחשוב שהם יותר ראשונים וגבוהים מכל מה שנאצלו, **כי כמה עולמות קדמו עליהם**, ולרוב העלמם לא שלחו בהם יד להזכירם בספר הזוהר, אלא ברמז נפלא, כאשר עיניך לנוכח יביטו שלוש מאמרים מספר התיקונים בענין א"ק לכל הקדומים, כמו שנבאר בע"ה בענף זה. וכאשר כתב בספר הזוהר פרשת בראשית דף כ"ג, וגם בתיקונים דף קל"ד וז"ל - תא חזי, כמה עולמות אינון סתמין, דאינון מתלבשין ומתרכבין בספיראן כו'. וגם מאמר אחר הובא בפרשת נח דספר הזוהר, גם בפרשת פקודי דף רכ"ו ע"א, ודף רס"ח ע"ב - אמר רבי שמעון, וז"ל - ארימת ידי בצלו לעילא כו', ומרזא דמחשבה עילאה דלתתא כולהו איקרו א"ס כו'. ואם תשים **עיני שכלך** לדייק היטב כל המלות המיותרות, והכפולים, והרמזים הנרמזים אל המבין במאמרים הנזכרים לעיל, **תפליא ותשתומם בראותך כמה מדרגות על מדרגות לאין קץ ומספר קדמו להעשר ספירות**, הנקרא אצלינו בשם עשר ספירות האצילות, והמעיין בחיבורינו זה, **אם יזכה ידע ויבין ויעמוד על מתכונתם**, וכמו שנבאר בענף זה בסוף.

שערי גן עדן, פתח ט' דרך ד', בו יתבאר סדר התלבשות העולמות דרך כלל דמ"ח ע"ד – אור אין סוף הוא עילה לכל העילות, וסיבה לכל הסיבות, ובתוכו היו כל השרשים של כל העולמות, מעלה ומטה, ואין דבר יוצא חוץ ממנו. ובשורש נקודת המלכות שהיתה גנוזה באין סוף, שהוא סוד נקודת אמצעית, שם ניתק האור מן נקודה האמצעית לצדדים, ונעשה מקום פנוי לעמידה העולמות. וזה המקום פנוי נקרא **טהירו עילאה**, שהוא שמ"ו במספר השוה, והוא ושמו אחד כמו שנתבאר. והנה סדר השתלשלות עד שנעשה **עולם המלבוש**, שהוא סוד מעשה בראשית, כבר נתבאר גם כן דרך כלל בקיצור נמרץ בסוף שער א'. ועתה נבאר דרך כלל רק סדר

אָמְנָם מְבוֹאָר וּפָשׁוּט הוּא, שֶׁכַּמָּה מִינֵי עוֹלָמוֹת נֶאֶצְלוּ, וְנִבְרְאוּ, וְנוֹצְרוּ, וְנַעֲשׂוּ, אֶלֶף אֲלָפִים וְרִבּוֹא רְבָבוֹת ר"ל רבבות, וְכוּלָּם כָּאֶחָד הֵם תּוֹךְ הַמָּקוֹם הֶחָלָל הַנִּזְכָּר לְעֵיל, וְאֵין דָּבָר חוּצָה לוֹ.

כל דבר שנמצא בחלל הוא בעל מידה גבול ותכלית, בערכינו התחתונים נראה שעולמות וספירות אלו הם בלי קץ ותכלית, אבל פשוט הוא כי כל מה שבחלל הוא תכליתי, והמשל הוא כאשר השם יתברך שאל[242] את אברהם אבינו - הבט נא השמימה וספור הכוכבים אם תוכל לספור אותם. כלומר אברהם לא לכול לספור את הכוכבים, אבל על השם יתברך כתוב[243] - מונה מספר לכוכבים.

וְהִנֵּה כָּל עוֹלָם וְעוֹלָם מהעולמות האלו יֵשׁ בּוֹ עֶשֶׂר סְפִירוֹת פְּרָטִית שהם שיעור קומה, וְכָל סְפִירָה וּסְפִירָה פְּרָטִית שֶׁבְּכָל עוֹלָם וְעוֹלָם, כָּלוּל מֵעֶשֶׂר סְפִירוֹת פְּרָטֵי פְּרָטִית ר"ל כל ספירה וספירה מתחלקת לעשר ספירות פרטיות, שגם הם מתחלקים לעשר ספירות, שהם פרטי הספירות האלו, כך עד אין מספר נפרטים הספירות, מכללות הספירה, לפראות חלקי אותה ספירה, ולפרטי פרטי

עולם התיקון, שנקרא מעשה מרכבה, והוא כי בזו הטהירו עילאה נתקנו האורות, שהם סוד עולם המלבוש, על ידי הרל"א שערים פנים ואחור, והם הסוד המקיפים. ואור הפנימי של זה העולם הם סוד ארבעה מלואים ע"ב ס"ג מ"ה ב"ן, שיש בהם ט"ל אותיות, שהוא סוד הטל הנוטף ממוחא סתימאה, סוד שורש החכמה כמו שהיתה גנוזה באין סוף, וירד דרך היסוד שהיה גנוז בא"ס, ונתלבש במלכות שהייתה סביב זה הטהירו, בסוד שפה. ונפתח הפתח למעלה בזו הטהירו, וירד זה הטל דרך קו יושר טהירו עילאה, ועוד למטה בשיעור מרכז השני של קו היושר, כמו שכתבתי כבר, שהוא סוף עולם אצילות..... אבל עתה שלא הגיע זה הקו רק נפסק בנתיים, ונסתיים למטה מחצי טהירו עילאה, אם כן יש בזה הטהירו בחינת סת"ר, והוא ראשית הגילוי, בסוד - אתה סתר, כי מלת אתה רומז אל הגילוי, וזה נעשה על ידי סת"ר, שהוא סוף תוך ראש, והבן זה. הֲרֵי כִּי הָאֵין סוֹף הוּא מַקִּיף אֶת כָּל הָעוֹלָמוֹת, וְגַם הוּא מוּקָף מִכּוּלָּם, והבן זה. והנה באשר שזה עולם המלבוש שנעשה בזו הטהירו עילאה, ומלאה את כל הטהירו עילאה אור גדול, ולא יכלו להצטייר בזה שאר העולמות, כי כל ציור הוצרך להיות מוגלם. לכן הוכרח זה העולם המלבוש להמקפל גם כן, חציו בחציו, האחור אחורי הפנים כמו שנתבאר, ואז נעשה החצי טהירו מקום פנוי לעמידת העולמות, והוא נקרא טהירו סתם. והנה ספירת המלכות של עולם המלבוש, שהיא עמדה בראש למטה בזו הטהירו, בהתלבש בתוכה אור החכמה, שהוא רזא דמחשבה על ידי היסוד כמו שמבואר, מזה פלטה אור גדול. ומה שהלך האור סביב זו הטהירו, נעשה ממנו עֲשָׂרָה גַלְגַלִּים, ונקראו עשרה גלגלים של אָדָם קַדְמָאָה סְתִימָאָה, והוא נקרא לפעמים אָדָם דִּבְרִיאָה, לפי שהוא עולם שני אל עולם המלבוש, ועולם המלבוש הוא בערך אצילות נגדו. ומן האור שירד בתוך הטהירו נאצל ממנו עשר ספירות, וספירת הכתר מאלו העשרה ספירות נתתקן ממנו א"ק לכל הקדומים, ונתתקן בסוד דיוקנא קדישא דאדם, לפי שנעשה מן אור בחינת היושר, מה שאין כן אדם קדמאה סתימאה שנעשה מבחינת אור העגולים, ולכן נעשה בבחינת עגולים. וזה הא"ק הוא נקרא לפעמים אדם דיצירה, והוא כולל שלוש עולמות, שראשו מגיע השמימה, שהם סוד עגולים דאדם קדמאה סתימאה, ותוכו בתוך הטהירו, ורגליו מתפשטים למטה עד סוף עולם אצילות, שעולם אצילות הוא בערך עשיה לגבי עולמות שלמעלה. וזה הא"ק ממנו יצאו אורות למעלה, דרך השערות שבראש, והוא בחינת מלוי ע"ב שבו, ונעשה מהם עולמות לאין מספר. וגם יוצאים אורות מהם דרך הפנים על ידי הנקבים שבראשו ובגופו, ונעשה מהם גם כן כמה עולמות, וכולם נקראים לבושין דיליה. ומלכות של זה הא"ק.....
242

בראשית ט"ו ה' — ויוצא אתו החוצה ויאמר הבט נא השמימה וספר הכוכבים אם תוכל לספר אתם ויאמר לו כה יהיה זרעך.
243

תהילים קמ"ז ד' — מונה מספר לכוכבים לכולם שמות יקרא.

חלקי אותה ספירה, עד אין מספר חלקים, **וכולם הם בצורת עיגולים זה תוך זה וזה**, **לפנים מזה עד, אין קץ ומספר** בערכינו, וכמובן שיש גבול קץ ומספר, **וכולם כגלדי** **בצלים זה תוך זה על דרך תמונת הגלגלים** כנזכר בספרי תוכניים שהם ספרי האסטרונומיה.

הרב ז"ל חוזר לדון בבחינת הקו המתפשט תוך החלל שבו מתפשט אור הא"ס. ומבאר כי קו זה מחבר את כל העיגולים שבתוך החלל, והאור דא"ס שמתפשט בתוך הקו הנזכר לעיל משפיע שפע לכל העולמות הנמצאים בתוך החלל הנזכר. **צריך לדעת** כי[244] רוב מאמרי הזוהר, ודרושי הרב ז"ל לא מדברים בעולמות וספירות דעיגולים, אלא על עולמות פרצופים וספירות דעולמות היושר.

והנה הבחינה המחוברת כל העיגולים שבתוך החלל יזה, **הוא ענין הקו הדק** שבו מתלבש אור הא"ס, **הזה, המתפשט מן הא"ס** האמיתי, שמחוץ לחלל, **ועובר ויורד** הקו ובתוכו אור הא"ס **ונמשך מעיגול אל עיגול**, ר"ל מעיגול הכתר לעיגול החכמה, ומשם לעיגול הבינה, וכן הלאה **עד סיום תכלית כולם**, שהוא עיגול המלכות כנזכר לעיל. **ודרך הקו הזה נמשך** **האור והשפע** מאור הא"ס **הצריך לכל אחד ואחד מהם** ר"ל מכל עיגול ועיגול, **והרי** **נתבאר בבחינת העיגולים של העשר ספירות** באופן כללי.

244

עץ ש"א ענף ה' מ"ב דט"ו ע"א – עוד צריך להבחין פרטים אם מדבר בעשר ספירות דעיגולים, או בעשר ספירות דיושר, ואם במקיף, ואם באור פנימי. ואם בעצמות, או בכלים. וגדולה מכולם צריך להבחין כי אופני העשר ספירות, ומצבן, ומעמדן, חסרונם, ומילואם, עצמו מספר, אם בעת שנאצלו. אם בעת קיטרוג הלבנה. אם בעת בריאת אדם הראשון. ואם בעת שחטא שנשתנו כל העולמות. אם בדור המדבר. אם בבית ראשון, ואם בעת חורבנו. ואם בבית שני, ואם בעת חורבנו. גדולה מכולם אם בחול, אם בשבת, או ביום טוב. אם ביום, ואם בלילה. ולא עוד אלא שבכל שעה ושעה משתנים העולמות, ואין שעה זו דומה לשעה זו. ומי שמסתכל בענין הילוך המזלות וכוכבים, ושינויי מצבן ומעמדן, ואיך ברגע אחד הם באופן אחר, והנולד בו יקרה לו מאורעות שונות, מהנולד ברגע שקדם לזה. ומזה יסתכל ויבין בעולמות העליונים שאין להם קץ ומספר. ואם תפקח עיני שכלך תדע ותשכיל זו ממוצא דבר, כי אין שכל בלב אדם לעמוד על כל פרטים. ועל זה אמר דוד המלך ע"ה - גל עיני ואביטה נפלאות מתורתיך. ושלמה המלך ע"ה שכתוב בו ויחכם מכל אדם, אמר - אמרתי אחכמה והיא רחוקה ממני. ולך וראה מה שכתוב בספר התיקונים תיקון כ"ב דף ס"ה במה שכתוב - קם רבי שמעון ואמר סבא סבא כו', ולבושין דאיהו לביש בצפרא, לא לביש ברמשא, ולבושא דלביש ביומא דא, לא לביש ביומא תנינא. ובזה תבין איך משתנה מעמד ומצב העולמות, שהם הלבושין של א"ס לכמה שינויין, בכל עת ורגע, וכפי השינויין הם, כך נשתנו בחינת המאמרים של ספר הזוהר. וכולם דברי אלהי"ם חיים. גם תמצא מוזכרים בחינות הוי"ת במילויים שונים, או במלוי ע"ב, או במלוי ס"ג, או מ"ה, או ב"ן, כנזכר בהקדמת התיקונים שלא נדפסו. וכן בסוף תיקון י"ג, וכן בתיקון ע"ט, ויוצא בתיקונים אלו. כי שם נזכר מילוי של אלו ההוי"ת, וצריך שתדע באיזה בחינה מתעסק מאמר ההוא, כדי שתדע אותה הוי"ה באיזה מקום היא רומזת. **והנה בהיותך מעמיק ומעיין ועומד על בירורים של דברים אלו**, אז אפשר **שתוכל** **להבין מאמרים אלו**, אם יהיה אלהי"ם עמך **בהיותך תמים לו**, כי לא ימנע טוב להולכים בתמים. **עוד ראיתי** **לעוררך** על ענין אחד הלא צריך לדעת כי רוב מאמרי הזוהר וכמעט כולם, **אינם מדברים מענין העשר** **ספירות של העיגולים, רק בבחינת יושר**, כמראה אדם. וענין זה כולל בכל העולמות, הן בהיותו מתעסק בא"ק, או בעתיק, או בא"א, או באו"א, או בזו"ן דאצילות, או בשאר עולמות בי"ע. ואם יהיו דברים **אלו נכח** **פניך**, ואל יליזו מעיניך, אם תרוץ לא תכשל ואז תלך לבטח דרכך.

עד עתה למדנו על עולמות העיגולים בצורה כללית ביותר, ועכשיו הרב ז"ל מבאר את העולמות דיושר. **צריך לדעת** עד כאן הרב ז"ל ביאר כי הקו המתפשט בחלל שבתוכו מתפשט אור הא"ס הוא קו אחד, כאן מבאר וטומן הרב ז"ל את הסוד שהקו זה המתפשט בתוך החלל הוא בעצם שלושה קוים, **קו ימין** קו החסד, הנקרא חח"ן, שהם ספירות חכמה חסד נצח. **קו שמאל** קו הדין, הנקרא בג"ה, שהם ספירות בינה גבורה הוד. **וקו אמצעי** קו הרחמים, הנקרא כדתי"ם, כתר, דעת תפארת יסוד מלכות. ושלושה קוים אלו הם סוד[245] חד"ר, **חסד דין רחמים**

** וְעַתָּה נְבָאר** את הַ**בְּחִינָה הַשְּׁנִיָּה שֶׁיֵּשׁ בְּעֶשֶׂר סְפִירוֹת, הֲלֹא הוּא בִּבְחִינַת אוֹר**

הַיּוֹשֶׁר, כִּדְמְיוֹן שְׁלוֹשָׁה קַוִּים, קו ימין חח"ן, קו שמאל בג"ה, וקו אמצעי כת"ם, והם[246] לא גורסים

כְּצוּרַת אלא צריך לגרוס **בְּצוּרַת אָדָם הָעֶלְיוֹן**[247] כאשר שלושה הקוים האלו הם מחוברים כמו האדם הגשמי התחתון.

כאן הרב ז"ל מבאר כי הקו מתחיל להתפשט מהכתר דא"ק. **צריך לדעת** כי בעומק דברי הרב ז"ל קו היושר מתפשט ממקום יותר גבוה מכתר דא"ק, לפי פשט הדברים הקו עובר מעיגול העליון מכולם שהוא כתר דא"ק, אבל מעל כתר דא"ק יש אלפי אלפי רבוא רבבות של עולמות, כמו שהרב ז"ל ביאר בפרקין, והם[248] גבוה מעל גבוה שומר, שמובאים בספר

קנאת הוי"ה צבאו"ת לרמח"ל, חסד דין רחמים, דרכי ההנהגה י"א – אמנם ההשגחה צריכה להשתנות לפי מעשי התחתונים, כי לפעמים יהיה פועל חסד לשלם טוב, ולפעמים דין להעניש לראוי לו, על כן נסדרה ההנהגה **בחסד ודין**, ובאמת יש לפעמים שיהיה הקדוש ברוך הוא פועל חסד גדול וגמור למחול כל פשע, ויש לפעמים שפועל דין תקיף, שיקוב הדין את ההר, ולדקדק אפילו כחוט השערה. ויש מידה אמצעית בין החסד והדין, ונקרא **רחמים**. הרי ההנהגה מתחלקת **לחסד דין רחמים**, ולפי החילוקים האלה כך תהיה השגחתו הכללית הנזכרת לעיל. הרי פה ארבע בחינות פעולה - חסד דין רחמים, והנהגה כללית. ואלה ראשי ההנהגה ויסודותיה כיסודות הטבע למורכביהם, ונרמזים בארבע אותיות השם ב"ה, כמו שאפרש לך עוד בס"ד. ואם תשאלני מה צורך לארבעה, הלא ההשגחה הכללית היא עצמה תוכל להיות כך, לפעמים חסד, ולפעמים דין, ולפעמים רחמים, או **חד"ר** בבת אחת, לכל אחד כראוי לו. דע, כי זה נמשך מהיות המאציל ב"ה רוצה להתעורר בפעלו, כפי ההתעוררות שמקבל מן התחתונים. על כן הנה נבחין בפעולותיו שני עניינים, אחד ההתעוררות הזה שהוא רוצה לקבל מן התחתונים, וכן להשפיע בהם, וזהו ענין התקשר בהם ורצותו להיות לו שייכות עמהם. ושני ענין הפעולה, אשר יפעל על פי ההתעוררות. ונמצא שאין ההתעוררות הפעולה, ולא הפעולה ההתעוררות, אלא הם שני דברים צריכים זה לזה להשלמת ההנהגה. ולכן להתקשרות ולשייכות הזה של המאציל ב"ה עם התחתונים, הוא שאנו קוראים שכינה. ולפעולותיו בחילוק מיניהם אנו קוראים **חד"ר**. נמצא, **שורש ההנהגה המשתנה אל הנהוגים, הוא שלש מיני הפעולות האלה חד"ר.** ובהיות המאציל ב"ה מוציא תולדות הפעולות האלה באדם או בעולם, הנה יוציא דברים גשמיים, רק שהם נמשכים מהיות המאציל פועל כך. ולכן מהיותו פועל בדרך חסד - הנה יוציא בגשמיות המים, בטבעם קרים ולחים. ובהיותו פועל בדין - יוציא בגשמיות האש, בטבעו חם ויבש. ובהיותו פועל במידה האמצעית שהיא רחמים - יוציא האויר חם ולח. הן המה יסודות הטבע הבונים כל הדברים למיניהם בחיבור העפר עמהם, שהוא יוצא מבחינת ההנהגה הכללית, כמו שאדבר לך עוד מזה בס"ד. ומן השורשים האלה, שהם אלה הפעולות, נמשך השפעה אל הענפים, שהם תולדותיהם אשר בעולם הזה. כי בהיותו מתמיד לפעול כך, הוא נותן קיום אל היוצא מן הפעולה ההיא.

כרם שלמה ש"א ענף ב' סימן ט"ז – ועתה נבאר בחינה השניה כדמיון שלושה קוים כצורת אדם עליון. מה שכתב **כדמיון** בכ"ף, וכן **כצורת** גם כן בכ"ף, הוא טעות סופר, כי צריכים להיות בבית, וכן הוא בשער ההקדמות.

בית לחם יהודה ש"א פ"ב ד"ג ע"ב – כדמיון שלושה קוים כצורת אדם העליון, ונראה לעניות דעתי למחוק תיבת עליון.

הזוהר בהעלם גדול, בפרדס לרמ"ק, בספר שבר יוסף לרבי ישראל סרוק, ועוד ספרים, ומעל כל העולמות אלו יש את העיגול דא"ס האמיתי, שמשמש באמת מתחיל להתפשט קו היושר.

וְהִנֵּה דֶּרֶךְ הַקָּו, שהוא בעצם שלשה קוים, חח"ן בג"ה כדתי"ם **הַנִּזְכָּר לְעֵיל, הַמִּתְפַּשֵּׁט מִלְמַעְלָה** מהא"ס האמיתי מחוץ לחלל, עד **לְמַטָּה** בתוך כל הנאצלים שבחלל, **אֲשֶׁר מִמֶּנּוּ מִתְפַּשְּׁטִים הָעִיגוּלִים הַנִּזְכָּרִים לְעֵיל** שבכללותם הם עשרה עגולים, **גַּם הַקָּו הַהוּא** שאור הא"ס מתלבש בו, לא רק שהוא הולך ומתעגל, אלא הוא **מִתְפַּשֵּׁט בְּיוֹשֶׁר מִלְמַעְלָה לְמַטָּה,** מאור הא"ס האמיתי, שהוא מחוץ לחלל, דרך **רֹאשׁ גַּג הָעֶלְיוֹן שֶׁל עִיגוּל הָעֶלְיוֹן מִכּוּלָם** שאנחנו מותרים לדבר עליו, שהוא עיגול הכתר דא"ק, **עַד לְמַטָּה בְּתַזְוֹתִית**[249] סיום כל הָעִיגוּלִים **בּמּשַׁע**[250]**, מִלְמַעְלָה** ר"ל מחוץ לחלל, עד **לְמַטָּה,** וקו זה **כָּלוּל בְּעֶשֶׂר סְפִירוֹת, בְּסוֹד צֶלֶם אָדָם יָשָׁר, בַּעַל קוֹמָה זְקוּפָה, כָּלוּל בְּרֶמַ"ח**[251] **אֵבָרִים** רוחנים בתכלית הרוחניות, **מִצְטַיְּירִים בְּצִיּוּר שְׁלוֹשָׁה קָוִים, יָמִין** חח"ן, **וּשְׂמֹאל** בג"ה **וְאֶמְצַע** כתי"ם, ואדם זה **כָּלוּל בְּעֶשֶׂר סְפִירוֹת בִּכְלָלוֹת, וְכָל סְפִירָה וּסְפִירָה מֵהֶם נִפְרָטֹת**

קֹהֶלֶת ה' ז' – אם עשק רש וגזל משפט וצדק תראה במדינה אל תתמה על החפץ כי **גָּבֹהַּ מֵעַל גָּבֹהַ שֹׁמֵר** וגבהים עליהם.
249

בית לחם יהודה ש"א פ"א ד"ב ע"ג – מתחתית סיום כל העיגולים ממש. לאו דווקא סיום כל העיגולים, אלא עד סיום עולם האצילות, כמו שמבואר בריש פרק א' דשער ג')מפרשים(. אי נמי מה שכתב מתחתית סיום העיגולים, ר"ל מתחתית סיום כל העיגולים מצד מעלה, כי הקו הוא בוקע גם עיגול המלכות מצד מעלה, ויורד עד סיום האצילות.
250

ע"ח ש"א ענף ד' מ"ב די"ד ע"א – והנה אחר שבאארנו דרושי העגולים והיושר בקצרה, בסדר התלבשות כל העולמות, צריכים אנו לבאר עתה עד היכן הגיע התפשטות רגלי א"ק)נ"א האדם(הישר שבכל עולם ועולם, כאשר התחלנו לבאר ענין זה בתחילת ענף זה. והנה מוכרח הוא כי קו הישר יהיה ממש דבוק בא"ס הסובב, וממנו מתפשט ויורד ומתלבש תוך פנימיות א"ק כנזכר לעיל, ונמשך ומתפשט עד סיום רגלי א"ק הישר כנזכר לעיל, שהוא ממש עד חצאי עיגולי עתיק יומין הסובבים תחת רגליו, עד שם מסתיימין רגלי היושר דא"ק. כי אם נאמר שרגלי א"ק הם מגיעים ומתפשטים עד למטה בתוך עיגולי עצמו, עד סיומם וסופם, נמצא שחוזר ומתדבק עם עיגול הא"ס בחצי התחתון אשר תחת רגלי א"ק, ואם כך הוא נמצא כי הא"ס יאיר בו משם ולמטה דרך קו הישר, ולא יהיה בחינת מעלה ומטה, משפיעים ומקבלים. ועל כן לא נמשך ראש הקו למטה כנזכר לעיל בענף ב'. והנה הכלל העולה בקיצור הוא זה כי רגלי א"ק דיושר, הנה הם מתפשטים ונמשכים עד חצים התחתונים של עיגולים דעתיק יומין מצד מטה, באופן כי עיגולי עתיק יומין מקיפים סביב רגלי יושר דא"ק.
251

ע"ח ש"ב ענף ג' מ"ב דט"ו ע"ד – הרי מפורש היות עשר ספירות בצורת אדם, **בַּעַל רֶמַ"ח אֵבָרִים,** הנקרא כלים, ובתוכם העצמות של האורות, הנקרא נשמת אדם, **וְהַכֹּל כִּדְמִיוֹן אָדָם הַתַּחְתּוֹן,** שיש בו גוף ונשמה, כך אדם העליון כלול מעשר ספירות שהם עצמות וכלים. והנה ענין בחינת העצמות הזה הם בחינת אורות פנימיים, המאירים תוך הכלים, כדמיון הנשמה אשר תוך הגוף של האדם, ומאירה בו, כמו שכתוב - נר הוי"ה נשמת אדם, **וּזְכוֹר כְּלָל.** זה כי בכל מקום שתמצא בחבורינו זה לשון אורות, הכוונה על הנשמה הפנימית שבו, ולא על הכלים עצמן, ואל תשכח ענין, זה כי לא נוכל להזכירו בכל פעם.

לעֶשֶׂר סְפִירוֹת עַד אֵין קֵץ בערכינו, עַל דֶּרֶךְ הַנִּזְכָּר לְעֵיל בְּעִנְיַן הָעֶשֶׂר סְפִירוֹת שֶׁהֵם בְּדֶרֶךְ הָעִיגּוּלִים.

הרב ז"ל מבאר כאן כי בחינת עולמות ופרצופי דיושר נקראים **צלם אלהי"ם**. ויש לשאול מדוע צלם אלהי"ם, ולא צלם הוי"ה, והוא כי צלם הוי"ה לא מופיע בשום מקום בתנ"ך. עם כל זאת צלם הוי"ה נרמז בפסוק[252] – **ישמחו השמים ותגל הארץ**, כאשר ראשי התיבות של פסוק זה הוא שם הוי"ה ב"ה. וסופי התיבות של הפסוק ישמחו השמים ותגל הארץ, הם למפרע **צלמו**.

וְהִנֵּה[253] בְּזוֹיְנָה הַזֹּאת הַשֵּׁנִיָּה שהיא בחינת היושר, נִקְרָא צֶלֶם אֱלֹהִי"ם, וְעָלֶיהָ רָמַז הַכָּתוּב[254] בְּאוֹמְרוֹ – וַיִּבְרָא אֱלֹהִי"ם אֶת הָאָדָם[255] בְּצַלְמוֹ בְּצֶלֶם אֱלֹהִי"ם בָּרָא אֹתוֹ וּנְקֵבָה בָּרָא אֹתָם, וְכִמְעַט כָּל סֵפֶר הַזֹּהַר וְהַתִּיקוּנִים ר"ל תיקוני הזוהר רוֹב דִּבְרֵיהֶם כּוּלָם, מִתְעַסְּקִים בְּבֹוזְינַה שְׁנִיָּה[256] הַזֹּאת של עולמות ופרצופי בחינת היושר בִּלְבַד, כְּמוֹ שֶׁנִּתְבָּאֵר הֵיטֵב בִּמְקוֹם אַחֵר.

וַהֲרֵי בָזֶה יִתְקַיְּימוּ שְׁתֵּי הַסְּבָרוֹת הַנִּזְכָּרִים לְעֵיל שהם עולמות דעגולים ויושר, כִּי יֵשׁ שְׁתֵּי בְּוזִינוֹת, הָאֶחָד עולמות שהם דֶּרֶךְ עִיגּוּלִים, וְהָאֶחָד עולמות דֶּרֶךְ קַוִּים שהם עולמות דיושר, וּשְׁתֵּיהֶם ר"ל שתי הבחינות כְּאֶחָד טוֹבִים, ושניהם דִּבְרֵי אֱלֹהִי"ם חַיִּים.

וּבָזֶה יִתְיַישֵּׁב לְךָ כַּמָּה מַאֲמָרִים בספר הזוהר ובספרי המקובלים הַנִּרְאִים כַּחֲלוּקִים זֶה עִם זֶה, בְּעִנְיַן סֵדֶר וּמַצָּב הָעֶשֶׂר סְפִירוֹת כְּמוֹ[257] שֶׁנִּתְבָּאֵר בתחילת דרוש זה, אם העשר ספירות

252

תהלים צ"ו י"א – ישמחו השמים ותגל הארץ ירעם הים ומלאו.

253

בית לחם יהודה ש"א פ"ב ד"ג ע"ג – והנה בחינה זאת נקראת צלם אלהי"ם. אינו ר"ל שהאדם דומה לצלם א"ק, אלא ר"ל שהאדם הוא בחינת היושר ולא עיגולים, ויהיה היושר של איזה פרצוף שיהיה, כי כולם שום, אלא לפי שרז"ל קאי ביושר דא"ק, נקט כוונת הכתוב הכא.

254

בראשית א' כ"ז – ויברא אלהי"ם את האדם בצלמו בצלם אלהי"ם ברא אתו זכר ונקבה ברא אתם.

255

הגהות ובאורים)ב(– עיין שער הקדמות, הקדמה ד' מה שכתב בזה.

256

הגהות ובאורים)ג(– קול הרמ"ז, הטעם הוא עיקר כוונתנו בתורה ובמצות הוא להמשיך השפע ממדרגה למדרגה. והוא האור הנמשך ביושר, ולכן התורה בנויה מתרי"ג מצות כנגד תרי"ג אברי האדם, שהוא מסודהיושר, וצלם אלהי"ם)כתב יד(.

257

ע"ח ש"א ענף ב' מ"ת די"א ע"ב – וגם חקירה גדולה ומחלוקת עצום נחלקו בו כל המקובלים כולם, כי יש מי שכתב כי העשר ספירות הם כסדר עשר מדריגות זו אחר זה, וזו למטה מזו. ויש מי שכתב כי סדר עמידתן דרך קוים, ימין, ושמאל, ואמצע, והם שלוש ספירות חח"ן, זו על גבי זו, בקו ימין. ושלוש ספירות בג"ה, זו על גבי זו, בקו שמאל. וארבעה ספירות כתי"ם, זו על גבי זו, בקו האמצעי. ורבים יחכמו ויאמרו, כי הם בצורת גלגלים עיגולים, זה תוך זה, וזה מקיף וסובב לזה.

הם בצורת עיגולים, או חד סמכא, או בבחינת יושר. **גם יתבאר לך הזכירה הנזכרת לעיל** איך יהיה ראש וסוף, מעלה ומטה בענין העשר ספירות. והנה הוא מבואר בכל שתי בזינות אלו של העיגולים ויושר, **האחד בזינת העשר ספירות בציור עגולים, זה תוך זה, וזו** צ"ל וזה [די"ב ע"ב 23] **פשוט הוא שעיגול הסובב על כולם** בתוך החלל הנזכר, **שהוא גלגל הכתר** דא"ק, **הנה הוא דבוק עם הא"ס** ב"ה שממוח לחלל **יותר מכולם, ולכן** גלגל הכתר הוא **משובח** ומזוכך והרוחני יותר מכל הנאצלים.

אמנם גלגל השני, הנקרא חכמה דא"ק, **יש הפסק בינו ובין הא"ס** ב"ה, **והוא גלגל הכתר** דא"ק, והוא כי גלגל הכתר דא"ק מפסיק בין הא"ס לחכמה דא"ק, **לכן מעלתו** של גלגל החכמה דא"ק **למטה ממעלת הכתר** דא"ק, כי שמקבל שפע מהא"ס דרך הכתר דא"ק.

וכן גלגל הבינה דא"ק **הוא רחוק מן הא"ס שיעור שתי עיגולים** שהם גלגלי הכתר וחכמה ד"א, המפסיקים בין הא"ס לבינה, **ומעלתו** של גלגל הבינה דא"ק **למטה ממעלת החכמה** דא"ק.

ועל דרך זה כל עיגול ועיגול מכל העולמות העיגולים **כולם אשר בתוך החלל, כל הקרוב אל אור א"ס** ב"ה **יותר מזוכך** ומזוכך ורוחני מזוכירו, עד **שנמצא כי העולם הזה הארצי הגשמיי, הוא נקודה האמצעי, תיכונה תוך כל העיגולים כולם** שהוא העיגול המרוחק ביותר מהא"ס, **בתוך כל המקום החלל ואויר הפנוי הנזכר לעיל, וגם הוא מרוחק מן הא"ס הרחוקה גמורה, יותר מכל העולמות כולם, ועל כן הוא כל כך גשמי וחוומרי בתכלית הגשמיות, עם היותו נקודה אמצעית** והרחוקה ביותר **בתוך כל העיגולים, והבן** [258] **זה היטב.**

הרב ז"ל מבאר כאן כי בעולמות דעיגולים יש מעלה ומטה, כאשר עיגול הכתר דא"ק הוא העיגול הראשון, והוא המעולה והמשובחה והמזוכך מכל העיגולים, ועיגול המלכות דעולם העשיה הוא התחתון והגשמי מכל העיגולים שבתוך החלל.

ועוד [259] **יש סיבה שניה** למה יש מעלה מטה בקו המתפשט תוך החלל, **והיא קרובה אל הנזכר לעיל, כי הנה נתבאר איך הקו** שמתפשט בחלל **הנמשך מן הא"ס** ב"ה היה

<hr>

258

אח"י – **כלל הוא שהרב** ז"ל כותב **הבן זה היטב**, הכוונה היה שבמקום אחר כתב הרב ז"ל על אותו נושא, בסתירה או שמועה אחרת, וצריך המעיין לראות היכן האמת, והיכן הפך האמת, או לישב את הסתירה.

259

מתפשט, אבל לא עד למטה, ר"ל עד הצד התחתון של העיגולי א"ק, אלא מתפשט ומתעגל, ונעשה עיגול הכתר דא"ק, **ואזור כך** מתפשט ומתעגל ונעשה עיגול החכמה דא"ק, **ומתפשט יותר למטה ומתעגל** ונעשה עיגול הבינה דא"ק, ומתפשט יותר למטה, ונעשה עיגול החסד דא"ק, עגול אחרי עיגול, **עד סיום תכלית כל העיגולים** שבכללות עשר עגולים, ובפרטות עד אין קץ ומספר עגולים, **ועיגול** **המתהוה ראשון במקום ראשית הקו,** שהוא עיגול הכתר דא"ק **הנה הוא מעולה ומשובח מכל העיגולים אשר תחתיו, כי הנה הוא נמשך מראש הקו,** מקבל מראשית הקו המחובר לא"ס הסובב את כל מקום החלל. **ועוד כי הנה הוא מקבל הארה** מהא"ס ב"ה **בהיותו במקום גבוה יותר מכולם** ר"ל מהא"ס הסובב מקום החלל. **וזה העיגול העליון שבכולם יהיה נקרא מעלה** והוא הכתר דא"ק, **והעיגול היותר פנימי** מכל העיגולים, הוא עיגול המלכות דעולה העשיה, **הוא אמצעי ותיכון שבכולם, אשר הוא תחתון שבכולם** ר"ל העיגול הפנימי ביותר, שהוא מלכות דעשיה, הוא התחתון מכל העיגולים, והוא החיצון ביותר מכל העגולים, והוא הגשמי ביותר מכל העיגולים, **אשר הוא מקבל האור מתחתית הקו ההוא יהיה נקרא מטה** והוא העולם הזה הגשמי שאנו חיים בו.

הרב ז"ל מבאר[260] כאן גם לעיגולים יש גם בחינת שלוש קוים, שהם חח"ן בימין, בג"ה בשמאל, ודת"י באמצע.

ובעץ חיים שער[261] מ"ב, לא גורסים **בענף**[262] אלא צריך לגרוס **פרק ג'**[263] **בענין עשרה עיגולים דעולם הנקודים,** יתבאר איך גם בבזינת עשר ספירות של העיגולים, יש

בית לחם יהודה ש"א פ"ב ד"ג ע"ג – ועוד יש סיבה שניה. והוא מסיבת הקו עצמו ולא מסיבת הא"ס הסובב.
260

מבוא שערים ש"ב ח"ג ד"ג די"ג ע"ב – וצריך לבאר מה שנתבאר לעיל, איך משתוים או"א גם בבחינת העגולים, ואיך יצדק בהם תיקון על ידי קוים, וכבר נתבאר לעיל בש"ג ח"א פ"ו, כי בצאת שלשת נקודות ראשונות, **העגולים יצאו מתוקנים דרך קוים.** והנה עתה אחר התיקון, פשיטא כי כל תיקונם של כל העשר עגולים הוא היותם בבחינת קוים, ועניגם כך, כי הלא עגולי אריך מקיפים על עגולי אבא, ועגולי אבא מקיפים על עגולי אימא. והנה בעגולי אריך מצד הימין, יש חלון ונקב אחד, יורד ונוקב עד עגולי אבא ומאיר בו. וכן בשמאל עגולי אריך. יש חלון ונקב, יורד ונוקב עיגוליו, ונוקב כל עגולי אבא, ויורד עד עגולי אימא. ועם היות שעוברות ההארה דרך עגולי אבא אל אימא, אינו לוקחו אבא, ואח"כ נותנו אל אימא, רק אין עגולי אבא משמשים רק למעבר בעלמא, ולכן נקרא זה הארת אימא ממש, הנמשכת לה מאריך עצמו. וכן על דרך זה יש קוים, נמשכים מן אבא שהוא חכמה, אל החסד דז"א, כי נוקב ויורד קו הארתו מימין עגולי אבא, ונוקבין תוך עגולי אימא, עד שיורדין ומגיעים אל עגולי החסד. וכן קו נמשך מעגולי אבא בשמאל, ונוקב עגולי אימא ועגולי החסד, עד שמגיע אל עגולי הגבורה. וכן על דרך זה בכל עשרה עגולים, יש קוים נמשכים דרך ימין, ודרך שמאל, ודרך אמצע, להמשיך הארתם, ואינם משמשים העגולים שבאמצעם רק מעבר בעלמא והבן זה. גם הבן ענין הקוים שיש בעשר ספירות, מספירה לחברתה.
261

ע"ח ח"ב שמ"ב פ"ג מ"ב ד"צ ע"ב – דע כי הלבושים הם בחינת הכלים אל אור מקיף, ובין כל לבוש ולבוש יש אור מקיף אחד, ואלו הם בחינת אורות דמקיפים דיושר על כל האצילות כנזכר במקום אחר, שיש שלוש בחינות כלים המקיפים, ועליהם מקיפין האורות דנר"ן וכנזכר לעיל, ואותן הכלים דמקיפין הם

בהם בבחינת קֶו מְמוּשָׁ[264], עִם הֱיוֹתם עִגוּלים, מִלְבַד בבחינת הָעֹשֶׂר
סְפִירוֹת שֶׁל הַיּוֹשֶׁר, הַנַּעֲשָׂה בצִיוּר מראֵה אדם, עַיֵּן שָׁם. וְשָׁם תַּכְלִית
דְרוּשׁ הָעִגּוּלים, ושָׁם יִתְבָּאֵר לְךָ אֵיךְ גַּם בְּעֶשֶׂר סְפִירוֹת הָעִגּוּלים יִצְדַּק
בָּהֶם יָמִין וּשְׂמֹאל וְאֶמְצַע, עִם הֱיוֹתָן כִּדְמִיוֹן עִגּוּלים זֶה תּוֹךְ זֶה[265].

הרב ז"ל מבאר כאן כי בבחינת הקו המתפשט מהא"ס שמחוץ לחלל, מלביש אותו העולם העליון, הנקרא א"ק, והוא בדמות אדם, העומד על רגליו, ויש לו ראש, שהם כחב"ד שבו, וגוף שהם חג"ת נה"י שבו, ועטרת היסוד דיליה, שהוא המלכות שלו. **וכבר ידוע** שלא מדובר בקו הא"ס עצמו, כי לא שייך להגיד פנים ואחור בקו, ואין לנו רשות לדבר בו, אלא מדובר רק על מה שמלביש על הקו, שזה הא"ק הנקרא[266] ו"ק בערך הקו, ובו אפשר לדבר בפנים ואחור, וא"ק

הלבושים, וכן ההיכלות הם העגולים הנזכר בכל מקום, שהם סובבים על אורות המקיף, שהם הלבושים כנזכר. והם בחינת הרקיעים המתעגלים, שהם בחינת ההיכלות של עולם ההוא, ולכן אלו העגולים הם סובבים על כל הבחינות, כי הם דמיון בתים שבתוכם דר האדם, ועליהם הוא הארת המקיפים גדולים מאד, שאי אפשר להם להכנס תוך גבול ומדה. כי אפילו בתוך הבתים והיכלות, שהם כלים גדולים במאד מאד, אינם יכולין להתצמצם שם, ומכל שכן בכלים קטנים, דמיון גופים. ולכן אל תתמה אם אורות המקיפים הם בעגולים ובלבושים, כי אדרבא לרוב גודלם אינם מתלבשין בגוף, אלא במקום רחב מאד מאד, וכל מה שהמקום רחב, יש אור יותר גדול מקיף, והדבר מובן. אמנם לשתי הפירושים הנזכרים לעיל שביארנו בענין מקום מעמד הקליפה, צריך עיון. כי הרי העגולים והאורות המקיפים שעל גבי הלבושים, הם סובבים משתי קצוות הראש של העולם ההוא, כי הרי המקיפים והלבושים סובבים על גבי ראש הבריאה כנודע, ואם כן איך הקליפה הם עומדים ומתלבשים יחד, זו בזו אצילות בבריאה כנזכר בענין הנהו שני צפרין דבזוהר ויחי. ונראה לעניות דעתי שזה יובן במה שכתוב במקום אחר, כי במה יוכר בחינת מעלת אבא על אימא, וכן שאר הבחינת בבחינת העגולים, והרי חצי העגולים הראשונים יהיו כסדר, כתר על חכמה כו', אמנם חצי העגולים למטה יהיה להיפך כי עגול מלכות עומד על גבי עגול יסוד כו'. אם כן במה יוכר בחינת מעלות הספירה זו מזו, ושם בארנו **כי יש חלונות דרך יושר**, ומשם אבא מאיר לאימא, ואמא לז"א כו'. ועל ידי כך ניכר מדרגת מעלתן, גם ידעת ענין פתחים ושערי רקיעין, שדרך שם עולין ויורדין המלאכים והנשמות, אם כן גם על דרך זה הנזכר, שבדרך אותו שער השמים והרקיע, שהוא חלל באמצע שהוא בחינת הפתחים, דרך שם יורדין ועולין גם הקליפה מעולם לעולם.
262

בית לחם יהודה ש"א פ"ב ד"ג ע"ג – ובענף ג' בענין יו"ד העגולים וכו'. לא נתבאר זה בענף ג', רק במבוא שערים דף י"ג סוף ע"ב, וקצת מזה בסוף פרק ג' דשער מ"ב, יעו"ש בד"ה ושם ביארנו וכו', ששם העתקנו לשון מבוא שערים הנזכר.
263

תרשים ב – י"ח
264

הגהות ובאורים)ד(– עיין לקמן שער התיקון סוף פרק ד' שכתב וז"ל - ונודע כי אין אלא ביושר, וצריך עיון)אין מה להאריך יותר(.
265

הגהות ובאורים)ה(– לא נתבאר זה, ועיין שער מ"ב פרק ג', ומבוא שערים שער ב' חלק ג' פרק ד'. ועיין בשער יו"ד סוף פרק ד', שכתב דאין קוין אלא ביושר.
266

רחובות הנהר ד"ג ע"ב – הרי מבואר כי כל פרצופי כל העולמות הם זו"ן למה שלמעלה מהם, ושכל חמשה פרצופים דכל עולם הם זו"ן שהם ו"ק לה' פרצופים של עולם שלמעלה מהם, כל פרצוף לפרצוף שכנגדו בעולם העליון, המשל בזה כי חמשה פרצופי האצילות הם זו"ן שהם ו"ק לחמשה פרצופי א"ק, כל אחד נקרא לפרצוף או"א שכנגדו בחמשה פרצופי האצילות, וגם חמשה פרצופי א"ק, והחמשה פרצופי א"ק כל אחד נקרא לפרצוף או"א שכנגדו בחמשה פרצופי האצילות, וגם חמשה פרצופי א"ק שהם נקראו שהם ו"ק בערך הקודם אליו.

שמלביש את הקו מהטבור דקו ולמטה, כי כמו שעולם האצילות מלביש את א"ק מהטבור דא"ק ולמטה, כך על דרך המשל א"ק מלביש את הקו מהטבור של הקו ולמטה, יוצא שא"ק מלביש על נפש ורוח של הקו, ובנשמה חיה יחידה של הקו אין לנו ראשות ליתעסק. כי[267] כל בחינה תחתונה נקראת ו"ק בערך לעליונה, והבחינה התחתונה מתלבשת מהטבור של הבחינה העליונה ולמטה. ברדע כי[268] כל ספירה וספירה מתחלקת לשלוש פרקים, כאשר בחינת החב"ד מתחלקת לחב"ד, חג"ת, נה"י דחב"ד. וכן בחינת החג"ת מתחלקת לחב"ד, חג"ת נה"י דחג"ת. ובחינת הנה"י מתחלקת לחב"ד חג"ת נה"י דנה"י.

וְהִנֵּה גַּם בַּבְּחִינָה שְׁנִיָּה שֶׁל ר"ל שנקראת יושר שֶׁהוּא בְּצִיּוּר אָדָם, יִצְדַּק שֵׁם **מַעְלָה** שהוא בחינת הכתר, **וּמַטָּה** בחינת המלכות, **פָּנִים** הם נקבי הפנים **וְאָחוֹר. כִּי פָּשׁוּט הוּא שֶׁהַקָּרוֹב אֶל רֵאשִׁית הַקַּו יִהְיֶה רֹאשׁ** שהוא הכתר וחב"ד, **וְשֶׁלְּמַטָּה מִמֶּנּוּ** ר"ל מהראש **יִהְיֶה הַגּוּף** שהם החג"ת, **וְשֶׁלְּמַטָּה מִמֶּנּוּ יִהְיֶה רַגְלַיִם** הנקראים נה"י"ם, **וְכַיּוֹצֵא בִּשְׁאָר פְּרָטֵי פְרָטוֹת** ר"ל כי כל פרט מפרטי הא"ק מתחלק לפרטי פרטים, וכן כל שאר הבחינות דעולמות, פרצופים, וספירות • **וּבְשַׁעַר**[269] **א' בְּעָנָף ג' יִתְבָּאֵר גַּם כֵּן בְּעִנְיַן עֶשֶׂר עִגּוּלִים דְּא"ק, עַיֵּן שָׁם.**

הרב ז"ל מביא ראיות מספר הזוהר הקדוש על בחינת העולמות דעיגולים. לפי פשט דברי הזוהר הקדוש העיגול הפנימי ביותר הוא קליפה בערך העליון ממנו, וכן עיגול על גבי עיגול, כל עיגול חיצוני הוא יותר זך וקדוש בערך לפנימי ממנו. **השאלה** איך אפשר לעמיד את פשט הזוהר, הרב ז"ל כותב כי בעיגולים, החיצון שהוא קרוב ביותר לעיגול הא"ס הוא זך יותר ופנימי יותר, וכאן הזוהר כותב כי הפנימי ביותר הוא המוח והוא הזך ביותר, וכל העגולים שלמעלה ממנו הם בחינות של קליפות שחופין על המוח. את דברי הזוהר הקדוש אפשר להעמיד לפי מערכת היושר, כי ביושר הפנימי ביותר הוא הזך, והוא בחינת המוח, וכל השאר מלבישים עליו הם חיצונים אליו, אבל כאן הזוהר מדבר על העגולים, לקמן בהמשך הדרוש מבאר הרב ז"ל כי כל זה מדבר בערכינו. כלומר[270] מדובר כאן בערכינו, שהקרוב אלינו והסובב אותנו הוא קליפה ביחס לעיגול היותר חיצון, והעגול החיצון ביותר הוא המוח, שהוא בחינת הא"ס.

שער ההקדמות בדרושי א"ק די"א ע"א – ועתה יתבאר ענין אחד נמשך מן האמור והוא כי הנה שם אדם אינו נקרא אלא הזכר והנקבה שהם זו"ן, שהם מ"ה ומ"ב, ונמצא כי א"ק הוא בחינת זו"ן מ"ה וב' בערך הקודם אליו, ודי בזה, ויש בו כללות ע"ב ס"ג מ"ה ב"ן, וכן בחינת אורות היוצאים ממנו כולם יחד הם זו"ן כלול מע"ב ס"ג מ"ה ב"ן.
267

תרשים ב – י"ט.
268

תרשים ב – כ.
269

ע"ח ש"א ענף ג' מ"ב די"ב ע"ד – והנה בחינת העשר ספירות דעגולים כולם, יש בהם כל הבחינות הנזכרים לעיל, שהם אורות וכלים, והאור נחלק לאור פנימי ואור מקיף, הכלי נחלק לחיצוניות ופנימיות, וכן בחינת עשר ספירות דיושר בציור אדם, יש בו כל הבחינות האלו בעצמם גם כן.
270

מקדש מלך פרשת ויקרא ד"ז (פרוש על הזוהר ויקרא ד"ט ע"א) - ואף על פי שמשם נראה שיותר פנימי הוא המוח והחופף עליו הוא הגרוע ממנו, יש לומר כי שם מדבר בערכנו אנחנו, אשר היותר קרוב אלינו נקרא קליפה בערך המוח אשר לפנים ממנו, וכן על דרך זה אשר נמצא, כי הא"ס ב"ה לפני ולפנים, והוא המוח הפנימי לכולם, אבל בבחינת העולמות בעצמם הפנימי שבכולם היא הקליפה, והסובב עליו הוא המוח. כלומר מדובר כאן בערכינו, שהקרוב אלינו והסובב אותנו הוא קליפה ביחס לעיגול היותר חיצון, והעגול החיצון ביותר הוא המוח, שהוא בחינת הא"ס.

וְהִנֵּה ענין זה שנתבאר בענף זה איך כל העולמות הם בבחינת עיגולים זה תוך זה, כגלדי בצלים, והוא בבחינה **רִאשׁוֹנָה** הנקראת בחינת עולמות העגולים, ולבחינה השניה הרב ז"ל קורא עולמות דיושר, ובחינת העיגולים **נִרְמַז** בזוהר הקדוש **בְּהַרְבֵּה מקומות**, ובפרט **בְּפָרָשַׁת וַיִּקְרָא דַּף ט'** ע"ב[271], וְדַף[272] י' ע"א, **אֵיךְ אֲפִילוּ** בעולם הגשמי שגם הָרְקִיעִים וְהָאֲרָצוֹת[273] כְּגָלְדֵי בצלים זה תוך זה, עַיֵּין שָׁם.

וְכֵן בפרשת בראשית דף י"ט ע"א וז"ל[274] – **כּוֹלָא אִצְטְרִיךְ קוּדְשָׁא בְּרִיךְ הוּא לִמִבְרֵי עָלְמָא** הכל היה צריך הקב"ה לברוא בעולם, **בְּהוּ וּלְאִתַּתְקְנָא עָלְמָא בְּהוּ** ובהם נתקן העולם, **וְכֹלָא מוּחָא לְגָאו** בכל דבר המוח הוא פנימי, **וְכַמָּה קְלִיפִין זְפִּין לְמוּחָא** וכמה קליפות מכסות את המוח, **וְכָל עָלְמָא כְּגַוְונָא כו'** וכל העולם בצורה זאת, **כּוֹלָא אִיהוּ דָא לְגוֹ מִן דָּא וְדָא לְגוֹ מִן דָּא כו'** כל המדרגות זו לפנים מזו, וזו לפנים מזו. **וַהֲרֵי מוּכְרָז אֵיךְ כל הָעוֹלָמוֹת זֶה סוֹבֵב לָזֶה וְזֶה סוֹבֵב לָזֶה** וכל זה במערכת העגולים.

271

זוהר ויקרא ד"ט ע"ב עם ביאור ותרגום – **וכלהו רקיעין אלין על אלין כגלידי בצלים** וכל הרקעים הם אלו על אלו כגלידי בצלים שהם זה מלבוש זה, כך הרקיעים מלבישים אלו על אלו, **אלין לתתא ואלין לעילא** אלו למטה ואלו למעלה, והם סודעולמות העגולים, **וכל רקיעא ורקיעא אזלא ורעשא מאימתא דמאריהון** וכל רקיע ורקיע הולך ורועש מאימת מאימת ופחד קונו, **על פומיה בטלין ועל פומיה קיימין** על פיו הם נוסעים ועל פיו הם עומדים, **ולעילא מכלהו קדשא בריך הוא** ולמעלה מכולם הוא הקב"ה, כלומר במעלה וחשיבות, כי הא"ס אינו בעל מקום ח"ו, **דנטיל כולא בחיליה ותוקפיה** והוא נושא וסובל ומנהיג את כולם בכחו וגבורתו.

272

זוהר ויקרא ד"י ע"א עם באור ותרגום – **והכי מחלק כל אינון ארצות** שכך הוא מחלק אתכל הארצות, **דכלהו משתכחי לתתא** שכולם נמצאים למטה, **כגונא דאינון רקיעין דלעילא** כמו אותם רקיעים של מעלה, **אלין על אלין** אלו על אלו, **ואלין על אלין** ואלו על אלו, **ובין כל ארעא וארעא רקיע דמפריש בין דא לדא** ובין כל ארץ וארץ יש רקיע המבדיל בין זו לזו.

273

בית לחם יהודה ש"א פ"ב ד"ג ע"ג – **והארצות כגלדי בצלים זה תחת זה**. ענין הארצות אם הם כגלדי בצלים זה"ז, במחלוקת שנויה כמ"ש בדברינו בראש פ"א דשער מ"ג

274

זוהר בראשית די"ט ע"ב עם באור ותרגום – **כולא אצטריך קודישא בריך הוא למברי עלמא** הכל היה צריך הקדוש ברוך הוא לברוא בעולם, כי גם הקליפות לצורך גבוהה הם, כדי לתת בחירה לאדם בן טוב לרע, ולתת שכר לעושה רצונו ועונש לרשעים, **בהו ולאתתקנא עלמא בהו** ובהם נתקן העולם, כי על ידי הקליפה יש בחירה ויש שכר ועונש, שזה תכלית בריאת העולם, **וכלא מוחא לגאו** שבכל דבר המוח שהוא הקדושה הוא פנימי, **וכמה קליפין חפיין למוחא** וכמה קליפות מכסות את המוח, **וכל עלמא כהאי גוונא עילא ותתא** רצה לומר שכך ברא הקדוש ברוך הוא את עולות שלמעלה מאצילות ולמטה באצילות ובי"ע, **מריש רזא דנקודה עלאה עד סופא דכל דרגין** מראשית הנקודה העליונה שהיא חכמה העליונה, עד סוף כל המדרגות, שהפנימי הוא בחינת מוח והחיצון בחינת קליפה, **כולא איהו דא לגו מן דא ודא לגו מן דא** כל המדרגות זו לפנים מזו, וזו לפנים מזו, **עד דאשתכח דהאי קליפה להאי והאי להאי** עד שנמצא שהמדרגה התחתונה היא בחינת קליפה למדרגה שלמעלה ממנה.

74

כמבואר לעיל שלפי פשט דברי הזוהר הקדוש, נראה כי בעולמות דעיגולים, העיגול היותר עליון הוא קליפה בערך לתחתון, והעיגול התחתון ביותר הוא המוח, לדוגמה כאשר אדם מקלף פרי, פנימיות הפרי היא המוח ביחס לחיצוניות הפרי שהוא הקליפה. כאן רשב"י הפך את הערכין וקרא לעליון ביותר קליפה ביחס לפנימי שהוא מוח. **אבל צריך לדעת** כי במערכת העגולים, העיגול העליון ביותר הוא מוח, בערך לתחתון ממנו, שהוא קליפה בערכו, וכן מעיגול לעיגול, עד העיגול התחתון ביותר שהוא תכלית הגשמיות והקליפה. כך בעולמות דעיגולים החיצוני ביותר, הוא קרוב ביותר לא"ס, והוא הזך ביותר ביחס לעיגולים שמתחתיו. והעיגול הפנימי ביותר הוא הכי רחוק מהא"ס, והוא קליפה בערך לעיגולים שמעליו. ובעיגולים דיושר הפנימי ביותר הוא קרוב ביותר לא"ס, והוא הזך ביותר בערך למה שמעליו, והחיצוני ביותר הוא הכי רחוק מהא"ס, והוא קליפה בערך למה שבתוכו.

וְאַף עַל פִּי שֶׁמִּשָּׁם ר"ל מספר הזוהר הקדוש **נִרְאָה לְהִיפָּךְ, שֶׁהַיּוֹתֵר פְּנִימִית הוּא מוֹחַ, וְהַזּוּופָף עָלָיו הוּא הַקְּלִיפָה הַגְּרוּעָה מִמֶּנּוּ, עִם כָּל זֹאת אִם תְּפַקֵּחַ עֵינֵי שֵׂכְלֶךָ, תָּבִין וְתִרְאֶה כִּי**[275] מאמר זה מדבר בערכנו אנחנו, כי בדרך כלל כל בחינה עליונה היא קליפה ביחס לפנימי, **שׁוֹכְנֵי אֶרֶץ הַתַּחְתּוֹנָה, אֲשֶׁר הַיּוֹתֵר קָרוֹב אֵלֵינוּ הוּא הַנִּקְרָא קְלִיפָה, הַסּוֹבֶבֶת בְּעֶרְכֵּנוּ אֶל הַמּוֹחַ אֲשֶׁר לְפָנִים מִמֶּנּוּ, וְהוּא גַּלְגַּל הַסּוֹבֵב עָלָיו, וְאַזוֹר כָּךְ עוֹד גַּלְגַּל אַזוֹר, הַיּוֹתֵר פְּנִימִי מִמֶּנּוּ בְּעֶרְכֵּנוּ, וְהוּא הַמּוֹחַ אֶל הַגַּלְגַּל הָאַזוֹר, וְכֵן עַל דֶּרֶךְ זֶה** מעיגול לעיגול **עַד אֲשֶׁר נִמְצָא כִּי הָא"ס לְפָנִים מִכָּל הַנֶּאֱצָלִים, וְהוּא מוֹחַ פְּנִימִי לְכוּלָּם, וְכָל הַנֶּאֱצָלִים קְלִיפִין וּלְבוּשִׁין אֵלָיו, וְהַגַּלְגַּל הַיּוֹתֵר קָרוֹב אֵלֵינוּ הוּא הַחִיצוֹן שֶׁבְּכוּלָּם וְנִקְרָא קְלִיפָה עַל כּוּלָּם. הָאָמְנָם בִּבְחִינַת הָעוֹלָמוֹת** דעיגולים **בְּעַצְמָם, אֵינוֹ כָּךְ, אֶלָּא הַפְּנִימִי שֶׁבְּכוּלָּם הוּא הַקְּלִיפָה** בכללות זאת ספירת המלכות, **וְהַסּוֹבֵב עַל כּוּלָּם** בכללות זאת ספירת הכתר **הוּא הַמּוֹחַ.**

[276]**גַּם בַּמַאֲמָר זֶה** בזוהר הקדוש בפרשת ויקרא ד"ט ע"ב **יוּבַן** אפשר לפרש את המאמר על **הַבְּחִינָה הַשְּׁנִיָּה, הַנִּקְרָא צִיּוּר אָדָם בַּיּוֹשֶׁר, שֶׁכּוֹלֵל כַּמָּה עוֹלָמוֹת** לאין קץ, כנזכר **בְּסֵפֶר הַזּוֹהַר** הקדוש **פָּרָשַׁת**[277] **תּוֹלְדוֹת דַּף קְל"ד** ע"ב - וכמה דבר נ"ש איהו

275

בית לחם יהודה ש"א פ"ב ד"ב ד"ג ע"ג – כי מאמר זה מדבר בערכינו וכו'. ולולי פירושו הוה מפרשין בפשיטות שהזאת קאי על בחינת היושר, שכל הגרוע מחבירו הוא מקיף עליו, וכן פירש התם במקדש מלך, וכן פירש הרב שמן ששון בסוף אות כ"ד, ונראה שגם הרב ז"ל הוא עצמו חזר בסמוך ופירש מאמר הנזכר על בחינת היושר, שכתב גם במאמר הנזכר הבחינה השניה וכו', וכן מבואר בשער הקדמות ד"ז ע"א וז"ל - והנה גם מהאמר הנזכר יובן הבחינה השניה שהם עשר ספירות בציור אדם, הכולל כמה עולמות וכו', יעו"ש.

276

הגהות ובאורים)ו(– א"ה ד"ח כל זה הלשון הגהתי אותו משער הקדמות, ומתיבת אבל עד תיבת ממנו, המובא בספרי דפוס אינו שם, וקל למבין.

277

זוהר תולדות דקל"ד ע"ב עם באור ותרגום – **תָּא חֲזֵי כָּל מָאן דְּאִשְׁתַּדַּל בְּאוֹרַיְיתָא אִיהוּ קַיָּים עָלְמָא** בא וראה כל מי שעוסק בתורה הוא מקיים את העולם בכללות, **וְקַיָּים כָּל עוֹבָדָא וְעוֹבָדָא עַל תִּקּוּנֵיהּ כַּדְקָא יָאוֹת** ומקיים כל פעולה ופעולה בפרטות על תיקונה כראוי, **וְלֵית לָךְ כָּל שַׁיְיפָא וְשַׁיְיפָא דְקַיְימָא בֵּיהּ בְּבַר נָשׁ** ואין

אתפלג לכמה שייפין כמו שגוף האדם מתחלק לרמ"ח אברים **וכולהו קיימין דרגין על דרגין** וכולם עומדים מדרגות על מדרגות, **מתתקנין אילין על אילין וכולהו זהד גופא** מתוקנות אלו למעלה מאלו וכולם גוף אחד **הכי נמי עלמא** כמו כן העולם,]די"ב ע"ג 24[,

ובענף ד'278 **נבאר איך כל הבזזינת** האדם דיושר **מצטיירין בציור אדם, והם דא לגו מן דא** זה בתוך זה, **ודא לגו מן דא** וזה בתוך זה, פרצוף **עתיק** דאצילות **לגו מן** פרצוף **א"א** דאצילות, ר"ל פרצוף א"א דאצילות מלביש את פרצוף עתיק דאצילות, **ופרצוף א"א לגו מן** מתלבש בתוך פרצופי **אבא ואימא**, ר"ל פרצופי או"א מלבישים את פרצוף א"א מהגרון ולמטה, ופרצופי **או"א לגו וכו'** ר"ל פרצופי או"א מלבישים את פרצופי זו"ן, וכל זה בעולם האצילות. וכן בעולמות בי"ע **עד סוף כל המדרגות, ושם** בענף ד' דשער זה **יובן** דברים אלו **היטב, כפי]נ"א בזיינת[היותן דא לגו מן דא** וזה בתוך זה, ובעולמות היושר **דא מוזזא** הפנימי, **ודא קליפה** חיצוני, **ועיין שם** בענף ד' **היטב.**

הרי נתבאר כאן **ענין שתי בזיינת שייש בעשר ספירות, אזהד בזיינת עיגולים, ואזהד בזיינת יושר, כמראה אדם.**

דרוש זה מקורו מספר אוצרות חיים וצריך לכתוב מ"ת בראש הדרוש.

מהדורא תנינא מספר אוצרות חיים **הקדמה אזות כוללת מן הא"ס**279 **עד הזעיר אנפין.**

לך כל אבר ואבר שיש באדם, **דלא הוי לקבליה בריה בעלמא** שאין כנגדו איזו בריאה בעולם, ר"ל כמו שגוף האדם מתחלק לרמ"ח אברים, כמו כן כל הבריות שבעולם כלומר כל הדצח"מ)הדומם צומח חי ומדבר(דרך כללות הם שיעור קומה אחת כוללות מרמ"ח אברים, כך גם התורה נחלקת לרמ"ח מצות עשה כנגד רמ"ח אברי האדם, וכל מצוהוהיא כנגד אבר אחד באדם, **דהא כמה דבר נש איהו מתפליג שייפין** כי כמו שגוף האדם מתחלק לרמ"ח אברים, **וכלהו קיימין דרגין על דרגין** וכולם עומדים מדרגות על מדרגות, **מתתקנין אלין על אלין** מתוקנות אלו למעלה מאלו **וכלהו חד גופא** וכולם גוף אחד, **הכי נמי עלמא כל אינון בריין כלהו שייפין וקיימין אלין על אלין** כמו כן כל הבריות שבעולם כולם הם כעין אברים ועומדות אלו על אלו, **וכד מתתקנן כלהו חד גופא ממש** ושכולם יתתקנו אז כולם יהיו כגוף אחד ממש.
278

ע"ח ש"א ענף ד' מ"ב די"ג ע"ג – והנה לאחר שנתגלו ויצאו בראשונה אלו הי"ס דא"ק בחינת נפש,]בתמונת עגולים[. עוד יצאו עשר ספירות אחרות בבחינת רוח דא"ק הזה, בבחינת יושר כמראה אדם, בעל קומה זקופה, כלול מרמ"ח אברים, בציור קומה, ראש, וזרועות, וכפות ידים, גוף, ורגלים. והוא מתחיל להמשך מן הא"ס המקיף דרך קו הנזכר לעיל, ומשם ולמטה בציור אדם כנזכר לעיל כולל שלוש קוים, ימין ושמאל ואמצע, ובהם נכללים עשר ספירות יושר שבו כנזכר לעיל בענף ב'.
279

הגהות ובאורים)א(– תחילת אוצרות חיים

את המוסג הנקרא **זעיר אנפין** לא למדנו עד עתה, מוסג זה מתיחס למערכת של פרצופים, ולא למערכת של עולמות, באופן כללי הא"ס ברא חמשה עולמות שהם א"ק, אצילות, בריאה, יצירה ועשיה, ובכל עולם יש בפרטות חמש פרצופים שהם אריך אנפין, אבא, אימא, זעיר אנפין ונוקבא, ובכל פרצוף ופרצוף יש עשר ספירות שהם כח"ב, חג"ת, נהי"מ. על הפשט הרב ז"ל מדבר על זעיר אנפין דאצילות, כמובן שהרב ידבר גם על הנוקבא דז"א, וגם[280] על עולמות חיילי הנוקבא, רק שהרב ז"ל לא מזכיר את הנוקבא, כי היא נכללת בז"א. **עוד צריך לדעת** את רוב החומר בדרוש זה דמ"ת למדנו בענף א' וב' שהם ממ"ב, כאן החומר הוא ממ"ת והוא חזרה על מה שלמדנו.

דע כי תזלת הכל היה כל המציאות אור פשׁוט, מציאות רוחנית בלתי נתפסת, ששום נברא לא יכול להסיג, לא[281] המלאכים שאומרים - איה מקום כבודו להעריצו, ולא בבני האדם שנאמר[282] עליהם - לא[283] יראני אדם וחי, **ונקרא אור א"ס ב"ה** חסד פשוט בתכלית היחוד, **ולא היה שׁום זׁלל** לפני הצמצום, **ושׁום אויר פנוי** לנאצלים, **אלא הכל היה אור א"ס** וכל זה לפני שעלה ברצונו, היתה מציאות פשוטה הכל אור אין סוף ב"ה, הכל באחדות פשוטה, לא היה בחינה של זמן ולא בחינת מקום. ◆

הרב ז"ל מבאר כאן את הבחינה **שעלה ברצונו** ר"ל שרצה לברא את העולמות **ברצון שאין לא חסרון**, כל התוכניות של בריאת העולמות, עם כל המלאכים, והנאצלים, ובני ישראל בראשם, היתה כמוסה במחשבתו של המאציל ב"ה, שהיא מחשבה לא מורכבת באחדות, שאי אפשר להבין בשכל גשמי, ר"ל וכשעלה ברצונו - הכל היה כמוס, כל מה

רחובות הנהר ד"ב ע"א – אמנם צריך להבין מה שכתב הרב ז"ל, כי בכל פרצופי אבי"ע היה מקרה המלכים ההוא. איך אפשר שהמקרה ההוא היה בבי"ע, והלא שלושה עולמות בי"ע אינם עולמות גמורים כמו עולם האצילות, **כי אינם אלא התפשטות כוחות הנוקבא דאצילות, וחייליה, וצבאיה**, וכולם בחינת נוקבא, ואין בהם דכורא כלל, כמו שכתוב במבוא שערים ש"ב ח"ג פ"ח, וכמו שנבאר בע"ה. וכל קיומם והעמדתם, הוא בכח שארית בירורי הכלים ורפ"ח אורות דמלכים דאצילות, וכשיושלמו להתברר כל הבירורים, אז נאמר - הנה ישכיל עבדי ירום ונשא וגבה מאד. ואז השמים כעשן נמלחו, והארץ כבגד תבלה, כמו שמבואר בע"ה שער ג' סוף פרק ב', עיין שם.

מבוא שערים ש"ב ח"ג פ"ח דט"ו ע"ד – כי כל חלקי שלוש עולמות אלו בי"ע, **כולם בחינת הנוקבא**, ואין בהם דכורא כלל, ואף הדכורין שבהם, אינן אלא כחות הנוקבא כנודע, **כי כולם חיילות המלכות וצבאיה הם**, וכולם נעשו מאלו הברורין של השבעה מלכים, על דרך הנזכר.

תיקוני הזוהר, תיקון י' דכ"ד ע"ב עם ביאור ותרגום – **הדא הוא דכתיב** זהו שכתוב - **מלא כל הארץ כבודו, והכי סליקת** וכך תעלה המלכות לעתיד עטרת בעלה **עד דלא אשכחין לה אתר** עד שלא ימצאו את המקום שעלתה, **ושאלין מלאכין בגינה** ושואלים המלאכים בעדה - **איה מקום כבודו להעריצו, ולא אשכחין לה שיעורא** ולא מוצאים לה שיעור הראוי להשיגה, **עד דאמרין** עד שאומרים - **ברוך כבוד הוי"ה ממקומו, בגין דסלקא ליה עד אין סוף** לפי שעלתה עד האין סוף, שהוא הכתר, **דאיהו** שהוא נרמז באות י' **רישא** בראש **דאות א'**.

שמות ל"ג כ' – ויאמר לא תוכל לראות את פני כי **לא יראני האדם וחי**.

תניא פרק ל"ו דמ"ד ע"ב – כדכתיב כי לא יראני האדם וחי, וכדפירוש רז"ל שאפילו מלאכים הנקראים חיות, אין רואין כו'. וזהו ענין השתלשלות העולמות וירידתם ממדרגה למדרגה, על ידי ריבוי הלבושים המסתירים האור והחיות שממנו יתברך, עד שנברא עולם הזה הגשמי והחומרי ממש. והוא התחתון במדרגה שאין תחתון למטה ממנו, בענין הסתר אורו יתברך וחשך כפול ומכופל, עד שהוא מלא קליפות וסטרא אחרא, שהן נגד הוי"ה ממש.

שעתיד להאצל במחשבתו ב"ה, שהיא מחשבה לא מורכבת, ולא כמו אצל האדם שמחשבתו מורכבת, ויש[284] לה גם את הכח המדמה. ואין לאדם המוגבל בגוף גשמי את היכולת להבין דבר זה.

וכשעלה ברצונו[285] שהוא רצון בלי חסרון **להאציל הנאצלים, ולברוא הנבראים, לסיבה נודעת** לו בלבד, ואחד הסיבות היא[286] כי אין מלך בלא עם, וגם לסיבה ש**הוא** המאציל העליון[287] **ליקרא רזום וזנון** וכיוצא בזה, ואם אין בעולם מי שיקבל רזומיו ממנו ר"ל אין בעולם נאצלים, **איך יקרא רזום, וכן על דרך זה** בשאר הכנויים וכל זה היה בהתחלה בכח. וכדי להוציא את זה לפועל, ר"ל להאציל נאצלים, **הנה צמצם עצמו** בכח גילוי מידת הדין, שהוא כח בעל תכלית **באמצע**[288] צריך לגרוס מאמצע ה**אור** הא"ס, וכל זה הוא בערכינו[289] **שלו** שהוא כח בלי תכליתי, **בנקודת המרכז האמצעי, אל הסביבות והצדדים, ונשאר זלל"ל** עגול כדורי **בנתיים.**

284

שומר אמונים, וכוח שני, העיקר החמישי דף ע"א — העיקר החמישי שאינו גוף ולא כח בגוף, ולא מתערב ומשתתף עם שום נמצא, והנה הרחקת הגשמות מהאלו"ה, היא הסכמת אמיתיות מכל חכמינו ז"ל מוכרחת מן הסברא ומן הכתובים, אמנם לא הכל יודעים מהו ענין המוגשם ומהו ענין הרוחני הפשוט. ולכן רצוני להאריך בענין זה כדי להצילך מהטעות שטועים כמה וכמה אנשי זמנינו. הנה רבים חושבים לדמות האלו"ה שהוא אור גדול זר ובהיר וכיוצא. בחושבם שענין זה אינו גוף, והוא תכלית השיבוש והטעות, כי האור עם היות היקר שבמוחשים הנה הוא גשמי, אין לך שום דמיון מתדמה שלא יהיה דמות הגוף, וכמו שכתב האר"י זלה"ה בסוף ספר מבוא השערים, **כי הכח המדמה שבאדם אינו יכול לצייר רק ציור גשמי וחומרי, לא בציור רוחני הנקרא צורה ונפש.** אבל השכל שבאדם ישיג מציאות הצורה עצמה, וישיג החומר כמותו ותכונתו. אך זהו דוקא על ידי כח הדמיון שהוא כלי השכלי, כי השכל לא יצייר כלל הכמות והתכונה, שהם מקרי הגשם, עד כאן תוכן דבריו.

285

זוהר חדש ד"ס ע"ב עם ביאור ותרגום — **רבי שמעון אמר, עד שלא ברא הקדוש ברוך הוא** שהוא הא"ס ב"ה, **את עולמו, הוה הוא** היה הוא, **ורשמיה סתים בגויה** ושמו סתום ונעלם באור הא"ס, **סליק ברעותא למברי עלמא** אז עלה ברצונו לברוא את העולם, **כיון דסליק ברעותא** כיון שעלה ברצונו, **אסתתר נקודה דסתים** הקיף והלביש את הנקודה בסתומה שהיא הכתר.

286

פרקי דרבי אליעזר פ"ג — מקדם עד שלא נברא העולם, מיד נתייעץ הקדוש ברוך הוא בתורה, ששמה תושייה, לברוא את העולם, השיבה לו ואמרה - ריבון העולמים **אם אין צבא, ואם אין מחנה למלך על מה הוא מולך, ואם אין עם מקלסין למלך איזה הוא כבודו של מלך**, שמע אדון עולם וערב לו.

287

שמות ל"ד ו'-ז' — ויעבר הוי"ה על פניו ויקרא הוי"ה הוי"ה א"ל **רחום וחנון ארך אפים ורב חסד ואמת. נצר חסד לאלפים נשא עון ופשע וחטאה ונקה** לא ינקה פקד עון אבות על בנים ועל בני בנים על שלשים ועל רבעים.

288

בית לחם יהודה ש"א פ"ב ד"ג ע"ג — באמצע האור שלו. צריך לגרוס מאמצע, ר"ל סילק האור מאמצע.

289

ע"ח ש"א ענף ב' די"א ע"ג — אמר מאיר)פאפרוש כ"ץ אשכנזי(בערכינו אמר הרב וזה וק"ל.

הרב ז"ל מבאר כי הצמצום הזה היה הצמצום הראשון, מכאן יש להבין כי היו עוד בחינות של צמצום, בא"ק[290] ובשאר העולמות והפרצופים, כמו שיתבאר כל אחד במקומו. **ובכללות הדבר** הוא, כי כל גילוי של הנהגה חדשה, **קודם לה צמצום.** הנה אחר הצמצום לא נשאר מקום החלל ריק, ואויר פנוי לגמרי, אלא[291] מן האור שנסתלק לצדדים, נשאר שם במקום החלל הפנוי בחינת[292] רשימו, שהוא[293] דרך משל בחינת מלכות דמלכות דא"ס, שהוא גילוי אור הא"ס, מה

290

ע"ח ש"ח פ"ב מ"ת דל"ה ע"ד – וכבר נתבאר לעיל, כי כאשר רצה המאציל להאציל בחינת נקודים, כוונתו היה לעשות בחינת כלים, לשיוכלו העולמות התחתונים לקבל אורו שמאיר בהם. והנה ראה המאציל כי עדיין לא היה כח במקבלים לקבל האורות של העינים האלה, אשר מקום התפשטותן הוא ממקום הטבור עד סיום הרגלים של א"ק כנזכר לעיל, ולכן מה עשה טרם שהוציא האורות האלו דרך העינים, **צמצם עצמו צמצום אחד.** והוא שכל האור שהיה מתפשט בתוך הא"ק הזה, מטבורו עד סיום רגליו, העלהו בחצי גוף העליון מהטבור ולמעלה, ונשאר המקום שמן הטבור ולמטה ריקן בלתי אור. **והמשכיל יבין וידמה מלתא למלתא,** איך בכל אצילות בחינת חצי תפארת ונה"י תמיד, המאירין בעולם שלמטה. כי נה"י דז"א, מאיר אל הנוקבא. ונה"י דאו"א, מאיר אל הז"א. ונה"י דא"א, לאו"א. ונה"י דעתיק, לא"א. ונה"י דא"ק, לעתיק, ולכל בחינת האצילות כמו שנבאר בע"ה. **גם תבין כי בכל בחינת הוצאות האורות חדשים,** היה קודם להם ענין הצמצום. כי כן מצינו בא"א שצמצם נה"י שלו, כדי לאפקא לזו"ן, כנזכר במקומו. וכן היה בזה הא"ק, ואין להאריך בזה.

291

תורת שמואל לאדמו"ר מהר"ש, תר"ם ח"א, מאמרים, אז ישיר, קכ"ח – הענין הוא כנודע שקודם הצמצום היה אור א"ס ממלא כל החלל, ועל ידי בחינת הצמצום, סילק אורו הגדול על הצד, **ונשאר רק רשימו ומקום פנוי.** ואם כן גם מה שסילק על הצד שזהו בבחינת העיגול שלפני הקו, הרי גם בו נגע בחינת הצמצום שהרי סילק להתעלות ממקום המקום פנימי על הצד בבחינת העיגול שלפני הקו. **ובחינת הרשימו מאחר שנשאר במקום המקום פנימי,** הרי לא נגע בו הצמצום כלל.

292

ע"ח ש"ו מ"ת דכ"ו ע"ד – והנה יש **בטבע האורות** להשאיר רושם שלהם למטה, במקום שהיו שם בראשונה, ולכן כל האורות האלו בעת עלותם **הניחו רשימו** למטה, במקום שהיו שם בראשונה.
ע"ח שי"ט פ"א מ"ת דפ"ט ע"ד – כנודע אצלינו בהקדמה, שאין לך שום אור, שאינו **מניח רשימו** במקומו, אף אחר **הסתלקותו** משם.
ע"ח שי"ט פ"א מ"ת ד"ץ ע"א – עם כל זאת הרושם של מקום הנזכר לעיל נשאר שם, כנודע אצלינו בהקדמה - **שאין לך שום אור שאינו מניח רשימו במקומו,** אף אחר הסתלקותו משם.
מבוא שערים ש"ב ח"ב פ"ה ד"ח ע"ב – כי מטבע האורות הרוחניים, **להישאר רשימו במקומם,** אף אחר הסתלקותם משם.

293

ע"ח ח"ב שמ"ב פ"א מ"ת דפ"ט ע"ב – וביאור הדבר, כי הנה בהכרח הוא שתהיה מדרגה אמצעי בין המאציל אל הנאצל, כי יש הרחק ביניהן כרחוק השמים מן הארץ, ואיך יאיר זה בזה, ואיך יברא זה את זה. שהם שני קצוות, אם לא היה דבר ממוצע ביניהן ומחברם, ויהיה בחינה קרובה אל המאציל, וקרובה אל הנאצל, והנה בחינה זו הוא כתר, **הנקרא תהו,** כי אין בו שום יסוד, כי על כן אינו נרמז בשם הוי"ה כלל, רק בקוצו של יו"ד. אמנם הוא בחינת אמצעי כנזכר לעיל, והוא כי הנה כתר הוא דוגמת החומר הקודם, **הנקרא היול"י,** שיש בו שורש כל הארבעה יסודות **בכח ולא בפועל,** ולכן נקרא תהו, כי הוא מתהא מחשבות בני אדם, באמרם הנה אנחנו רואים שאין בו צורה כלל, ועם כל זאת אנחנו רואים שהוא נאצל, ויש בו כח הארבעה צורות. נמצא כי אפשר לקרואו א"ס, ומאציל, כמו שהוא דעת קצת המקובלים, שהא"ס הוא הכתר, ואפשר לקרואו בשם נאצל, כי ודאי א"ס גדול ממנו, ועל כן הזהירו בו חכמים - במופלא ממך אל תדרוש, אמנם תכלית מה שאנו יכולים לדבר בו הוא, כי הכתר הוא בחינה ממוצע, ממאציל ונאצל, **והטעם הוא כי הבחינה היותר האחרונה מכל האפשר בא"ס, הוא אשר האציל בחינה ראשונה, אשר בה שורש כל העשר ספירות בהעלם ודקות גדול, שאי אפשר להיות לנאצל יותר דקות ממנו,** כי תהו אשר למעלה ממנו, אין עוד זולת האפס המוחלט כנזכר לעיל. ונמצא כי יש בבחינה זו שתי מדרגות, אחד הוא הבחינה היותר תחתונה ושפלה מכל בחינת א"ס, וכאלו נאמר דרך משל, **שהוא בחינת מלכות שבמלכות,** ואף על פי שאינו

שמוכרח לתכלית וקיום הנבראים, והוא שורש של כל המציאות שממנו נבראו כל הנבראים מראש הנבראים עד סוף עולם העשיה, וגם רשימו זה הוא שורש לבחינת החיצוניות, הכלים, והגופים של כל הנבראים.

וֹזֶה הָיָה צִמְצוּם רִאשׁוֹן[294] **שֶׁל הַמַאֲצִיל הָעֶלְיוֹן,** [295]**וְזֶה הַמָּקוֹם זַכְלַל עָגוֹל בְּשָׁוֶה** כי הא"ס שהוא המאציל בתכלית השוויון כך גם מקום הנאצלים הוא בתכלית השוויון **מִכָּל צְדָדִין** וכל זה הוא בחינת משל, **עַד שֶׁנִּמְצָא עוֹלָם הָאֲצִילוּת, וְכָל הָעוֹלָמוֹת נְתוּנִים תּוֹךְ עָגוֹל זֶה וְאוֹר אֵ"ס מַקִּיפוֹ בְּשָׁוֶה**[296]. **וְהִנֵּה כַּאֲשֶׁר צִמְצֵם** הא"ס את **עַצְמוֹ, אָז דֶּרֶךְ צַד אֶחָד מִן הַזַכְלַל הִמְשִׁיךְ דֶּרֶךְ קַו אֶחָד** שֶׁהוּא[297] בעצם שלושה קוים חח"ן בג"ה כתי"ם **יָשָׁר דַּק, כְּעֵין צִנּוֹר** שהוא בעצם כלי בערך האור דא"ס שבתוכו, ונעשה מבחינת הרשימו שנשאר בתוך החלל, והוא

כך, כי אין שם דמות וספירה ח"ו כלל, רק לשכך האזן נדבר כך. והנה בזו המדרגה התחתונה שבא"ס יש בה כללות כל שלמעלה הימנו, ומקבלת מכולם, כנודע שהמלכות מקבלת מכולם, מדרגה זו התחתונה היא האצילה את בחינה השנית, שהיא המדרגה העליונה מכל מה שבכבל הנאצלים, ויש בה שרש כל הנאצלים, והיא משפעת לכולם. **באופן שהיותר קטן מכל המאציל האציל היותר מובחר שבכבל הנאצלים**, ואין ביניהם מדרגה אחרת כלל, כי אחר המאציל הזה אין נאצל יותר קרוב אליו, ודומה לו. כזה וכללות שתים אלה, הבחינה היא בחינה ראשונה הנקרא כתר, שבערך בחינה הראשונה אשר בה הקראוה קצת מקובלים א"ס, ובערך בחינה שניה שבה, קראוה קצת המקובלים כתר, שהוא במנין העשר ספירות, אבל אנחנו סברתינו לא כדברי זה, ולא כדברי זה, **אלא היא בחינה אמצעית בין א"ס לנאצלים**, ויש בה בחינת א"ס ובחינת נאצלים, ושתי בחינות אלו הנקרא עתיק וא"א, ושניהן נקרא כתר כנודע כנודע אצלינו, **והבן זה מאד.**
294

בית לחם יהודה ש"א פ"ב ד"ג ע"ג – וזה היה הצמצום הראשון. כי צמצום שני היה בא"ק עצמו, כמו שנבאר בפרק ב' דשער ח', יעו"ש. וכך כתב בשער הקדמות דף ט' ע"ג ז"ל - עוד טעם שלישי, ובו יתבאר גם טעם השני הנזכר, והוא במה שיבואר לקמן בפעם השלישי ענין הצמצום השני אשר היה בא"ק הנזכר וכו'. וכן כתב שם בדף י"ח סוף ע"ד וז"ל - ולכן קודם שהאציל האורות האלו, היה עוד צמצום שני אחר בא"ק, על דרך צמצום הנזכר לעיל בא"ס, יעו"ש.
295

איפה שלמה ד"א ע"א אות ב' – וזה המקום החלל הוא עגול וכו'. עיין בע"ח שער א' ענף ב', שרז"ל נתן שם כמה טעמים למה היה הצמצום בתמונת עיגול, ואחד מהטעמים הוא שאם יהיה הצמצום מרובע, או משולש, אז יהיה בהם זוויות בולטות, קרובות אל הא"ס וכו', פירוש שאם היה מקום החלל מרובע, או משולש, בעל זווית נצבות וגם הנאצלים יהיו בתמונת מרובע, או משולש כדוגמת החלל, אם כן יהיה הקרן זווית של הנאצלים, שהיא כנגד זווית של החלל, מקבלת אור משתי צדדים, דהיינו משני רוחות, מה שאין כן באמצע המשך שאר אורך הצדדים, אינו מקבל מהא"ס כי אם מצד אחד, ולא יהיה קבלתם מהא"ס בהשואה אחת גמורה. לא כן עתה שנעשה הצמצום בתמונת עיגול, וגם הנאצלים בתמונת עיגול, יהיו עתה מקבלים הארת אין סוף ברוך הוא בהשואה אחת מכל צדדיהם. ובזה יתייישב מה ששמעתי מקשים על מה שאמר הרב שאם יהיה הצמצום והנאצלים בתבנית מרובע, או משולש, אז יהיה בהם זויות בולטות קרובות אל הא"ס וכו', **ואדרבא איפכא מסתברא**, שאלכסון עודף על הריבוע תרי חומשי, ואם כן יהיה הצמצום רחוקות מהנאצלים ולא קרובות. אמנם לפי מה שבארתי אם שגיתי.
296

בראשית רבא ס"ח אות ט' - ויפגע במקום, רב הונא בשם רבי אמי אמר, מפני מה מכנין שמו של הקדוש ברוך הוא, וקוראין אותו מקום, **שהוא מקומו של עולם ואין עולמו מקומו**, מן מה דכתיב - הנה מקום אתי. הוי הקדוש ברוך הוא מקומו של עולם, ואין עולמו מקומו.
297

ע"ח ש"א פ"א פ"ב די"ב ע"א – ועתה נבאר בחינה השניה שיש בה עשור ספירות, הלא הוא בחינת אור היושר, **כדמיון שלוש קוים**, כצורת אדם העליון.

בחינת דין, ומה שמתלבש בקו הזה הוא **אור אזוד** שהוא אור הא"ס ב"ה המתפשט בחלל, והוא בחינת חסד ורחמים, והאור הזה המתלבש בקו הוא **הנמשך מן הא"ס אל תוך הזזלל** [298]**ומבמלא** [299]**אותו**, כך [300] מצינו שיש שתי בחינות של שפע, האחד הוא שפע חיצוני, והוא בחינת הצינור הנקרא קו, והאחד הוא שפע פנימי, והוא האור שיורד מהא"ס ומתלבש בקו זה, שכל אחד מהם כלול משלושה קוים, שהם חח"ן בג"ה כדתי"ם.

אבל עם כל זאת **נשאר מקום פנוי בין האור** המתלבש בתוך הקו **שבתוך הזזלל** עם הרשימו שבתוכו, **ובין** עצמות **אור הא"ס המקיף את הזזלל** [301] מבחוץ, **שאם לא כן יזזזור הדבר** ר"ל כל מקום החלל **לכמות שהיה, ותזזור ותתזזבר האור הזה** שבתוך הקו ורשימו **שבתוך הזזלל, עם** אור **הא"ס** שמחוץ לחלל **כבראשונה יזזד.**

ועל כן גם **לא נתפשט ונמשך האור** דא"ס הזה בר**וזב** בהתפשטותו **אל תוך הזזלל, רק דרך קו אזזד** הנקרא צינור דק לבד, **ודרך קו הזה נמשך ויורד אור א"ס** מחוץ לחלל **אל תוך הזזלל העגול, שהוא הנאצל, ועל ידי כך מתדבק המאציל בנאצל יזזד ולא** [302] **עוד**, לא גורסים **אלא, ואף על פי שכל** חלל **האצילות עגול, והא"ס** האמיתי **בוקיפו מכל צדדיו בשוה** ר"ל את מקום החלל עם כל הנאצלים. **עם כל זה** אותו המקום **הנשאר דבוק בו ממש, ונמשך ממנו** ר"ל מהא"ס האמיתי **ראש הקו הזה** ובתוכו מתלבש אור הא"ס, והוא **נקרא ראש האצילות העליונה** שהם העולמות דא"ק, והעולמות שמעל א"ק, **וכל מה שנמשך** דרך הקו הזה **ונתפשט** עד

298

כרם שלמה ע"ח ש"א ענף ב' אות כ"ז – וממלא אותו, אינו ר"ל שאותו האור ממלא אותו חלל ברוחב וארוך, אלא ר"ל ממלא אותו באורך דווקא שהוא מלמעלה למטה, ואפילו אותו מילוי של האורך אינו מילוי ממש עד למטה.

299

בית לחם יהודה ש"א פ"ב מ"ב ד"ג ע"ג – וממלא אותו קאי על העגולים.

300

ע"ח ש"א ענף ב' די"א ע"ד – ודרך הקו הזה נמשך ונתפשט אור א"ס למטה. ובמקום החלל ההוא האציל וברא ויצר ועשה כל העולמות כולם, וקו זה כעין צנור דק אחד אשר בו מתפשט ונמשך מימי אור של א"ס אל העולמות, אשר במקום האויר והחלל ההוא.

דעת ותבונה דל"ג ע"ג – ומזה האור שנתצמצם ונתרחק, הוא האור עצמו של הא"ס, אשר היה בתחילה במקום החלל הזה ונתצמצם, ולכן הוא הקו הזה נתפשט ונתלבש בתוך הגוף, שהוא עשר ספירות שנעשו מהרשימו הנשאר בכח הצמצום להחיותם, אבל הנרנח"י הנמשכים מן אור א"ס דרך הקו הזה הם נמשכים מהיותר למעלה, מהאור **שלא הגיע** שם הצמצום.

301

הגהות ובאורים)ב(– שנתצמצם אל הצדדין שהקו למטה אינו נוגע גם כן.

302

בית לחם יהודה ש"א פ"ב ד"ג ע"ג – ולא עוד אלא אף על פי שכל האצילות וכו'. גירסא אוצרות חיים ולא עוד. ואף על פי וכו', ואלא נמחק, עיין שם והיה גירסא נכונה.

לְמַטָּה, נִקְרָא תַּחְתִּית הָאֲצִילוּת שהם העולם הגשמי הזה. וְעַל יְדֵי כָּךְ נִמְצָא שֶׁיֵּשׁ בְּחִינַת מַעְלָה וּמַטָּה בָּאֲצִילוּת שבמקום החלל, דְּאִם לֹא כֵן לֹא הָיָה בְּחִינַת רֹאשׁ וְרַגְלַיִם מַעְלָה וּמַטָּה בָּאֲצִילוּת.

וְהִנֵּה הָאוֹר הַזֶּה הַמִּתְפַּשֵּׁט תּוֹךְ הַחָלָל הַזֶּה הִנֵּה הוּא נֶחְלָק לִשְׁתֵּי בְּחִינוֹת של עיגולים ויושר, הָאֶחָד הוּא בחינת העגולים, שֶׁכָּל הָאוֹרוֹת שֶׁבְּתוֹךְ הֶחָלָל הַזֶּה מוּכְרָז[303] הוּא שֶׁיִּהְיֶה בִּבְחִינַת עִגּוּלִים אֵלּוּ תּוֹךְ אֵלּוּ. וְהַמָּשָׁל בָּזֶה[304], אוֹר סְפִירַת הַכֶּתֶר עִגּוּל רִאשׁוֹן שהוא הקרוב ביותר לעיגול הא"ס, וּבְתוֹךְ עִגּוּל זֶה דעיגול הכתר נמצא עִגּוּל חָכְמָה, וְכַיּוֹצֵא בָזֶה עַד תַּשְׁלוּם עֲשָׂרָה עִגּוּלִים, שֶׁהֵם עֶשֶׂר סְפִירוֹת כח"בחג"ת נהי"ם דָא"ק.

הרב ז"ל עובר כאן ממערכת של עולמות שזה א"ק ואבי"ע, למערכת של פרצופי עולם האצילות, שהם פרצוף עתיק יומין, א"א, או"א, וזו"נ. הרב ז"ל יתחיל במערכת של עולמות, והוא יתחיל בעולם דא"ק, והיה צריך להמשיך לעולם האצילות, ואחר כך לעולמות בי"ע. עם[305] זאת הרב ז"ל מבאר את פרצופי עולם האצילות. בדרך כלל אנחנו מערכים בכל עולם ועולם חמשה פרצופים, כנגד חמשה הבחינות שבשם הוי"ה, שהם קוץ היו"ד, י, ה, ו, ה. כאשר עולם א"ק, הוא קוץ דיו"ד דהוי"ה. עולם האצילות, אות י' דהוי"ה. עולם הבריאה, אות ה' הראשונה דהוי"ה. עולם היצירה, אות ו' דהוי"ה. עולם העשיה, אות ה' האחרונה דהוי"ה. במערכת עשר[306] הספירות קוץ של יו"ד הוא ספירת הכתר, אות י'

303

ע"ח ש"א ענף ב' די"א ע"ג – והנה הצמצום הזה היה בהשוואה אחת, בסביבות הנקודה האמצעית ריקנית ההוא, באופן שמקום החלל ההוא היה עגול מכל סביבותיו בהשוואה גמורה, ולא היה בתמונת מרובע בעל זויות נצבת, לפי שגם א"ס צמצם עצמו בבחינת עגול בהשוואה אחת מכל צדדים, והסיבה היתה לפי שכיון שאור הא"ס שוה בהשוואה גמורה, **הוכרח** גם כן שיצמצם עצמו בהשוואה אחת מכל הצדדים, ולא שיצמצם עצמו מצד אחד יותר משאר הצדדים. ונודע בחכמת השיעור שאין תמונה כל כך שוה כמו תמונת העיגול, מה שאין כן בתמונת מרובע בעל זויות נצבת בולטות, וכן תמונת המשולש, וכיוצא בשאר התמונות. ועל כן מוכרח הוא להיות צמצום הא"ס בבחינת עיגול, והסיבה הוא בעבור שהוא שוה בכל מידותיו כנזכר לעיל.

304

שפת אמת ש"א ענף ב' ד"א ע"א – והמשל בזה, אור ספירת הכתר עגול אחד, ובתוכו עגול שני, והוא ספירת חכמה, וכן כיוצא בזה, עד תשלום העשר עגולים, שהם עשר ספירות דא"ק. ואחר כך עיין עוד וכו', עד כאן. וראיתי הגה"ה לאחד מן הקדושים שכתב וז"ל - התחיל מאריך ולמטה, דהיינו ששם התחיל האצילות, ולא דייק למלתיה דאין הכי נמי שיש למעלה מזה כמה בחינות עגולים אחרים, עד כאן לשונו. ואחרי נשיקת ידי ורגלי קודשו לא הבנתי דבריו, לפי מה שכתב רבינו ז"ל לקמן ענף ד', וז"ל - ושם יתבאר איך מבחינת היושר של א"ק וכו', עיין כל אותו דרוש, ותראה בהדיא שכל העולמות שהם מטבור דא"ק ולמעלה, אין להם בחינת עגולים, כי אם יושר לבד, ולא התחילו בחינת העגולים אלא מנקודים ולמטה, שאחר כך נתקן ונעשה מהם עולם האצילות, שהם ששה פרצופים - עתיק, ואריך, ואו"א, וזו"ן, ומלבישים לא"ק מטבורא ולמטה, ולהם היה בחינת עגולים בלבד, ועליהם עגולי א"ק, ואם שגיתי אתי תלין משוגתי.

305

תרשים ב - כ"א.

306

בספר היצירה פרק א' משנה ו' – עשר ספירות בלימה מדתן עשר שאין להם סוף, נעוץ סופן בתחילתן ותחילתן בסופן, כשלהבת קשורה בגחלת. שאדון יחיד הוא ואין שני לו. ולפני אחד מה אתה סופר.

ספירת החכמה, אות **ה'** הראשונה ספירת הבינה, אות **ו'** הספירות דחג"ת נה"י, ואות **ה'** האחרונה ספירת[307] המלכות. וכן בכל עולם ועולם מתחלקות הבחינות האלו. **עוד צריך לדעת**[308] כי מבאר הרב ז"ל שבחינות אלו מלבישות אחת את השניה לפעמים בבחינת[309] אורך, ולפעמים[310] בבחינת עובי, הכל לפי תוכן הדרוש, כמו שיתבאר לקמן.

וְאַזוֹר כֵּךְ עֲשָׂרָה עִגּוּלִים אֲזוֹרִים, וְהֵם עֶשֶׂר סְפִירוֹת דְּפַרְצוּף **עַתִּיק** יוֹמִין.
וְאֵזוֹר כֵּךְ בְּתוֹכָם ר"ל תוך העיגול התחתון של פרצוף דעתיק יומין, שהוא מלכות דפרצוף עתיק **עֶשֶׂר**[311]
עִגּוּלִים אֲזוֹרִים, וְהֵם עֶשֶׂר סְפִירוֹת דְּפַרְצוּף **א"א. וְאֵזוֹר כֵּךְ בְּתוֹכָן** ר"ל תוך העיגול
התחתון של עשר ספירות דפרצוף א"א, שהוא ספירת מלכות דפרצוף א"א **עֶשֶׂר עִגּוּלִים אֲזוֹרִים, וְהֵם
עֶשֶׂר סְפִירוֹת** דְּפַרְצוּף **אַבָּא. כָּךְ אֵלוּ תוֹךְ אֵלוּ עַד סִיוּם כָּל פְּרָטֵי** עוֹלָם הָ**אֲצִילוּת,**
ר"ל תוך העיגול התחתון של עשר ספירות דפרצוף אבא שהוא מלכות דאבא, מתלבשים עשרה ספירות דפרצוף אימא,
ותוך העיגול התחתון של עשר ספירות דפרצוף אימא, שהוא מלכות דאימא, מתלבשים עשר ספירות דפרצוף ז"א. ותוך
העיגול התחתון של עשר ספירות דפרצוף ז"א, שהוא מלכות דז"א, מתלבשים עשר ספירות דפרצוף נוקבא, ועד כאן
הוא בעולם האצילות. תוך העיגול התחתון של עשר ספירות דפרצוף נוקבא דאצילות, שהוא מלכות דנוקבא דאצילות,

---

307

במסכת אבות פרק ד' משנה כ' – רבי מתיה בן חרש אומר, הוי מקדים לשלום כל אדם, והוי זנב לאריות)מלכות דעולם העליון(, ואל תהי ראש לשועלים)כתר דעולם התחתון(.

308

תרשים ב – כ"ב.

309

רחובות הנהר ד"ה ע"ד – ועוד שינוי אחר היה בהם, קודם התיקון כי כל אחד היה זו למעלה מזו, ואין זו מתלבשת בזו כלל, ואז נמצא שכולם נקראו פרצוף אחד לבדו, וגם בלתי התלבשות שום ספירה בחברתה, והיתה שיעור קומתו כמו שהוא עתה ממש כל אורך האצילות. ואחר כל התיקון, נתפשטו כל הפרצופים מחמת שניתוסף בהם שלימות עשר ספירות, **ונתארך כל אחד מהם אורך כל האצילות**, ונכללו אלו באלו, ונתלבשו אלו בתוך אלו, שום בקומתם בהשואה גמורה, עד שהנוקבא מלבשת לכל הפרצופים בשוה לכל קומתם. ולא זו בלבד היה אלא אפילו פרטי העשר ספירות דכל פרצוף, **נתארך כל אחד אורך כל האצילות**, ונכללו אלו באלו, ונתלבשו אלו בתוך אלו, שום בקומתם. המשל בזה, עתיק נשלם לעשר ספירות, וכל אחד מהם כלולה מעשר ספירות, **ונתארכה כל אחת אורך כל האצילות**, ונכללו אלו באלו ונתלבשו אלו באלו, עד שנמצאו עשר פרצופים זה בתוך זה, שום בקומתם בהשואה גמורה, וכולם הם פרצוף עתיק. ועל דרך זה מלבישים עליו עשר פרצופי א"א, וכולם א"א. ועליו עשר פרצופי אבא, וכולם אבא. ועליו עשר פרצופי אימא. ועליו עשר פרצופי ז"א. ועליו עשר פרצופי נוקבא. וכל זה ההתכללות, וההתלבשות, וההתפשטות, הוא בנקודה אחת, וכן בשאר הנקודות.

310

רחובות הנהר ד"ו ע"ד – ולכן כל פרטי ספירות דא"א נתקנו עתה, ונעשו כתרים, שהוא א"א בראש כל פרטי פרצופי האצילות, ובתוכם מלובשים כל פרטי פרצופי זו"ן דאדם קדמון כל פרצוף, בתוך פרצוף שכנגדו בארוך, **והם מלבישים זה את זה בעובי מטיבורא דא"ק, ולמטה.** וכל פרטי ספירות דאו"א, נעשו חכמות שהם או"א לכל פרטי פרצופי האצילות, **והם מלבישים זה את זה בעובי מכנגד הגרון דא"א, ועד החזה.** וכל פרטי ספירות דישראל סבא ותבונה, נעשו בינות, שהם ישו"ת לכל פרטי פרצופי האצילות, **והם מלבישים זה את זה בעובי, מכנגד החזה דא"א ועד הטיבור.** וכל פרטי ספירות דז"א, נעשו ו"ק, שהוא ז"א לכל פרטי פרצופי האצילות, **והם מלבישים זה את זה בעובי, מכנגד הטיבור דא"א עד סוף האצילות.** וכל פרטי ספירות המלכיות, נוקבא דז"א, נעשו מלכיות, שהם נוקבא דז"א לכל פרטי פרצופי האצילות, **והם מלבישים זה את זה בעובי, מכנגד הטיבור דז"א עד סוף האצילות.**

311

איפה שלמה ד"א ע"א אות ג' – עשר עיגולים דא"א וכו'. עיין להרש"ש ז"ל בהקדמה דף ז' ריש ע"א, שכתב א"א הנזכר בדברי הרב ז"ל הוא א"ק.

83

מתלבשים הבחינות דעולם הבריאה, על כל חמשה הפרצופים דבריאה, אחד בתוך השני, כאשר לכל פרצוף ופרצוף יש עשר ספירות פרטיות דאותו פרצוף. וכן בפרצופי וספירות דעולם היצירה, ובפרצופי וספירות דעולם העשיה. כך אחד בתוך השני עד העולם הגשמי.

וכל[312] **עיגול** ועיגול **מאלו** העיגולים, שהוא בחינת כלי, **יש אור מקיף אליו כמוהו**, **גם כן** האור המקיף **עגול אזור כמוהו. נמצא** לכל בחינה ובחינה של עיגולים אלו, שהם כלים **שיש אור פנימי** המתלבש בתוכו, **ואור מקיף** המקיף עליו[313], **וכולם** הם **בבחינת עיגולים**, והם[314] בחינת נפש בערך היושר הנקרא רוח.

והבחינה השנייה שהיא בחינת קו היושר **הוא**, **כי הנה באמצע כל האצילות העיגול הזה** שהוא באמצע החלל העגול, **מתפשט דרך קו** צינור ישר, ומתלבש בו **בבחינת אור** הא"ס ב"ה, שהוא שורש וחיות לכל הנאצלים, **דוגמת** אור הא"ס המתפשט ומתלבש בכל **העיגול ממש. רק** שהאור הזה **שהוא ביושר** הוא בחינת רוח, **ויש בו** ר"ל[315] בקו עצמו כל ה**בחינות**[316] דעתיק יומין, א"א, ואו"א, וזו"ן, וכולם ביושר כמו שיש במערכת העגולים, לבחינה זו קראו את האדם בצלמו בצלם[317] אלהי"ם, כמו[318] שכתוב – ויברא אלהי"ם את

312

בית לחם יהודה ש"א פ"ב ד"ג ע"ג – וכל עיגול מאלו יש אור מקיף אליו כמוהו גם כן. ונמצא לפי זה שמקום עמידת המקיפין הוא בין עיגול ועיגול, ואינם כולם אחג על גבי העשרה עיגולים, וכן משמע מפרק ד' דלקמן.

313

תרשים ב – כ"ג.

314

ע"ח ש"א ענף ג' מ"ב די"ב ע"ד – אמנם חילוק שיש בין העגולים להיושר הוא, כי עשר ספירות דעגולים הם בחינת **האור הנקרא נפש**, ויש בהם אור פנימי ואור מקיף, פנימי וחיצון, שיש לה בחינת עשר ספירות של כלים, ובכל כלי מהם יש בו פנימיות וחיצוניות, וגם יש עשר ספירות של אורות, לכל אור יש בו אור פנימי ואור מקיף. אבל העשר ספירות דיושר, הם בחינת **האור הנקרא רוח**, שהוא מדרגה גבוה על מדרגת הנפש, כנודע גם הם כלולים מאור פנימי ואור מקיף.

315

בית לחם יהודה ש"א פ"ב ד"ג ע"ג – ויש בו בחינת א"א או"א וזו"ן, כלומר ויש בו בחינת עשר ספירות שהם א"א וכו', כמו העגולים, ומשום הכי)ומסיבה זאת(לא אמר א"ק ועתיק.

316

כרם שלמה ש"א פ"ב סוף אות כ"ט – ומה שלא מנה בבחינה זאת השנייה של היושר פרצוף עתיק, ולעיל בבחינה הראשונה של העגולים מנה העתיק, הטעם הוא כי כאן ביושר, העתיק מתלבשים השבעה תחתונות שלו תוך א"א, והוא נעלם בתוכו, ואין נגלה ממנו, כי אם הג"ר, שנקרא רישא חדא דלא אתיידע מרוב העלמו, **ולכן שניהם כלל בשם א"א**, שהוא כתר דאצילות, ולא מנה פרצוף עתיק, אבל למעלה בבחינת העגולים העתיק הוא נעשה בבחינת עגולים כל עיגול בפני עצמו, ולא שייך שם התלבשות עתיק תוך א"א, כדי שיהיה נעלם זה בתוך זה, שכל עיגול ועיגול הוא בפני עצמו, ולכן כדי לרמוז לי הרב ז"ל זה הענין, מעכשיו עשה זאת בכוונה מכוונת, שכאן הזכיר עתיק, וכאן לא הזכיר עתיק אלא מא"א ואילך, ופשוט ונכון.

317

הָאָדָם בְּצַלְמוּ וְגוֹ', כי הוא קו ישר ומתפשט בדרך קוים שהם חח"ן בג"ה כדת"ים, **וכמעט כל סֵפֶר הַזֹּהַר** הקדוש והתיקונים אינם מדברים אלא בזה היושר שהוא[319] בדמות אדם[320] **כְּמוֹ שֶׁנִּכְתּוֹב בְּעֶ"ה.**

וְדַע כִּי יֵשׁ בָּזֶה הָאֲצִילוּת ר"ל במקום הצמצום, שבו נאצלו כל הנאצלים, **יֵשׁ[321] מִינֵי עוֹלָמוֹת לְאֵין קֵץ,** כאשר אופן כללי יש חמשה עולמות, שהם א"ק ואבי"ע, אבל בפרטות יש אין מספר של עולמות[322] **וְאֵין עַתָּה בִּיאוּרָם.**

הרב ז"ל מתחיל לבאר את המציאות הראשונה שאפשר לדבר עליה, היא בחינת אדם קדמון, **א"ק.** וכבר נתבאר לעיל בפרקין כי יש עוד ועוד בחינות מעל א"ק, עם כל זאת הרב ז"ל מבאר רק מבחינת א"ק ולמטה, וברמז דק שבדק רומז על העולמות שמעל א"ק כמו שיתבאר לקמן.

אֲבָל נַתְחִיל עַתָּה לְבָאֵר עוֹד פְּרָט אֶחָד מכל פרטי הבחינות שנאצלו בחלל, ופרט זה הוא אֲשֶׁר[323] הוא **הַכּוֹלֵל** בהיקפו וארכו את **כָּל מְצִיאוּת הַזֶּה הַזֶּה** בבחינת העיגולים והיושר, ופרט זה הוא א"ק שכולל את כל מציאות החלל, **וּמִמֶּנּוּ מִתְפַּשְׁטִים כָּל הָעוֹלָמוֹת** והוא נקרא בערכם מאציל,

---

אח"י – ויברא אלהי"ם, ולא ויברא הוי"ה, מפני שכאן מדובר על בחינת הכלים, שהם **בחינת דין, שהוא שם אלהי"ם,** בערך לאור הנשמה הנקרא בחינת שם הוי"ה. עם כל זאת צלם הוי"ה נרמז למפרע בסופי תיבות של הפסוק - ישמחו השמי**ם** ותגל האר**ץ** ירעם הים ומלאו.
318

בראשית א' כ"ז – ויברא אלהי"ם את האדם בצלמו, בצלם אלהי"ם ברא אתו, זכר ונקבה, ברא אתם.
319

תרשים ב – כ"ד.
320

הקדמת תקוני הזוהר, מאמר פתח אליהו די''ז ע''א – וכמה גופין תקינת לון, דאתקריאו גופא לגבי לבושין דמכסיין עליהון, ואתקריאו בתקונא דא, חסד **דרועא ימינא** (יד ימין), גבורה **דרועא שמאלא** (יד שמאל), תפארת **גופא** (גוף), נצח והוד **תרין שוקין** (שני רגלים), ויסוד סיומא דגופא **אות ברית קדש,** מלכות **פה** תורה שבעל פה קרינן לה. חכמה **מוחא** (מוח) איהו מחשבה מלגאו, בינה **לבא** (לב) ובה הלב מבין, ועל אלין תרין כתיב הנסתרות להוי"ה אלהינ"ו, כתר עליון איהו כתר מלכות, ועליה אתמר מגיד מראשית אחרית.
321

הגירסה בספר אוצרות חיים – **יש.**
322

זוהר ויצא דף קנ''ו ע''א עם ביאור ותרגום – **אלא כמה דאת אמר** אלא כמו שאמר - **ששים המה מלכות** ושמונים פלגשים ועלמות אין מספר, מאי ועלמות אין מספר מה זה עלמות אין מספר, **כמה דאת אמר** כמו שכתוב - **היש מספר לגדודיו,** ובגין דלית לון חושבנא בגלל שאין בו חשבון, **כתיב ועלמות אין מספר** כתוב שלעולמות אין מספר.
זוהר ויקרא דע''א ע''ב – עולמות אהבוך, אל תקרא עלמות אלא עולמות.
ספר הזהר, פרשת אחרי מות דנ''ח ע''ב עם ביאור ותרגום – **הדא הוא דכתיב** וזה שכתוב **שמן תורק שמך על כל עלמות אהבוך,** מאי **עלמות** מי הם העלמות, **כמה דאוקימנא** כמו שלמדנו, **עולמות, עולמות ממש.**
323

הגירסה בספר אוצרות חיים – **אשר.**

וְנִקְרָא[324] אין סוף, וכל העולמות והפרצופים הם ענפים והארות ממנו, **כְּמוֹ שֶׁנִּתְבָּאֵר בְּעֵ״ה**, ופרט זה **הוּא בִּבְחִינַת מְצִיאוּת א״ק לְכָל הַקְּדוּמִים** שהוא הנאצל הראשון, שורש כל הנאצלים, וגדול ונסתר מכולם, **הַנִּזְכָּר בְּסֵפֶר הַזֹּוהַר** הקדוש ברמז, בפרשת[325] כי תצא דף רע״ט ע״ב **וְתִקּוּנִים**[326] תיקון י״ט דף מ״ה ע״א, **וְאַזְהָרִיו נִמְשָׁךְ סֵדֶר** השתלשלות **כָּל הַמַּדְרֵגוֹת כֻּלָּם** ר״ל ממנו נאצלו והתפשטו כל עולמות אבי״ע, כמו שיתבאר לקמן.

הרב ז״ל מבאר כאן שלפני שנאצלו עשר ספירות דיושר דא״ק, נאצלו עשר ספירות דעגולים דא״ק. זה לא בדיוק מה שהרב ז״ל ביאר אותנו בתחילת הפרק זה. אולי אפשר לתרץ מה שהרב ז״ל כתב כאן, שקודם נאצלו כל העגולים, ואחר כך היושר, מדובר על הכלים של העיגולים ויושר, ומה שהרב ז״ל כתב בתחילת הפרק, שהקו לו נמשך עד למטה אלא נעשה בבחינת קו, ואחר כך הקו מתעגל מדובר על האורות שנכנסים לתוך הכלים של קו היושר והעגולים, שזה במערכת הנרנח״י[327].

דַּע כִּי בַּזֶּה הַזֹּוהַל נָאֲצַל א״ק לְכָל הַקְּדוּמִים, וְיֵשׁ בּוֹ מְצִיאוּת עֶשֶׂר סְפִירוֹת דיושר, **וְהֵם מְמַלְּאִין כָּל הַזֹּוהַל הַזֶּה, אָמְנָם בַּתְחִלָּה** לפני א״ק דיושר **יָצְאוּ עֶשֶׂר סְפִירוֹת** שהם הבחינה הראשונה **דֶּרֶךְ עִיגּוּלִים, אֵלּוּ תּוֹךְ אֵלּוּ** ר״ל עיגול בתוך עיגול, כדור בתוך כדור, וכולם בחינת **נפש**.

324

מבוא שערים ש״ב ח״ב פ״ג די״ה די״ד ע״ד – ונבאר זה בענין עולם האצילות, וממנו יתבאר לשאר העולמות כולם. הנה האור העליון היורד מא״ק אל עולם האצילות, **הנה נקרא אותו האור א״ס, כי כל האורות שהם עליונים, נקראים א״ס לבחינת העולם אשר למטה ממנו.**
325

זוהר, רעיא מהימנא, כי תצא דרע״ט ע״ב עם באור ותרגום – **קם בוצינא קדישא** קם המאור הקדוש שהוא רבי שמעון בר יוחאי **ואמר, סבא סבא** זקן זקן, הוא היה נשמת אדם הראשון, והוא בעל המאמר הזה, **במלין דילך אשתמודע מאן אנת** מהדברים שלך נודע מי אתה. **אנת הוא אדם קדמאה** אתה הוא אדם הראשון, ר״ל א״ק לכל הקדומים, **מ״ה שמו אתמר עלך** מ״ה שמו נאמר עליך, כי גימטריא של אד״ם הוא מ״ה, **מ״ה שם בנך, אתמר על רעיא מהימנא** נאמר על משה רבינו הנקרא רעיא מהימנא, ר״ל הרועה הנאמן.
326

תיקוני הזוהר, תיקון י״ט דמ״ה ע״א עם ביאור ותרגום – **אמר ליה** אמר לו רבי אלעזר לרבי שמעון, **אי הכי** אם כן שיש שם אהי״ה בא״א, **אשתמודע** אם כן נודע מזה **דאית אדם קדמון לכל קדומים שיש אדם** קדמון לכל הקדומים, ר״ל א״ק, **ואית אדם אחרא** ויש אדם אחר, שהוא כללות עולם האצילות. **אמר ליה** אמר לו רבי שמעון לרבי אלעזר **ברי הכי הוא ודאי** בני הוא ודאי שיש עולם מעל עולם האצילות, **אדם דברא ליה עלת העלות** אדם הנקרא א״ק שברא את עולם האצילות, **בדיוקנא דיליה** ובצורה שלו, כי א״ק הוא בחינת קוץ של יו״ד, ועולם האצילות הוא אות י' דהוי״ה, **סתים וגניז** הוא סתום וגנוז, ר״ל פרצופי א״ק מהטבור שלו ולמטה גנוזים תוך עולם האצילות, וסתומים מכל השגה.
327

ע״ח ש״א ענף ב' מ״ב די״ב ע״א – והנה בהיות אור הא״ס נמשך בבחינת קו ישר תוך החלל הנזכר לעיל, לא נמשך ונתפשט תכף עד למטה. אמנם היה מתפשט לאט לאט, ר״ל כי בתחלה התחיל הקו האור להתפשט שם ותכף בתחלת התפשטותו בסוד קו נתפשט ונמשך ונעשה כעין גלגל אחד עגול מסביב.

וֹאזר[328] כך בתוך הָעִגּוּלִים האלו נָמְשַׁך דרך יושֵׁר כְּצִיּוּר אדם [די"ב ע"ד 24] אָזוֹד בְּאוֹרֶך כל הָעִגּוּלִים הבחינה השניה הַנִּזְכָּר לְעֵיל

שהוא בחינת הרוח, בְּצִיּוּר הַזֶּה[329] שהוא ציור אדם.

אֵין אנו עֹסְקִים כְּלָל בספר עץ חיים **בִּבְּזוֹיִנַת** הספירות דְּעִגּוּלִים, רק בְּבאור **בְּזוֹיִנַת הַסְּפירות דְּיוֹשֵׁר לְבַד** מפני שכל הדרושים בספר עץ חיים מבארים את בחינת היושר בלבד, שהוא **עוֹלם הַתִּיקוּן,** ולְקַמָּן אבָאר בע"ה עוֹד קצת מְמְצִיאוּת הָעִגּוּלים והַיּוֹשֵׁר מה עִנְיָנָם ששניהם

צריכים, כי האחד בחינת נפש, והאחד בחינת רוח.

וְהִנֵּה עַל יְדֵי הַצִּמְצוּם הַזֶּה הַנִּזְכָּר לְעֵיל שנסתלק ועלה לצדדים אור הא"ס, ונתגלה בחלל שורש הדין, **אֲשֶׁר** ממנו נֵעֲשָׂה אחר **הָאָדָם** הַנִּזְכָּר לְעֵיל שהוא א"ק, על ידי התפשטות הקו בתוך הרשימו שנשאר בחלל, וממנו נעשו הכלים דא"ק, ובזה הא"ק **הָיָה בּוֹ בְּזוֹיִנַת עֲצָמוֹת** שהוא אור הא"ס, הנקרא נשמה, והנקרא נרנח"י, המתפשט בתוך הכלים שלו, ויש לא"ק בחינת **כֵּלִים** שהם הגוף דיליה, **כִּי צמצום הָאוֹר** הא"ס, שהיה על ידי גילוי שורש הדין, שהיה ברצונו הפשוט להאציל את הנאצלים הוא הַגּוֹרֵם[330] **מְצִיאוּת הֲוָויוֹת הַכֵּלִים** של היוֹשֵׁר[331] דא"ק, וזה נעשה על ידי הרשימו שהשאיר אור הא"ס, **כְּמוֹ שֶׁנִּבָאר לְקַמָּן בע"ה.**

הרב ז"ל מבאר שאין לנו רשות לעסוק במקום גבוה זה, ר"ל מבחינת גילוי שורש הדין ולמעלה, ולהזכיר שם כלים, ואפילו בא"ק אסור לנו להזכיר בחינת כלים, עם[332] כל זאת באורות דאח"ף נזכרים שרשי כלים, בעולם[333] העקודים כלי אחד, ומעולם[334] הנקודים ולמטה נזכרים בחינת כלים.

328

תרשים ב – כ"ה.
329

תרשים ב – כ"ו.
330

בית לחם יהודה ש"א פ"ב ד"ג ע"ג – גורם מציאות הוויות הכלים. כלומר שעל ידי סילוק האור היה, אפשר להוויית הכלים דא"ק, ולא יתבטלו מסיבת רבוי האור, כמבואר בסוף ענף ג' בסמוך.
331

דעת ותבונה פ"ד דל"ג ע"א – נמצא לפי זה שהגוף דא"ק נעשה מן הרשימו שנשאר בחלל אחרי הצמצום, ונתפשט בהם הקו הא"ס, וכן העניין היה גם כן בעשר ספירות דיושר דגוף א"ק, שגם כן נעשו מכח צמצום האור, והם היו הרשימו שנשאר אחר הצמצום.
332

ע"ח ש"יד פ"ד מ"ב, דרוש להר"ר גדליה הלוי די"ז ע"ד – דרוש שכתבתי מענין **שרשי אצילות של עצמות וכלים שנתהוו מאח"פ ועינים** בסוד ראיה שמיעה ריחא דיבור. ...ואז כשראה את הנפש, אז ויבדל אלהי"ם, **שהוא עשיית שרשי הכלים** והסתכלות זה בדרך ישר עשה רושם)נ"א ראשים(בכל בחינה ובחינה, כי פגע בכל בחינה ובחינה מן ההסתכלות, לבחינת הבל, כתר בכתר, וכן על דרך זה נעשה כל רושם)נ"א ראשית(הכלים. החיצונים באברים חיצונים. ופנימים באברים פנימים.
333

הרב ז"ל תמיד מעלים את בחינת א"ק, וכותב - **והמשכיל יבין ראשית דבר מאחריתו.** ר"ל כי כדי להבין את בחינת א"ק, צריך ללמוד על הפרצופים התחתונים. **לכן** קוץ של יו"ד, רומז במערכת העולמות לא"ק. במערכת הפרצופים לא"א, ובמערכת הספירות לכתר, לכן אפשר **ללמוד על א"ק,** כאשר הרב ז"ל מדבר עליו בהעלם גדול, **מפרצוף א"א,** שאשר הרב ז"ל מדבר עליו ביותר גלוי. **והמשכיל יבין** מה[335] שיש בפרט שהוא א"א יש בכלל שהוא א"ק.

וְאֵין לָנוּ רְשׁוּת לְדַבֵּר יוֹתֵר בְּמָקוֹם גָּבוֹהַּ כָּזֶה מֵעַל א"ק ובא"ק עצמו, **וְהַמַּשְׂכִּיל** יָבִין רֵאשִׁית דָּבָר מֵאַזְרִיתוּ[336] ר"ל כאשר התבאר פרצוף א"א, נוכל להבין את בחינת א"ק, **כְּמוֹ** שֶׁנִּתְבָּאֵר בֶּע"ה בַּדְּרוּשִׁים אֲזוֹרִים הַבָּאִים לְפָנֵינוּ. **וְאָמְנָם** הכלים דא"ק **אֵינוֹ כְּלִי** מַמָּשׁ, אֶלָּא שֶׁבְּעֵרֶךְ הָאוֹר שֶׁמִּתְלַבֵּשׁ בְּתוֹכוֹ של א"ק **נִקְרָא כְּלִי,** ואין אנו מדברים לא על הכלים דא"ק, ולא על האורות דפנימיות א"ק, אלא אך ורק על האורות וההבלים היוצאים ממנו ולחוץ דרך אוזן, חוטם, פה, ודרך העינים.◆

אָמְנָם מה שנתבאר לעיל כי גם לא"ק יש בחינת כלים, **אֵינוֹ**[337] **כְּלִי מַמָּשׁ,** כי לא נקרא כלי אפילו בדרך משל, **אֶלָּא**[338] **שֶׁבְּעֵרֶךְ הָאוֹר שֶׁבְּתוֹכוֹ נִקְרָא כְּלִי,** והכלים דא"ק אינם כלים בערכנו, ואפילו בערך עולמות אבי"ע, אלא שכל כלי וכלי שלו **הוּא זַךְ וּבָהִיר בְּתַכְלִית הַזִּכּוּךְ וְהַדַּקּוּת וְהַבְּהִירוּת** בערך לעולמות אבי"ע.◆

וְהִנֵּה הָא"ק הַזֶּה מַבְרִיזֹז מִן הַקָּצֶה אֶל הַקָּצֶה של החלל, ומלביש את ראשית קו הא"ס **מִן קָצֶה הָעֶלְיוֹן, עַד** הַ**קָּצֶה הַתַּחְתּוֹן** של החלל **(פֵּירוּשׁ וְלֹא עַד בִּכְלָל** ר"ל לא עד סוף החלל מצד התחתון, אלא עד עיגולי עתיק דאצילות מלמטה), **בְּכָל זֹּלֵל הָאֲצִילוּת הַנִּזְכַּר לְעֵיל,**

ע"ח ש"ו פ"א מ"א דכ"ד ע"ד ע"ב – אחר כך בא הטעמים התחתונים שמתחת האותיות, והם בחינת אורות היוצאים דרך הפה של א"ק, משם ולחוץ. והנה בכאן נתחברו האורות חיבור גמור, כי הרי הם יוצאים דרך צינור אחד לבד. והטעם כי כל מה שהאורות מתרחקים ומתפשטין למטה, כך יש יכולת להשיגם ולקבלם, לכן אין חשש אם נתחברו המקיפים עם הפנימים יחד. והנה כיון שכבר נתחברו האורות המקיפים ופנימים יחד, לכן מכאן התחיל להתהוות בחינת כלים, אלא שהם זכים בתכלית הזכות כמו שנתבאר, **לפיכך עֲדַיין לֹא נִתְגַּלֶּה כַּאן רַק בְחִינַת כְּלִי אֶחָד לְבַד,** אבל האורות הם נחלקים לעשרה, ואלו האורות **נִקְרָאוּ עֲקוּדִים.**
334

ע"ח ש"ח פ"ד מ"ד דל"ח ע"ב – אבל **בנקודים יצאו תחלה עשרה כלים,** זה למטה מזה, ונעשה על ידי הסתכלות העינים בשלוש אורות של אח"פ כנזכר לעיל. **לכן אחר שיצאו העשרה כלים והונחו במקומן,** זה תחת זה, כל אחד לבדו, אז יצא האור אחר כך.
335

אח"י)כלל(– כל מקום שהרב מדבר על א"א, באופן כללי אפשר ללמוד על א"ק, והמשכיל יבין ראשית דבר מאחריתו.
336

ע"ח שט"ז פ"ה מ"ק דפ"א ע"ג – זה נרמז בזוהר פרשת תרומה דף קס"ז, בסוד אדם קדמאה אגליף ציורא דיליה גו משחתא וכו', שפירושו **כי א"ק הוא מציאות א"א.**
רחובות הנהר ד"ט ע"ב – ואף על פי ששם לא נזכר כי אם עד בחינת א"א, **כבר נודע כי בחינת א"א המוזכר בדברי הרב ז"ל, הוא בחינת א"ק שהוא א"א הכולל,** ודוק.
337

הגירסה בספר אוצרות חיים – **אינו כלי ממש.**
338

הגירסה בספר אוצרות חיים – **אלא שבערך האור שבתוכו נקרא כלי.**

וּבֹזֶה הָאָדָם קדמון, שהוא שורש לכל העולמות והפרצופים, **נִכְלָלִין כָּל הָעוֹלָמוֹת** ודרך הקו דא"ס המתלבש בתוכו הוא פועל ומשפיע לכל הנאצלים, **כְּמוֹ שֶׁנִּתְבָּאר בְּעֶ"ה.**

הרב ז"ל מבאר כאן כי אין לנו רשות לדבר בפנימיותו ועצמותו, שהם הנרנח"י שבו, אלא רק ורק בהבלים ואורות היוצאים ממנו לחוץ, דרך[339] האוזנים, חוטם, פה, דרך[340] העינים, העור[341], ומצח[342], כמו שיתבארו לקמן. **וְהַסִּיבָה** שהאור הא"ס היה צריך להתלבש בא"ק, והאורות דא"ק היו צריכים לצאת דרך השתלשלות ממדרגה למדרגה, עד העולם הגשמי הזה היא, כי לא היה ביכולת התחתונים לקבל את שפע האור העצום הזה, והאור הנזכר היה צריך לעבור דרך[343] מסכים ולבושים, כדי שהתחתונים יכלו לקבלו.

339

עֵ"ח שַׁ"ד פ"א מ"ק דַּי"ז ע"ג – והנה כאשר נעריך ונמשיל לענין זה. כבר ידעת היות ארבעה יסודות לכל, והם ראיה, שמיעה, ריחא דבור. והם ארבעה אותיות הוי"ה. והם סוד נשמה לנשמה ונר"ן. ונתחיל לבאר מסוד הנשמה ואילך, ואחר כך נתחיל לקודם אליה. ונאמר כי הלא נמשיל ונצייר **הָאָזְנַיִם, כִּי יֵשׁ בָּהֶם רוּחַ דַּק בְּתוֹכָם,** והנסיון לזה כאשר יסתום האדם אזניו ישמע בתוכו קול הברה, מחמת הרוח הנצרר בתוכו. אחר כך **מחוטם יוצא מתוכו הבל יותר נרגש מאזן.** ואחר כך **מן הפה יוצא הבל יותר נרגש מכולם.** וכפי ערך הדברים ובחינתם, כך יהיה דקותם, כי אוזן לה יותו סוד בינה, ההבל היוצא ממנו הוא יותר דק, מהבל היוצא מחוטם. וכן הבל החוטם, הוא יותר דק מהבל הפה, שהוא למטה ממנו במעלה. אמנם אם נמשיל ונאמר דרך משל כי מסוד האוזן נמשך ממנו הבל ורוח מתוכו, ולחוץ והוא **סוד נשמה.** והבל היוצא מחוטם **סוד רוח.** והבל היוצא מהפה הוא **סוד נפש.**

340

עֵ"ח שַׁ"ח פ"א מ"ת דְּל"ד ע"א – ונבאר עתה עולם הנקודים, **והם בחינת אורות היוצאין דרך נקבי עינים דא"ק.** והנה כבר ביארנו לעיל. ......ואמנם הנקודות הם בחינת אורות הנמשכים מן העינים שלו. והענין הוא כי הנה ההבל היוצא מנקבי אזנים הוא הבל מועט, כי אם יניח אדם אצבע על נקב האזן ויסתם אותו בחוזק, ירגיש קול הברה בתוכו, וזה מחמת תנועת ההבל שבתוכו, שרוצה לצאת לחוץ, ואינו יכול, אמנם בהסיר האצבע אינו נרגש. והנה מן ההבל הזה יצאו עשר ספירות מבחינת האזנים, כמבואר למעלה. ואחר כך בחוטם יש הבל יותר מורגש, ויצאו בחינת עשר ספירות של חוטם כנזכר לעיל. ואחר כך בפה יש הבל יותר נרגש מכולם, לפי שכל מה שהאור יורד למטה, הוא ניכר ונרגש יותר, ומתגלה שם, ומשם יצאו העשרה דעקודים. ......ואחר כך **מן העין יצאו הנקודות** דס"ג, ולכן אין כל כך הבל בעין כמו בשלוש מקומות הנזכרים לעיל.

341

עֵ"ח שַׁ"ח פ"א מ"ת דְּל"ה ע"ג – ויצא אור חדש, וירד דרך פנימיות של זה האדם, וירד דרך הפרסא, וירד לנה"י של זה האדם, ובוקע משם זה האור חדש הפנימי, **וְיֵצְאוּ לַחוּץ דֶּרֶךְ הָעוֹר,** ומשם מאיר אל הנקודות, כנזכר על פסוק - ואחר עורי נקפו.

342

עֵ"ח שַׁ"י פ"ב מ"ת דְּמ"ח ע"ב – וזה מציאות שם מ"ה דאלפי"ן, **הַזֶּה יוֹצֵא מִן הַמֵּצַח דָּא"ק.** וכבר ביארנו לעיל כי הדברים הולכין במדרגות, כי הבל האזן אינו נרגש, ומועט מן הבל היוצא מן החוטם, והבל החוטם מועט מהבל הפה, אמנם בזה נשתוו שלשתן, שמעלין הבל. אך העין אין לו הבל, אלא הסתכלות בלבד, וטעם השינוי.... **...וְהִנֵּה אוֹר שֵׁם מ"ה החדש הזה היוצא מן המצח דא"ק,** הוא אחרון מכולם, לכן אין בו לא בחינת הבל כמו השלוש, ולא בחינת הסתכלות, כמו נקודת העין. **וְאֵין בּוֹ רַק בְּחִינַת הֶאָרָה לְבַד,** וזו שנזכר תמיד בזוהר באדרא זוטא - במצחי אתגלי כו'.

343

עֵ"ח שי"א פ"ח מ"ת דנ"ד ע"ג – והנה בהיותם עדיין בסוד נקודה בלתי תיקון, כבר נתבאר אצלינו זה גרם שבירת כלים, לפי שכאשר לא היה עדיין שום תיקון, **היה האור בא בלתי מסכים,** והנה הם אורות גדולים ובלתי מסכים, **וְאָז אֵין הַכֵּלִים יְכוֹלִים לְקַבְּלוֹ, וּמִתְבַּטְּלִים.** ואחר התיקון בא האור ממועט דרך מסכים, ויכולין הכלים תחתונים לסבול גם כן.

אבל בבחינת **פנימית וע̇צמותו** ר"ל הנרנח"י **ש̇ל אד̇ם** הקדמון ז̇ה שהם שמות עסמ"ב הפנימיים שבו, והם אורות נשמתו, שבתוכם מתלבש הקו דא"ס, **אין אנו רשות לד̇בר בו** ולהתעסק כלל, אמנ̇ם נתעסק ונ̇דבר במה שנ̇אצל ממנו לחוץ, שהם אורות האח"פ עינים והמצח. **והוא כי הנ̇ה להיות אור א"ס גדול מאד,** לכן כל העולמות דאבי"ע והפרצופים שלהם **לא היו יכולין לקבל** את אור הא"ס ב"ה **אם לא באמצעות הא"ק הז̇ה**[344] שהוא בחינה ממוצעת, בין המאציל לנאצלים. **ואפילו מז̇ה הא"ק** שאורו גדול **לא היו יכולין לקבלו** העולמות אבי"ע, **אם לא אזר יצ̇יאת האור** דיליה זוצ̇ה לו, **דרך הנ̇קבים והחלונות שבו** בצורה מצומצמת, **שהם** ההבל היוצא דרך **אוז̇ן, זוטם, פה, עינים** והמצח, **כמו שנ̇באר בע"ה**[345].

344

ע"ח ח"ב שמ"ב פ"א מ"ב דפ"ט ע"א – וכן על דרך זה יש בכאן כי בין הבורא יתברך ובין הנברא, שהיא הבחינה הכוללת הרוחניות, **יש בחינה באמצע**, אשר עליה נאמר - בנים אתם להוי"ה אלהיכ"ם, אני אמרתי אלהי"ם אתם, ונאמר - ויעל אלהי"ם מעל אברהם. ואמרו רז"ל - האבות הן הן המרכבה. והכוונה כי יש ניצוץ קטן מאד, שהוא בינת אלהו"ת, נמשך ממדרגה האחרונה שבבורא, וזהו הניצוץ מתלבשת בכח ניצוץ אחד נברא, שהוא נשמה דקה במאד מאד, ובניצוץ זה **הנקרא יחידה**, יש בה שרשי ארבעה בחינות הרוחניות, שהם נרנ"ח.

345

הגהות ובאורים)ג(– בשער תנת"א ד"ה ונבאר עתה.

עץ חיים

לרבינו חיים ויטאל

שקיבל ממרן האר"י זלה"ה

שער א'

שער עגולים

ענף ב'

חלק התרשימים טבלאות וציורים

שמחת חיים

<u>**הקדמה קצרה**</u>

דע כי כל התרשימים הציורים והטבלאות, הם אך ורק לשכך את האוזן, ולשבר את העין. וכל הציורים הם לא שלמים.

כתב הרי"ח הטוב ברב פעלים ח"ב בסוד ישרים ה' - אך דע לך כי סדר התלבשות המחצבים שכתב מהרח"ו בשערי קדושה עד עולם הזה שאנחנו עומדים בו. וכן סדר התלבשות הפרצופים אשר בכל מחצב ומחצב, וסדר התלבשות העולמות זה בזה, והיושר והעיגולים, לא אית אינש דכיל למנלע רזא דנא, איך היא עשוי, איך הוא עומד, ולא אפשר לשכל אנושי לצייר כל הנזכר על אמתיתם, ועל בוריין מפני כי שכל האנושי בהיותו עצור ומונח בגוף גשמיי, אי אפשר לי להשיג דבר רוחני, והוא זה דומה לאדם סומא מן הבטן שלא ראה מאורות מימיו, דודאי אי אפשר לו לצייר מראות השמש והירח הנראין לעיני הבריות, וכל שכן מה שיש למעלה למעלה.

וכן כתב ברב פעלים ח"א בסוד ישרים א' - סוף דבר הכל נשמע, ה' אחד ושמו אחד, ואין לו גוף ולא דמות הגוף, ואין לו שום ציור, ותמונה ודמיון כלל ועיקר, וגם כל העולמות וספירות הקדושים למעלה אין להם ציור ודמיון של גופים האלה כלל, ואין מי שיוכל לידע איך הוא עמידתם וסדרם, ואיך עומדים עולמות היושר ועולמות העיגולים, ואיך מתחברים זה עם זה, ואיך נמשך השפע מזה לזה, ואיך הוא תוארם ומראיהם, ואיך הוא מהות השפע המחיה אותם, ומקיים אותם, וכמה הוא שיעור אורכם וגובהן ורחבם, ואיך הם נכללים זה בזה, ומלבישים זה לזה, כי בכל זאת אין שום שכל אנושי יוכל לדעת, ולהבין, ולהשיג, כלל ועיקר.

הרב ז"ל כתב בשער אח"פ תחילת פ"א וז"ל - כבר ידעת כי אין בנו כח לעסוק קודם אצילות עשר ספירות, ולא לדמות שום דמיון וצורה כלל ח"ו, אך לשכך האזן, אנו צריכים לדבר דרך משל ודמיון, לכן אף אם נדבר במציאות ציור שם למעלה, אין הדבר רק לשכך האזן. אמנם דע כי עשר ספירות דאצילות הם שתי עניינים. האחד הוא התפשטות הרוחניות, והשני הוא כלים ואברים אשר העצמות מתפשט בהם. והנה צריך שיהיה לכל זה שורש למעלה לשתי בחינות אלו, ולכן צריכין אנו לדבר בסדר המדרגות מראש עד סוף, והנה נתחיל ונאמר כי הלא הא"ס ב"ה אין בו שום ציור כלל ח"ו כמבואר.

הרב ז"ל כתב בשער טנת"א פ"א - והנה אף על פי שאנו מכנים וקוראים כאן כנויים אלו כגון אדם ראש אזנים וכיוצא אינו רק לשכך האזן לשיובנו הדברים לכן אנו מכנים כנויים אלו במקום גבוה, עד כאן לשונו.

וכן הרמ"ק בפרדס רימונים ש"ו פ"א - וצִיירו להם המקובלים צורות בִּיריעות גדולות וקראום אילן.

הרב ז"ל כתב בסוף ש"ה פ"ד וז"ל - ואמנם דבר גלוי הוא כי אין למעלה גוף ולא כח גוף חלילה. וכל הדמיונות והציורים אלו לא מפני שהם כך חס ושלום. אמנם לשכך את האוזן לכשיוכל האדם להבין הדברים העליונים הרוחניים בלתי נתפסים ונרשמים בשכל האנושי, לכן ניתן רשות לדבר בבחינת ציורים ודמיונים, כאשר הוא פשוט בכל ספרי הזוהר. וגם בפסוקי התורה עצמה כולם כאחד עונים ואומרים בדבר הזה כמו שאמר הכתוב עיני ה' המה משוטטים בכל הארץ. עיני ה' אל צדיקים. וישמע ה'. וירח ה'. וידבר ה'. וכאלה רבות וגדולה מכולם מה שאמר הכתוב ויברא אלהים את האדם בצלמו בצלם אלהים ברא אותו זכר ונקבה וגו'. ואם התורה עצמה דברה כך גם אנחנו נוכל לדבר כלשון הזה, עם היות שפשוט הוא שאין שם למעלה אלא אורות דקים, בתכלית הרוחניות, בלתי נתפשים שם כלל, וכמו שאמר הכתוב כי לא ראיתם כל תמונה, וכאלה רבות. ואמנם יש עוד דרך אחרת כדי להמשיך ולצייר בה הדברים העליונים, והם בחינת כתיבת צורת אותיות, כי כל אות ואות מורה על אור פרטי עליון, וגם תמונת זו דבר פשוט הוא כי אין למעלה לא אות, ולא נקודה, וגם זה דרך משל וציור לשכך את האוזן כנזכר. ולכן נבאר עתה הקדמה הנזכר על דרך ציור האותיות גם כן ובבחינת ציורים אלו, הן ציור האדם, והן ציור אותיות, שתיהן מוכרחים להבין ענין האורות העליונים, כאשר תראה ספרי הזוהר בנויים על שתי בחינות הציורים האלה, עד כאן לא.

ולכן גם אנחנו הרשינו לעצמינו לצייר ציורים, תרשימים וטבלאות, אך ורק כדי לשכך את האוזן, ולשבר את העין, כדי להבין את הסוגייה.

אח"י

תרשימים שער א' ענף ב'

סדר שמות ההיכלות והשערים בעץ חיים

פרקים															שם השער	שער	שם היכל
										ה	ד	ג	ב	א	עיגולים ויושר	א	אדם קדמון
												ג	ב	א	השתלשלות י"ס דרך עגו'	ב	
												ג	ב	א	סדר אצילות למהרח"ו	ג	
										ה	ד	ג	ב	א	אח"פ	ד	
								ז	ו	ה	ד	ג	ב	א	טנת"א	ה	
							ח	ז	ו	ה	ד	ג	ב	א	עקודים	ו	
										ה	ד	ג	ב	א	מטי ולא מטי	ז	
									ו	ה	ד	ג	ב	א	דרושי נקודות	ח	נקודים
							ח	ז	ו	ה	ד	ג	ב	א	שבירת הכלים	ט	
										ה	ד	ג	ב	א	תיקון	י	
					י	ט	ח	ז	ו	ה	ד	ג	ב	א	מלכים	יא	
										ה	ד	ג	ב	א	עתיק	יב	הכתרים
	יד	יג	יב	יא	י	ט	ח	ז	ו	ה	ד	ג	ב	א	א"א	יג	
					י	ט	ח	ז	ו	ה	ד	ג	ב	א	או"א	יד	או"א
									ו	ה	ד	ג	ב	א	זווגים	טו	
								ז	ו	ה	ד	ג	ב	א	הולדת או"א וזו"ן	טז	
											ד	ג	ב	א	ז"א	יז	ז"א
									ו	ה	ד	ג	ב	א	רפ"ח נצוצין	יח	
					י	ט	ח	ז	ו	ה	ד	ג	ב	א	אנ"ך	יט	
			יב	יא	י	ט	ח	ז	ו	ה	ד	ג	ב	א	המוחין	כ	
												ג	ב	א	לידת המוחין	כא	
												ג	ב	א	מוחין דקטנות	כב	
							ח	ז	ו	ה	ד	ג	ב	א	מוחין דצלם	כג	
								ז	ו	ה	ד	ג	ב	א	פרקי הצלם	כד	
							ח	ז	ו	ה	ד	ג	ב	א	דרושי הצלם	כה	
											ד	ג	ב	א	צלם	כו	
											ד	ג	ב	א	פרטי עי"מ	כז	
										ה	ד	ג	ב	א	עיבורים	כח	
						ט	ח	ז	ו	ה	ד	ג	ב	א	נסירה	כט	
								ז	ו	ה	ד	ג	ב	א	פרצופים	ל	
										ה	ד	ג	ב	א	פרצופי זו"ן	לא	
						ט	ח	ז	ו	ה	ד	ג	ב	א	הארת המוחין	לב	
										ה	ד	ג	ב	א	אונאה	לג	
								ז	ו	ה	ד	ג	ב	א	תיקון הנוקבא	לד	נוק' דז"א
										ה	ד	ג	ב	א	הירח	לה	
											ד	ג	ב	א	מעוט הירח	לו	
										ה	ד	ג	ב	א	יעקב ולאה	לז	
						ט	ח	ז	ו	ה	ד	ג	ב	א	לאה ורחל	לח	
טו	יד	יג	יב	יא	י	ט	ח	ז	ו	ה	ד	ג	ב	א	מ"ן ומ"ד	לט	
טו	יד	יג	יב	יא	י	ט	ח	ז	ו	ה	ד	ג	ב	א	פנימיות וחצוניות	מ	
												ג	ב	א	חשמל	מא	
			יב	יא	י	ט	ח	ז	ו	ה	ד	ג	ב	א	דרושי אבי"ע	מב-א	אבי"ע
											ד	ג	ב	א	כללות אבי"ע	מב-ב	
											ד	ג	ב	א	ציור עולמות אבי"ע	מג	
								ז	ו	ה	ד	ג	ב	א	שמות	מד	
											ד	ג	ב	א	מקיפין	מה	
											ד	ג	ב	א	כסא הכבוד	מו	
									ו	ה	ד	ג	ב	א	סדר אבי"ע	מז	
											ד	ג	ב	א	קליפות	מח	
						ט	ח	ז	ו	ה	ד	ג	ב	א	קליפת נוגה	מט	
					י	ט	ח	ז	ו	ה	ד	ג	ב	א	קיצור אבי"ע	נ	

תרשימים שׁער א' ענף ב'

<u>טבלת ערכים</u>

עולמות	אדם קדמון	אצילות	בריאה	יצירה	עשיה
פרצופים	ע"י רא"א	אבא	אמא	ז"א	נוקבא
ספירות	כתר	חכמה	בינה	חג"ת נה"י	מלכות
הוי"ה	קוץ של י'	י	ה	ו	ה
אורות	יחידה	חיה	נשמה	רוח	נפש
מלוי	שורש הוי"ה	ע"ב - יוד הי ויו הי	ס"ג - יוד הי ואו הי	מ"ה - יוד הא ואו הא	ב"ן - יוד הה וו הה
טנת"א	שורשים	טעמים	נקודות	תגין	אותיות
נקודות	קמץ	פתח	צרי	סגול, שוה, חולם חיריק, קבוץ, שורוק	אין ניקוד
אדם	גולגולתא	מוח ימין	מוח שמאל	גוף וברית	עטרת היסוד
מל"ץ	מ - מקיף, יחידה	ל - מקיף, חיה	מוח	לב	כבד
שנגל"ה	שורש	נשמה	גוף	לבוש	היכל
י"ב פרצופים	ער"ן ואו"ן	אר"א עלאין	ישסו"ת	זו"ן	יעו"ר
כל צמא	אורות	מוחין	צלמים	לבושים	כלים
אברים	מוח	עצמות	גידין	בשר	עור
חושים	מוח	ראיה	שמיעה	ריח	דיבור
מחצבים	א"ס	ספירות	נשמות	מלאכים	חושך
צלם	מ' מקיף ב'	ל' מקיף א'	צ' מוח	צ' לב	צ' כבד
דחצ"מ	אלוקות	מדבר	חי	צומח	דומם
יסודות	יולי	מים	אש	רוח	עפר
רקיעים	ערבות	ערבות	ערבות	מכון, מעון, זבול שחקים, רקיע	וילון
גלגלים	גלגל השכל	גלגל היומי	מזלות	כוכבים	לבנה
היכלות	קודש קודשים	קודש קודשים	קודש קודשים	אהבה, זכות, רצון, עצם השמים, לבנת הספיר	לבנת הספיר
מלוי הוי"ה		מו - וד י יו י	לז - וד י או י	יט - וד א או א	כו - וד ה ו ה
אהי"ה		קס"א - אלף הי יוד הי	קס"א - אלף הי יוד הי	קמ"ג - אלף הא יוד הא	קנ"א - אלף הה יוד הה

כלתי״ם

כתר

בג״ה

בינה

חחו״ן

חכמה

דעת

גבורה

חסד

תפארת

נצח

הוד

יסוד

מלכות

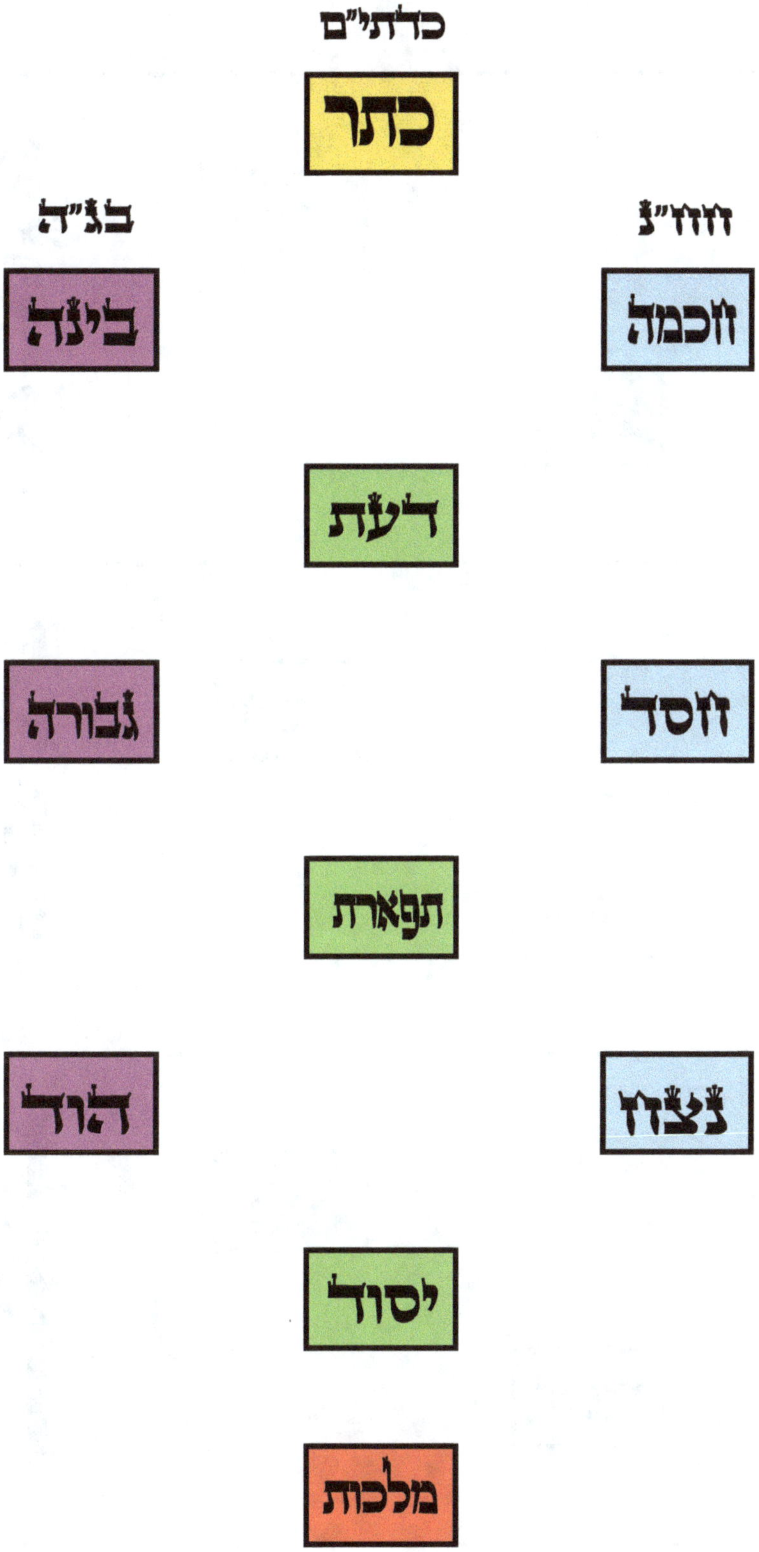

בינה		חכמה
	דעת	

גבורה		חסד
	תפארת	

הוד		נצח
	יסוד	

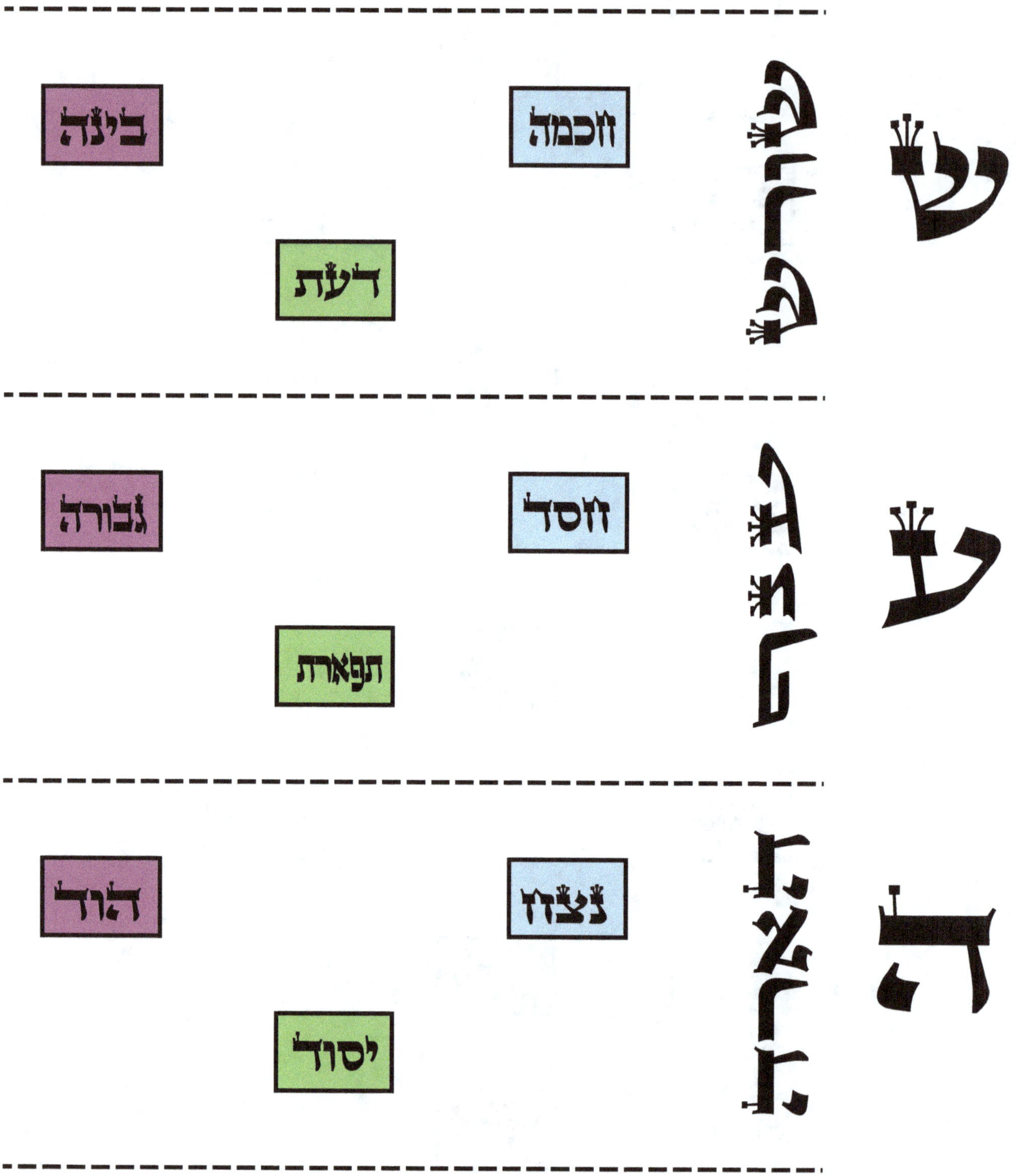

זו"ד סמכא

כתר

בינה

חכמה

דעת

חסד

גבורה

תפארת

הוד

נצח

יסוד

מלכות

ג' קוין

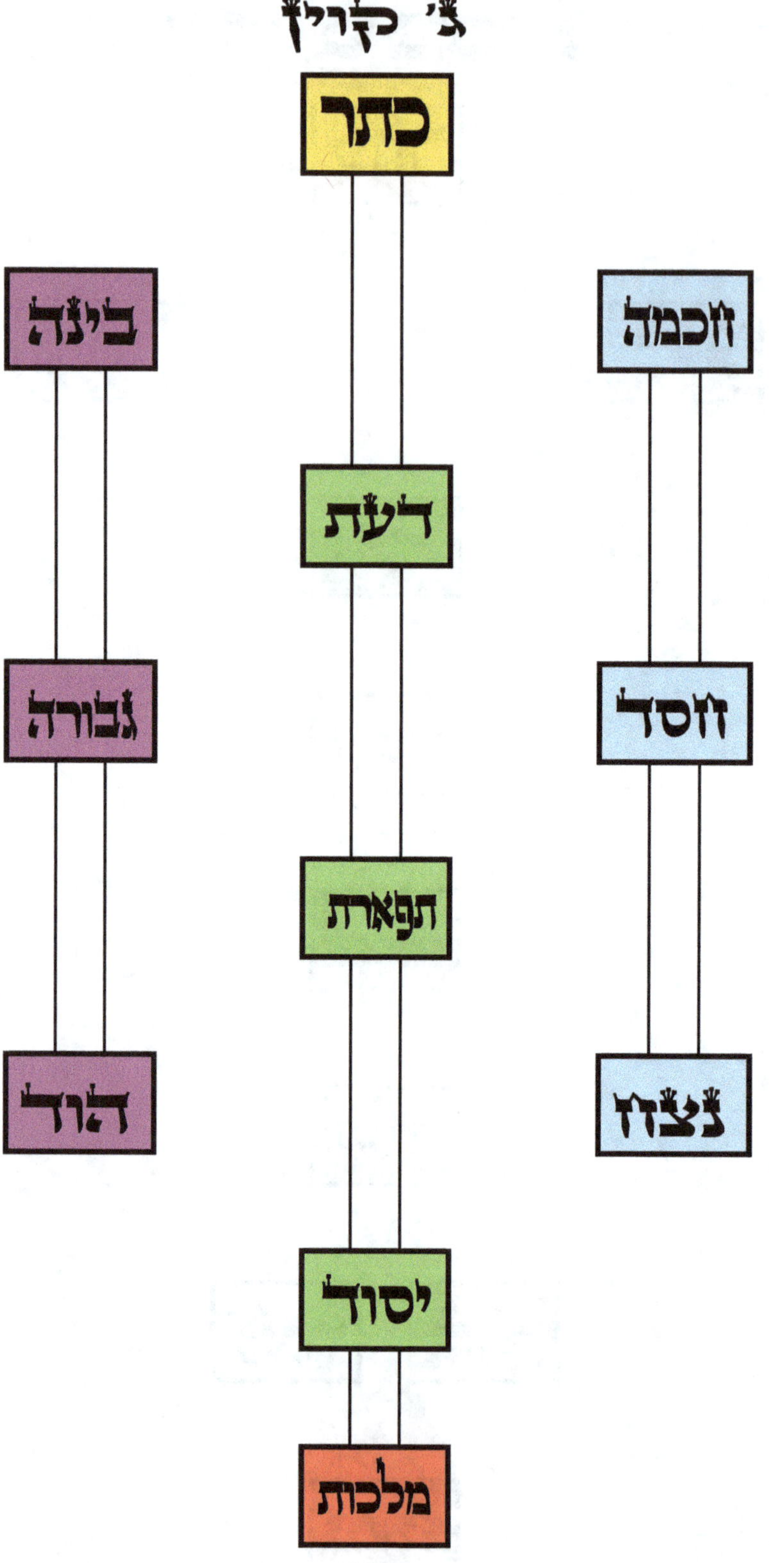

עֲגוּלִים

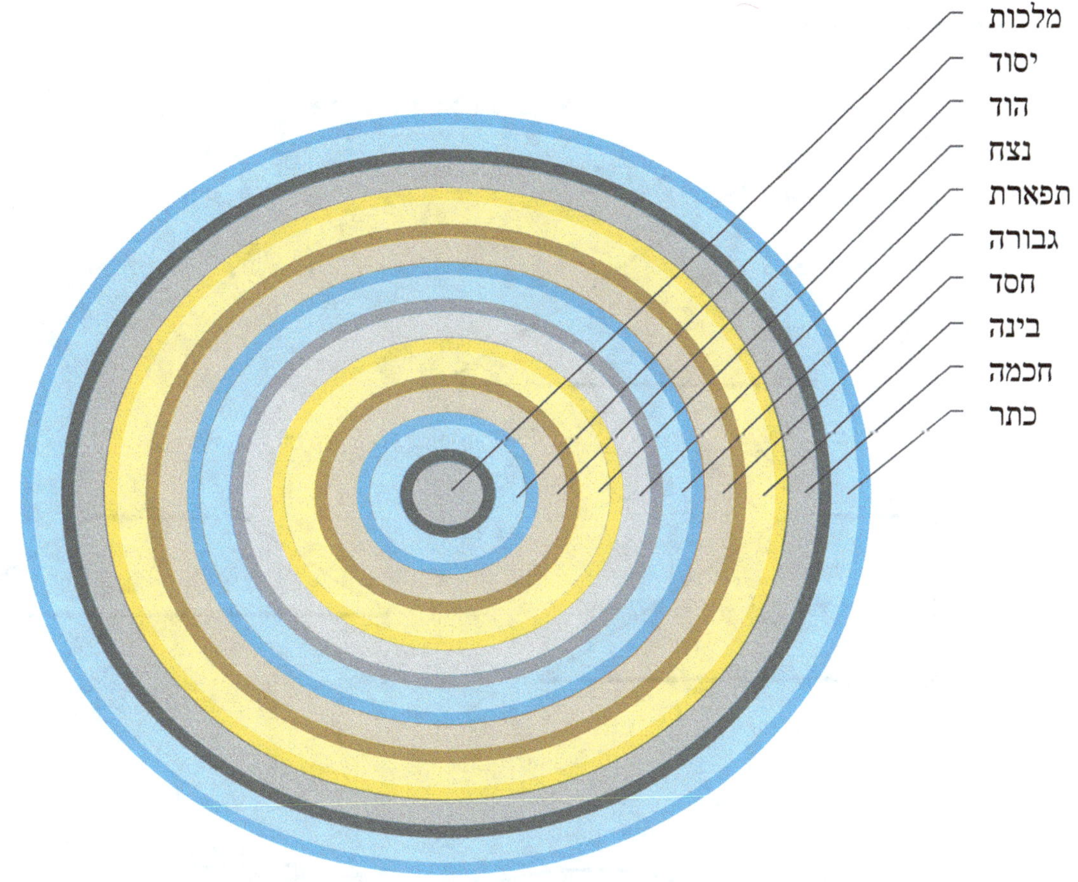

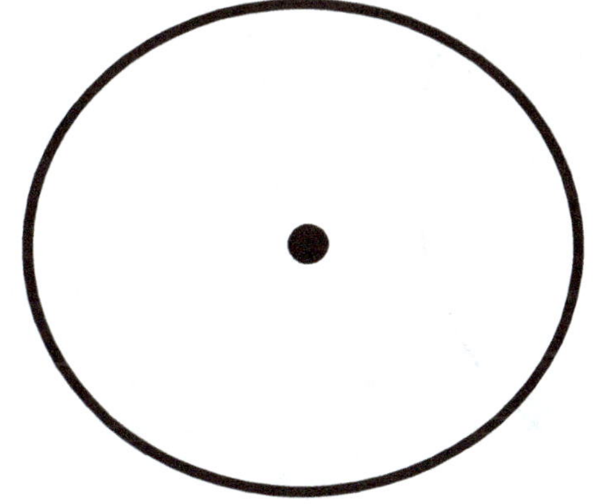

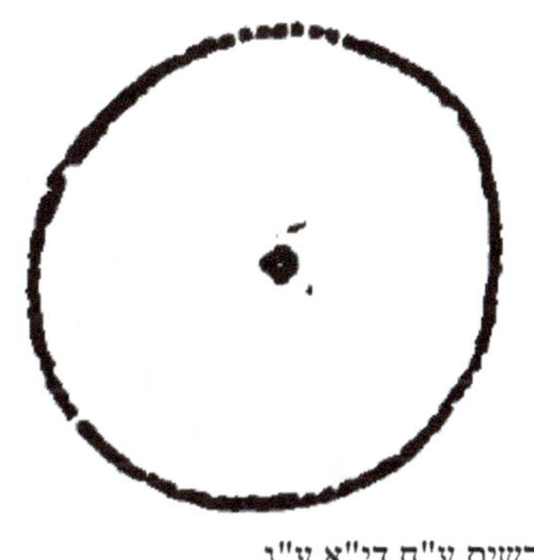

תרשׁים ע"ח די"א ע"ג

תרשׁימים שׁעׇר א' עׇנׇף ב'

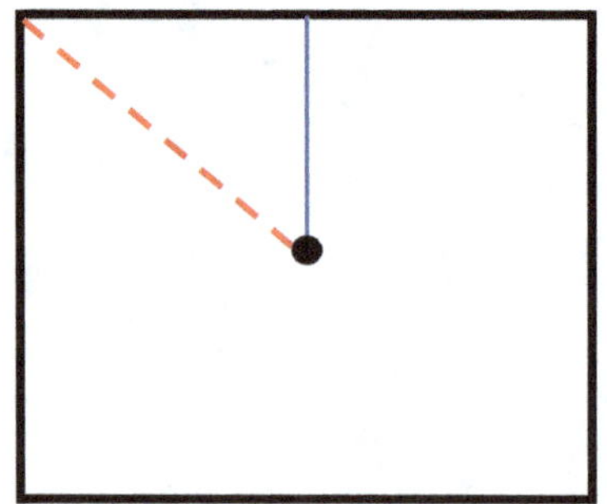

במרובע יש מרחק שונה
בן האמצע לזוית
לבן האמצע לכל נקודה
בצלע הרבוע.

במשולש יש מרחק שונה בן האמצע
לבין כל זוית במשולש
וגם בן כל נקודה צלע המשולש

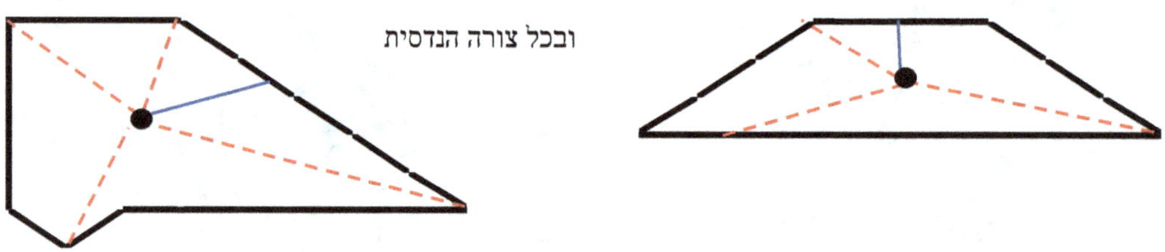

ובכל צורה הנדסית

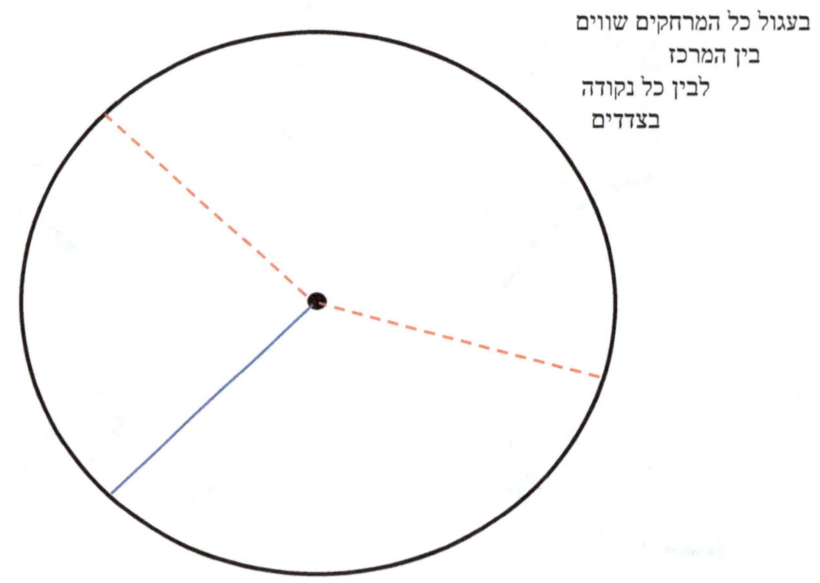

בעגול כל המרחקים שווים
בין המרכז
לבין כל נקודה
בצדדים

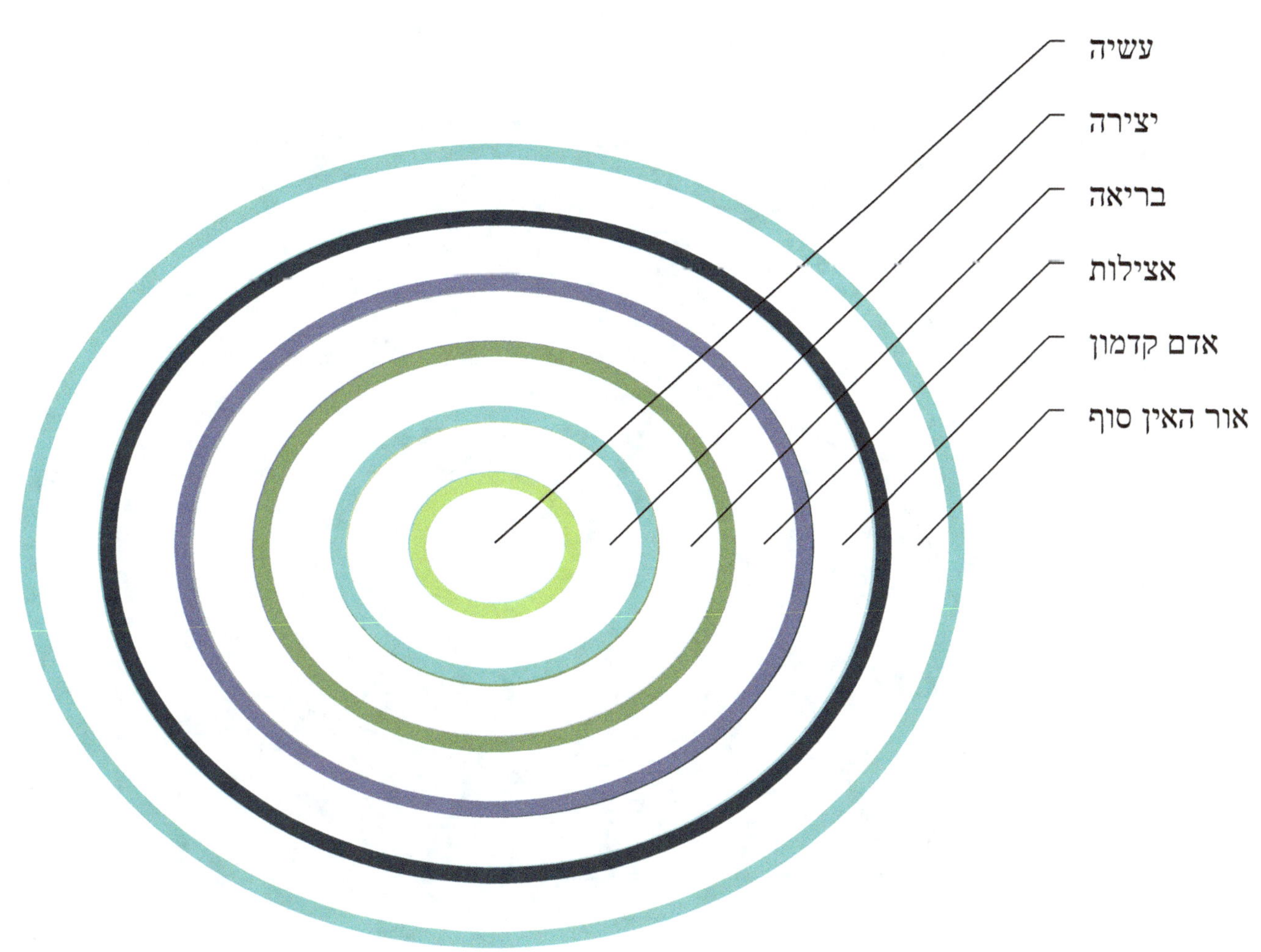
עשיה
יצירה
בריאה
אצילות
אדם קדמון
אור האין סוף

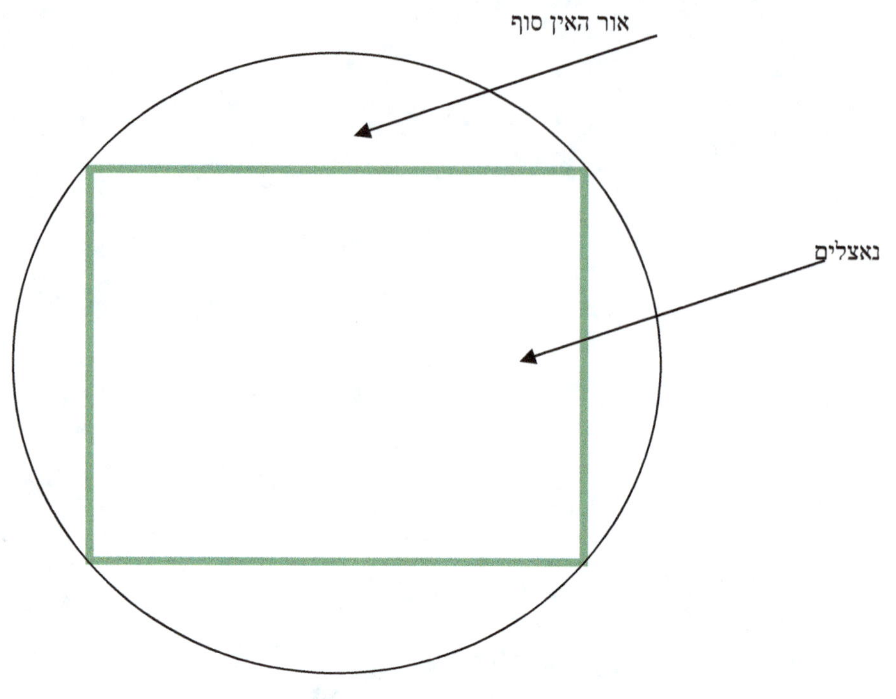

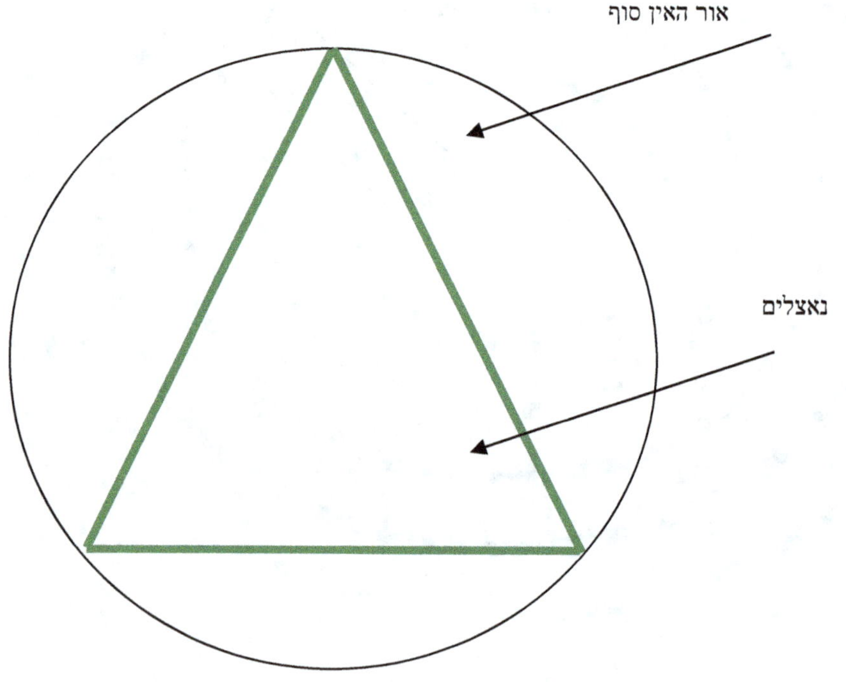

תרשימים שֹׁעַר א' עֳנָף ב'

תרשים ב - ט

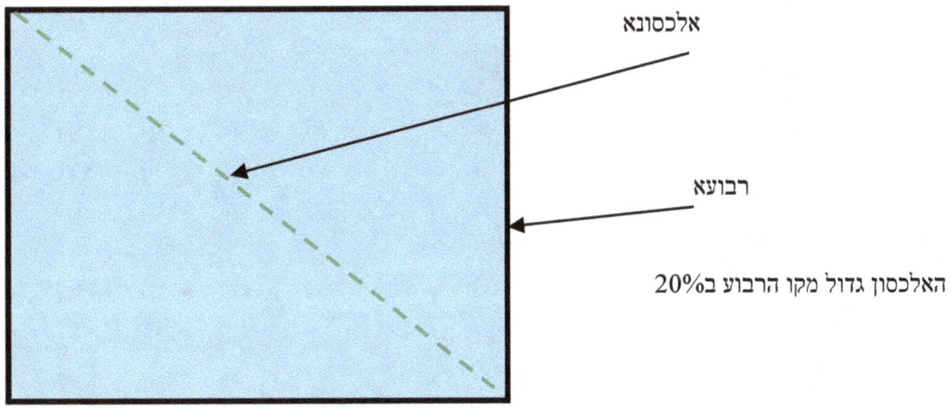

האלכסון גדול מקו הרבוע ב-20%

תרשים ב - י

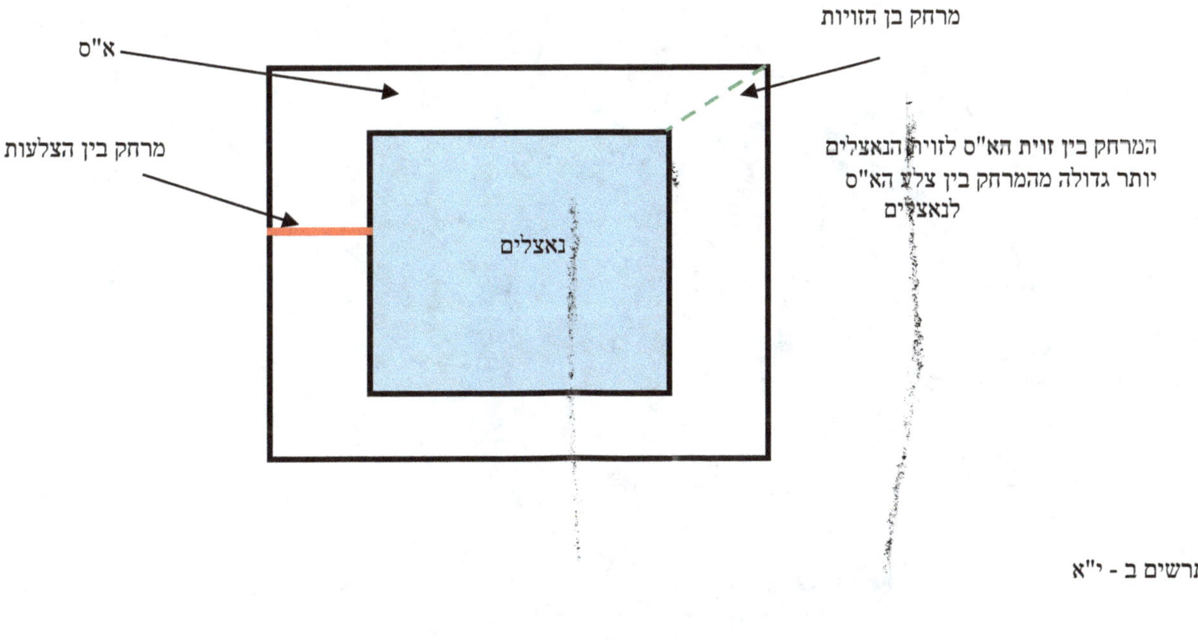

המרחק בין זוית הא"ס לזוית הנאצלים
יותר גדולה מהמרחק בין צלע הא"ס
לנאצלים

תרשים ב - י"א

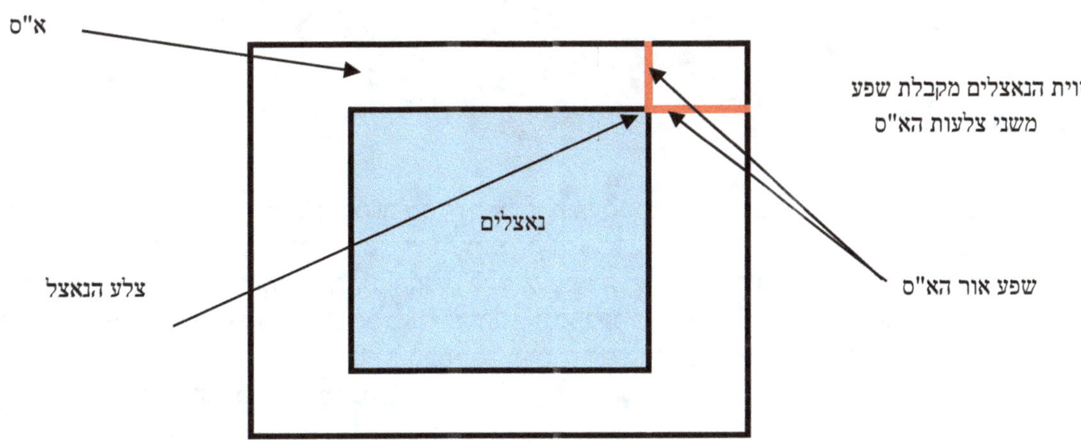

זוית הנאצלים מקבלת שפע
משני צלעות הא"ס

שפע אור הא"ס

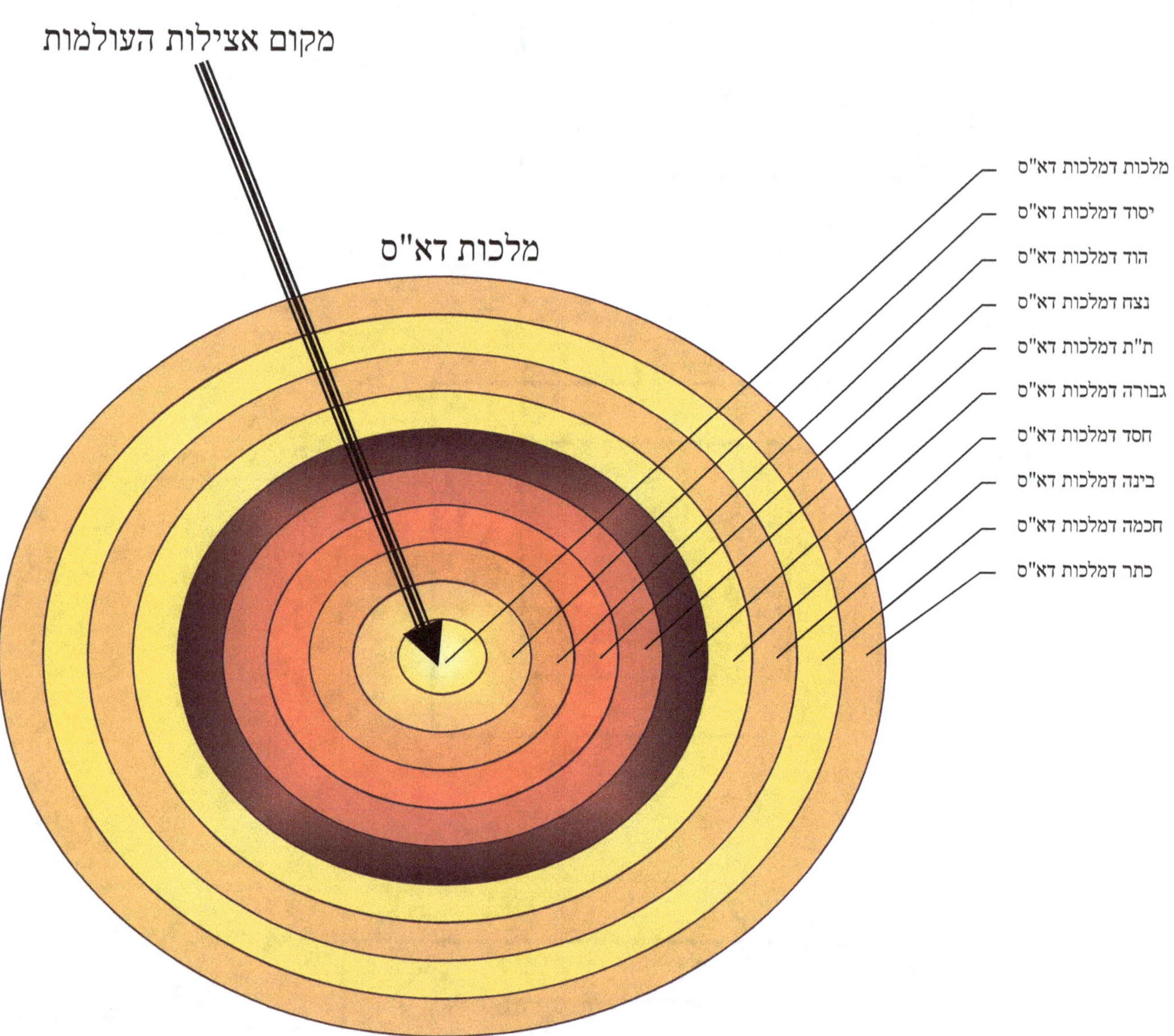

הבחינה היותר תחתונה ושפלה מכל בהעשר ספירות א"ס, וכאלו נאמר דרך משל שהוא בחינת מלכות שבמלכות, ואף על פי שאינו כך, כי אין שם דמות וספירה ח"ו כלל, רק לשכך האזן נדבר כך. כלומר נשאר אחד חלקי מאה של אור הא"ס בתוך החלל, כי לכל ספירה יש עשר ספירות פרטיות וכן למלכות יש כעשר ספירות פרטיות, אז בכללות יש מאה ספירות, ונסתלקו כל התשעים ספירות מהכתר עד היסוד, וגם יסתלקו תשע הספירות הפרטיות מכתר עד היסוד דמלכות, ביחד תשעים ותשע ספירות, ונשאר בחלל רק בחינת המלכות שבמלכות.

תרשימים שער א' ענף ב'

תרשים ב - י"ג

חוט

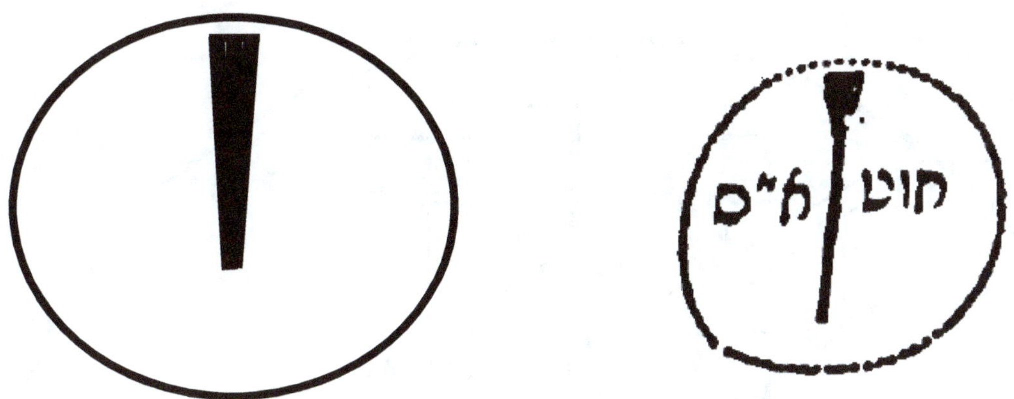

תרשים ב - י"ד

ראש הקו המתפשט בחלל נקרא
עתיק יומין, והוא נוגע בא"ס שמחוץ לחלל
אור הא"ס
עתיק
א"א
יחידה
אבא
חיה
אימא
נשמה
ז"א
רוח
נוקבא
נפש
מקום החלל

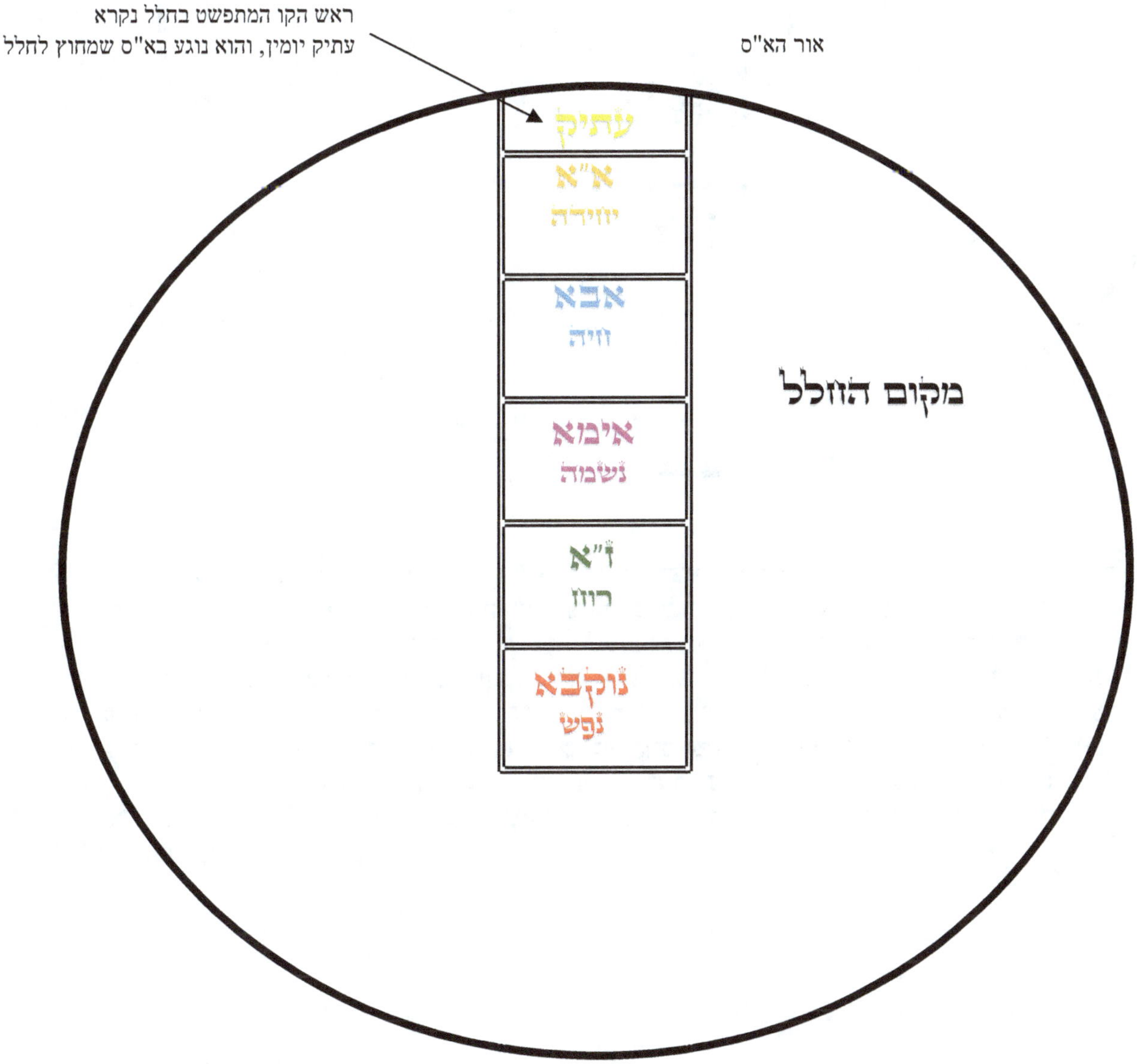

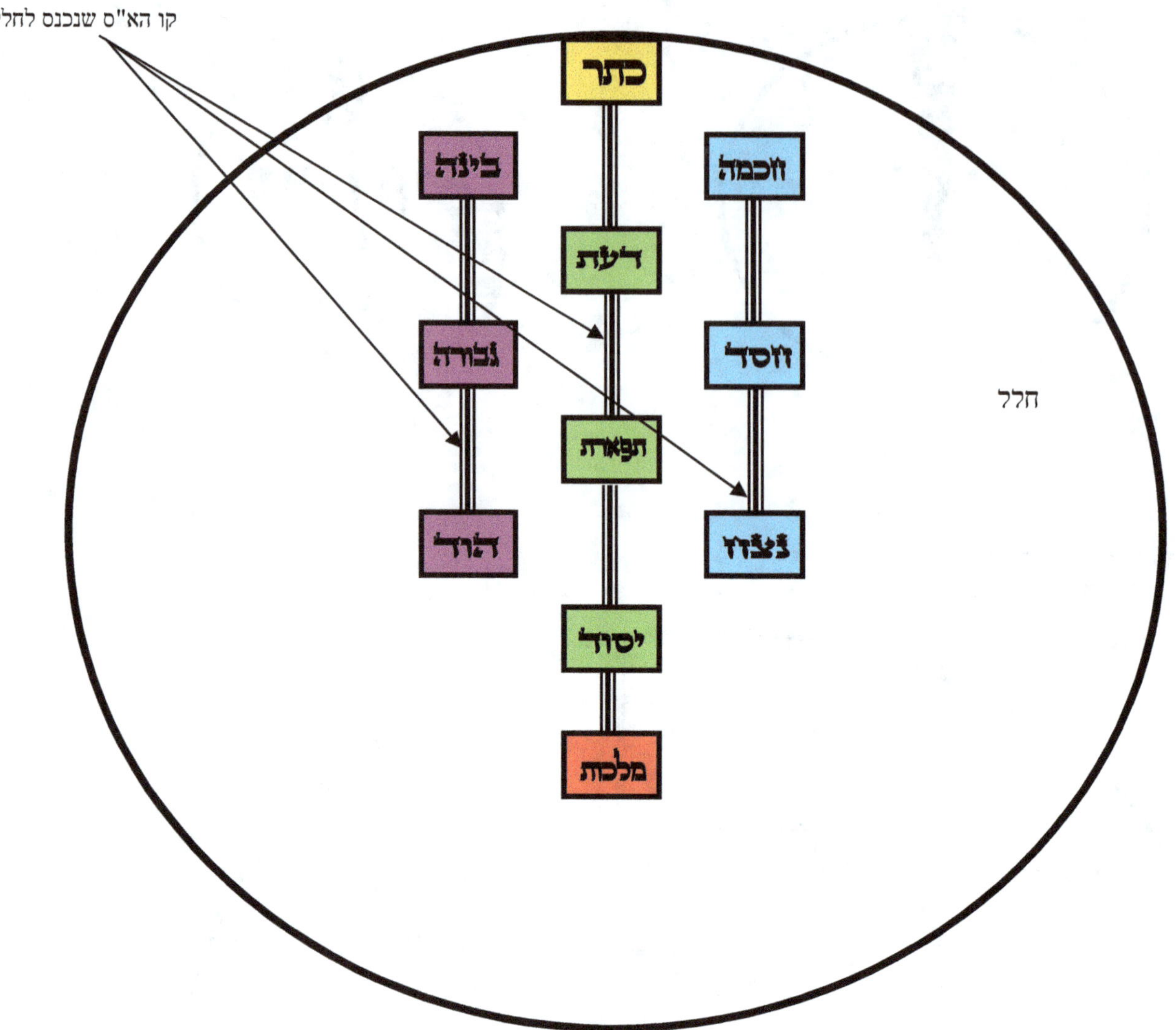

דעת ותבונה פרק א' די"ד ע"ד – ועתה נבאר הבחינה השנית אשר בעשר ספירות, והיא בחינת עשרה ספירות בציור אדם עליון, כלול משלשה קוים ימין ושמאל ואמצע, בסוד אור ישר כנזכר לעיל. והעניין, כי הנה דרך הקו הנזכר אשר הוא מתפשט מלמעלה למטה, וממנו מתפשטים העשר עגולים הנזכרים, הנה גם הקו הזה מתפשט ביושר מלמעלה מן ראש גג העליון של העגול העליון מכולם עד למטה בתחתית סיום כל העגולים, והקו מתפשט ויורד באמצע כל העגולים ממש מלמעלה למטה בציור צלם אדם ישר בעל קומה זקופה, וכלול מרמ"ח אברים מצטיירים בציור שלשה קוים ימין שמאל ואמצע, כולל גם כן עשר ספירות. והבחינה השנית הזו היא נקראת צלם אלהי"ם, ועליה רמז הכתוב באומרו - ויברא אלהי"ם את האדם בצלמו בצלם אלהי"ם ברא אותו, וכמעט כי כל דברי ספר הזוהר והתיקונין רוב דבריהם מתעסקים בבחינה השנית בלבד, כמו שביארנו לעיל.

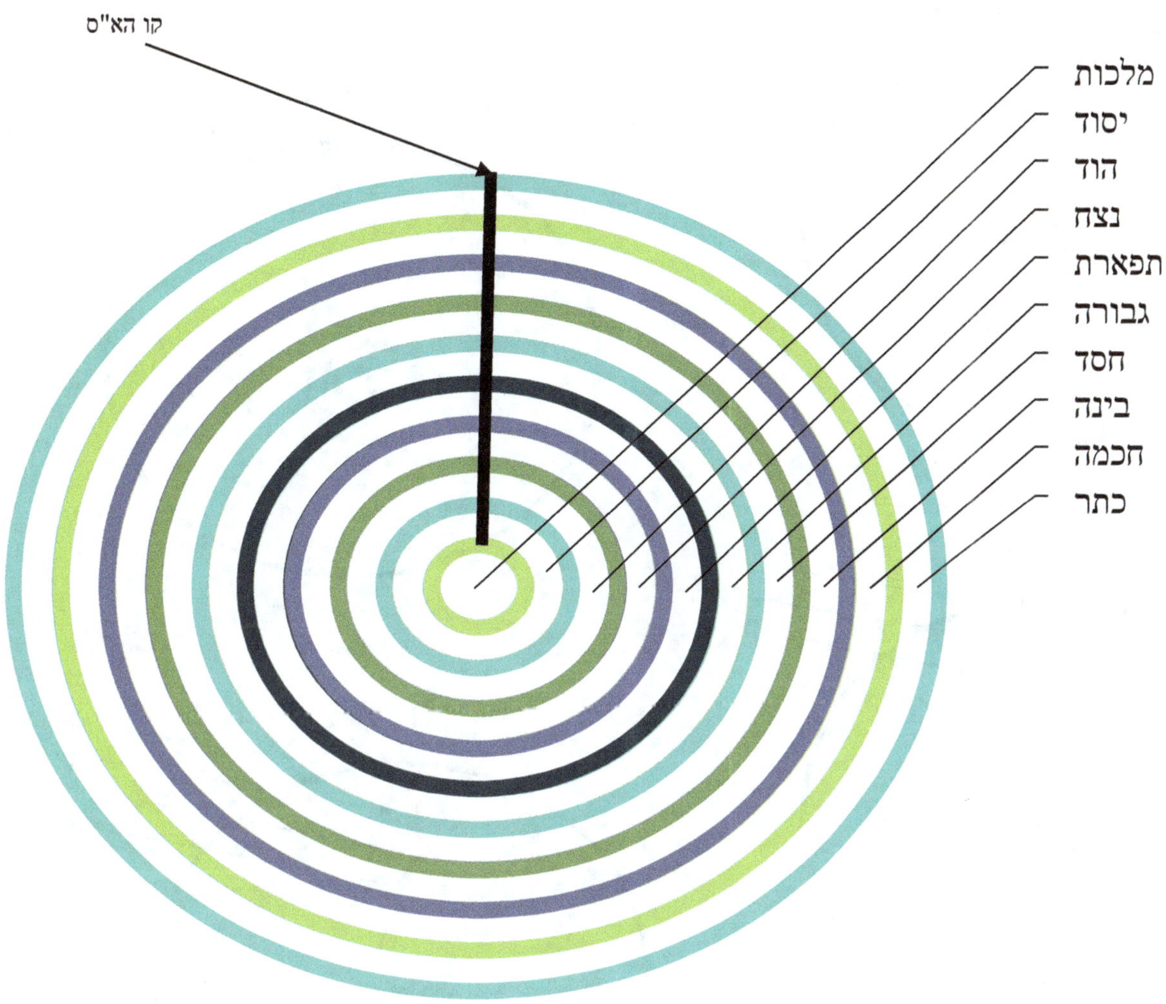

והנה בהיות אור הא"ס נמשך בבחינת קו ישר תוך החלל הנזכר לא נמשך ונתפשט תכף
עד למטה, אמנם היה מתפשט לאט לאט, ר"ל כי בתחילה התחיל קו האור להתפשט שם
ותכף בתחילת התפשטותו בסוד קו נתפשט ונמשך ונעשה כען גלגל אחד עגול מסביב
העגול כי נמצא שם בחינת עגולים מהרשימו שנשאר בחלל, ולכן נמשך גם הוא בסוד
עגולים בתחילה כדי להחיותם, והעגול הזה היה בלתי דבוק עם אור א"ס הסובב עליו וכו'
עכ"ל ע"ש.זזז

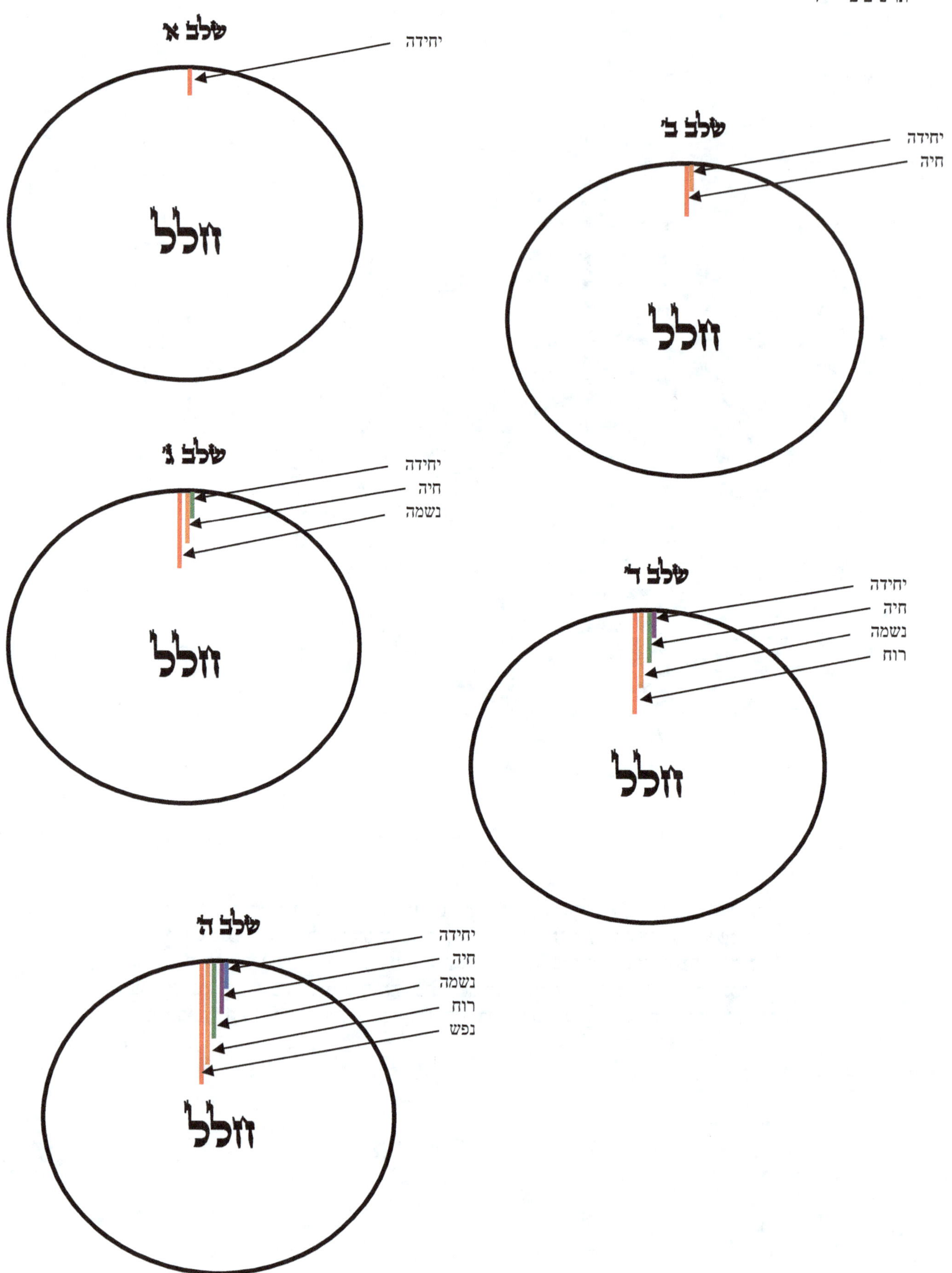
שלב א
יחידה
כללל
שלב ב'
יחידה
חיה
כללל
שלב ג'
יחידה
חיה
נשמה
כללל
שלב ד'
יחידה
חיה
נשמה
רוח
כללל
שלב ה'
יחידה
חיה
נשמה
רוח
נפש
כללל

תרשימים שער א' ענף ב'

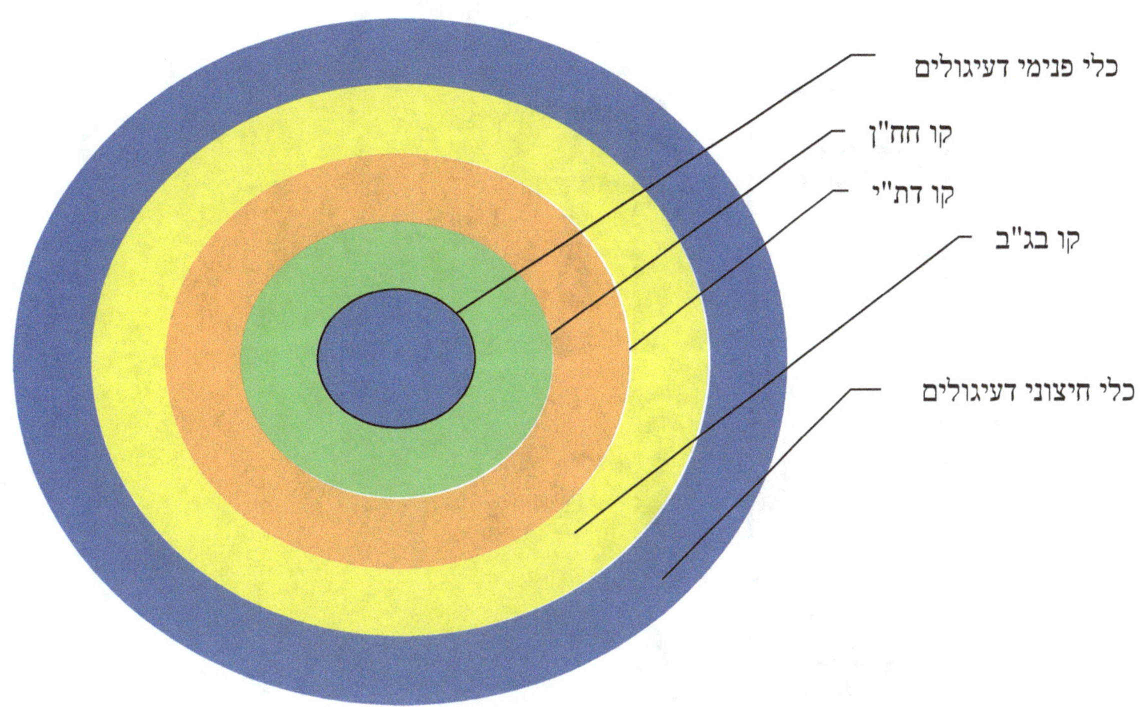

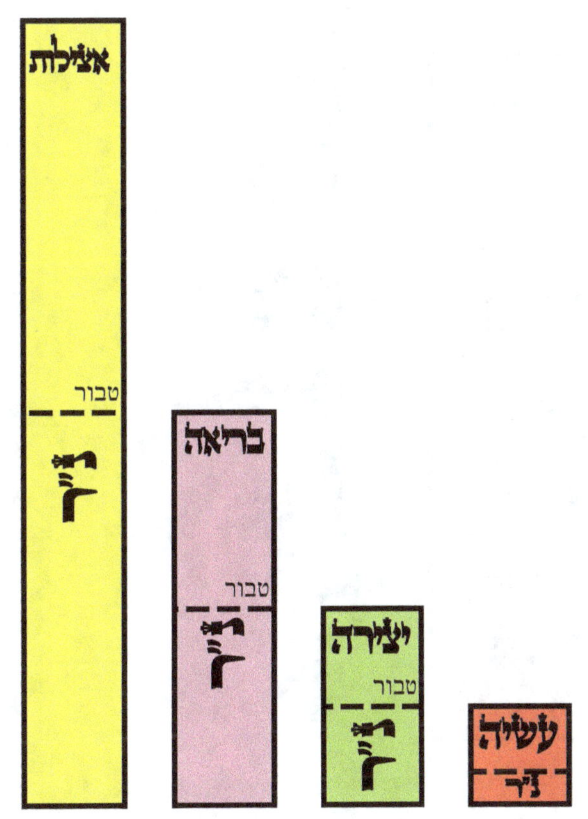

חב"ד
חג"ת
נה"י
חב"ד
חג"ת
נה"י
חב"ד
חג"ת
נה"י

ספירות	פרצופים	עוֹלָמוֹת	שֵׁם הוי"ה
כתר	א"א	א"ק	קוֹץ י׳
חָכְמָה	אבא	אצילות	י
בינה	אימא	בריאה	ה
חג"ת נה"י	ז"א	יצירה	ו
מלכות	נוקבא	עשיה	ה

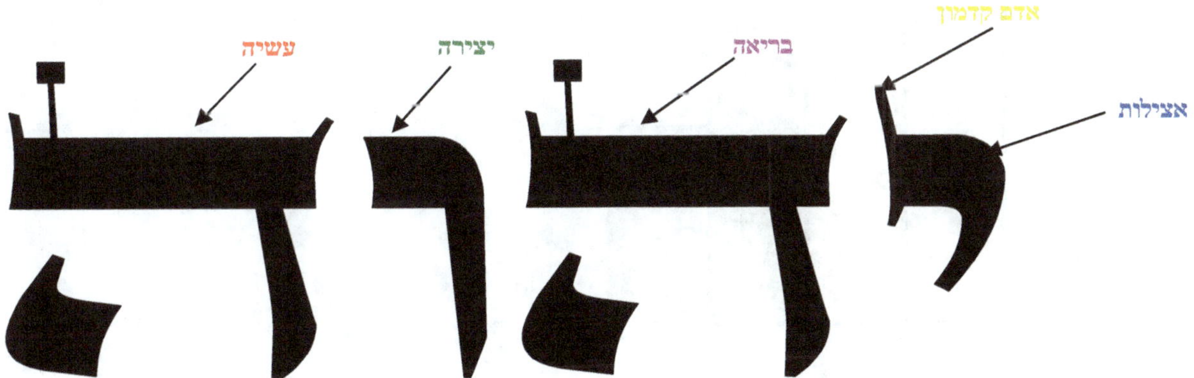

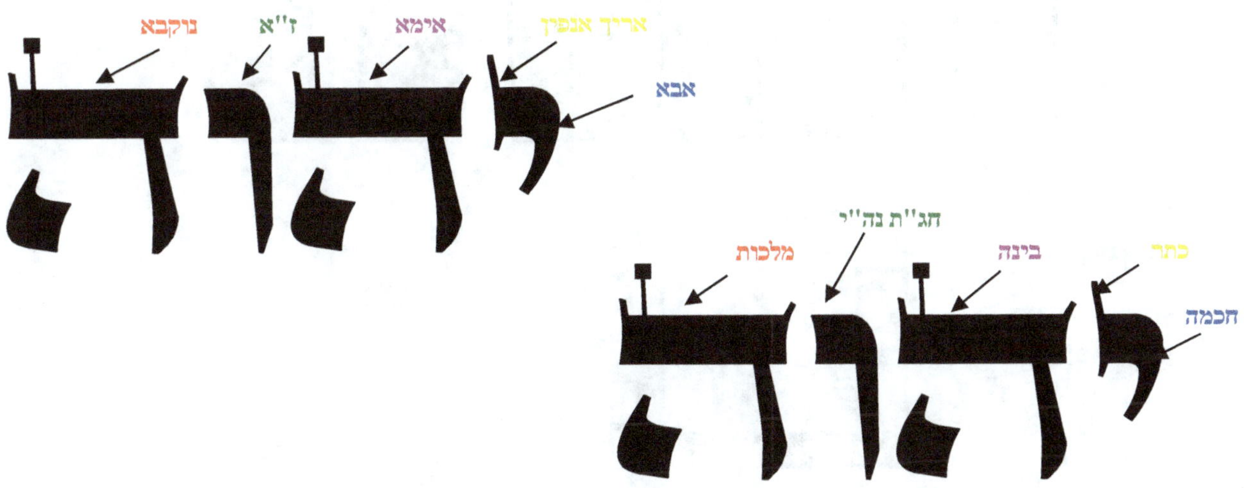

תרשים ב - כ"ב

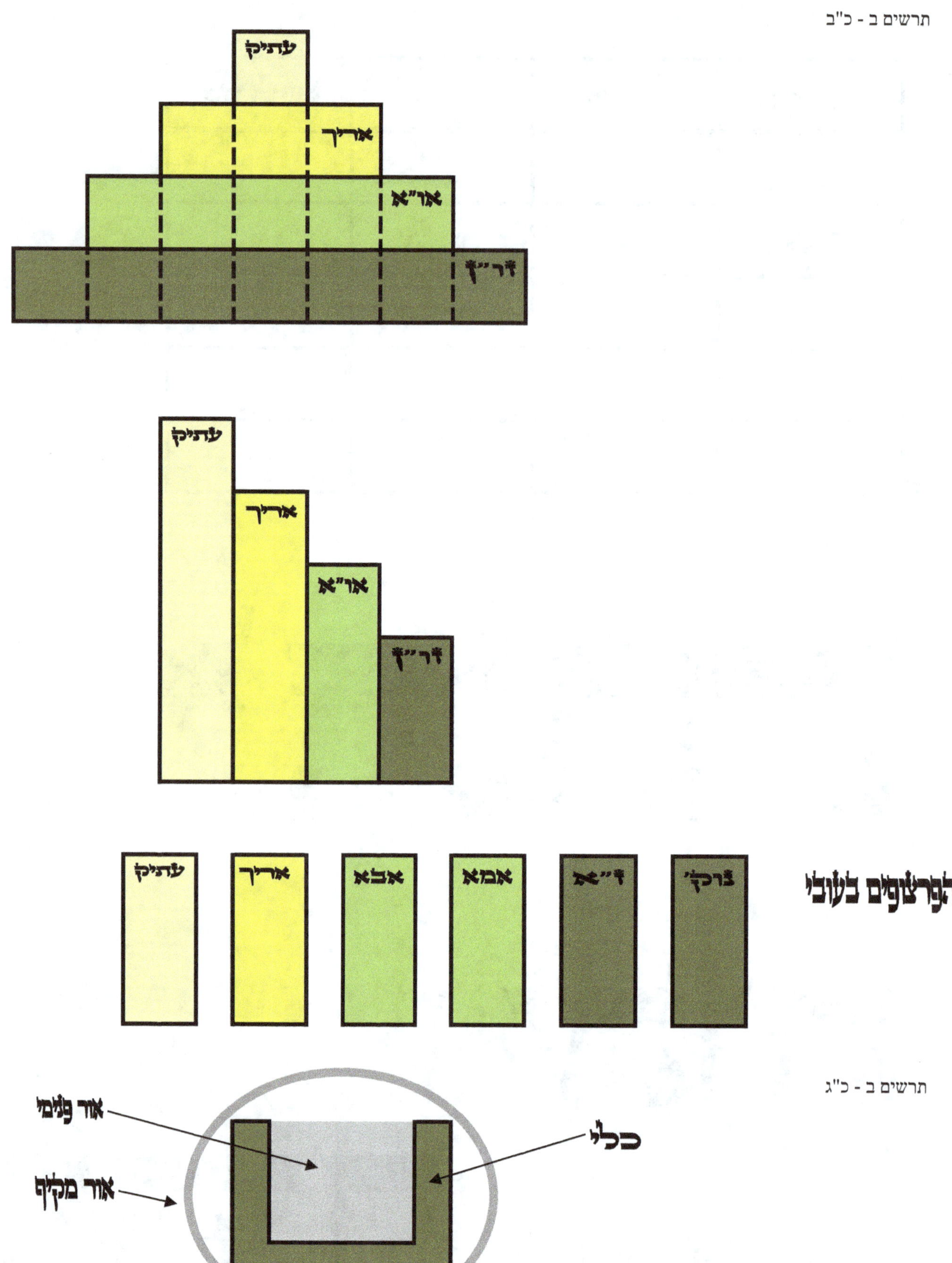
עתיק
אריך
או"א
ז"ת
עתיק
אריך
או"א
ז"ת
עתיק
אריך
אבא
אמא
ז"א
נוק'
הפרצופים בעובי
תרשים ב - כ"ג
אור פנימי
כלי
אור מקיף

תרשימים שער א' ענף ב'

תרשים ב - כ"ד

שורש המוחין

כתר

מוח ימין

חכמה

מוח שמאל

בינה

נשמת הו"ק

דעת

יד ימין

חסד

יד שמאל

גבורה

גוף

תפארת

רגל ימין

נצח

רגל שמאל

הוד

ברית

יסוד

עטרת היסוד

מלכות

תרשׁימים שׁער א׳ ענף ב׳

תרשים ב - כ"ה

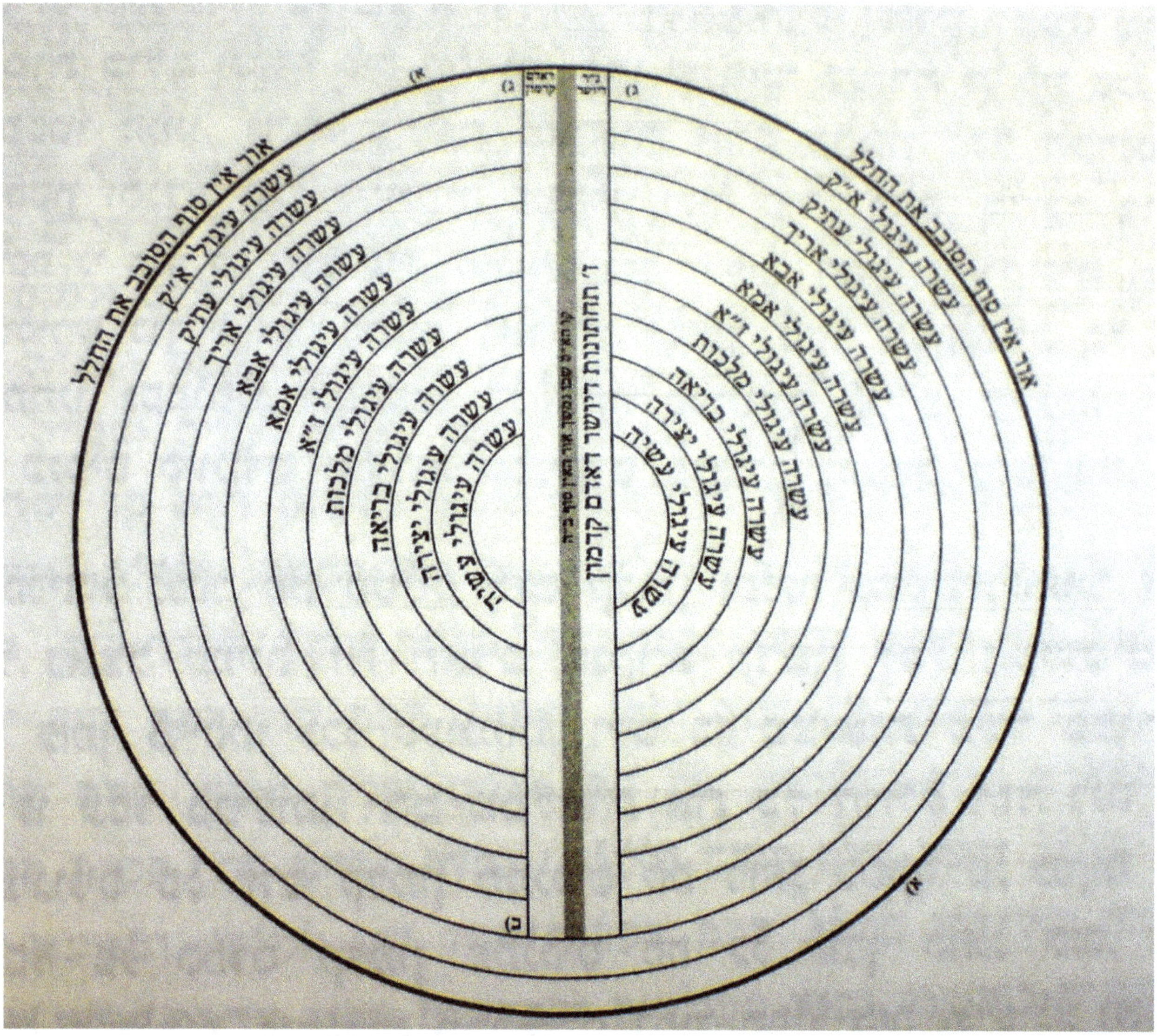

תרשים ב - כ"ו

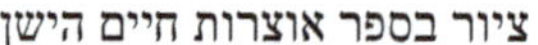

ציור בספר אוצרות חיים הישן

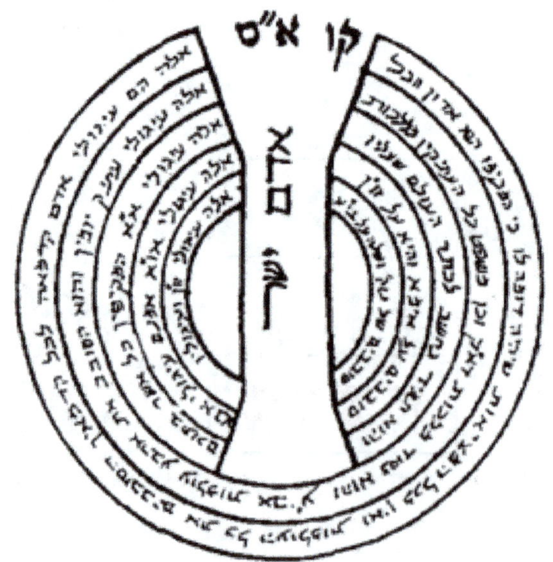